Transforma _tu_ vida _interior_

Comprende _tu_ pasado
y _crea_ un futuro saludable

T0348670

Dr. Henry Cloud

CASA
CREACIÓN
Para vivir la Palabra

Para vivir la Palabra

MANTENGAN LOS OJOS ABIERTOS,
AFÉRRENSE A SUS CONVICCIONES,
ENTRÉGUENSE POR COMPLETO,
PERMANEZCAN FIRMES,
Y AMEN TODO EL TIEMPO.
—1 Corintios 16:13-14 (Biblia El Mensaje)

Transforma tu vida interior por Henry Cloud
Publicado por Casa Creación
Miami, Florida
www.casacreacion.com
©2025 Derechos reservados

ISBN: 978-1-960436-88-7
E-Book ISBN: 978-1-960436-89-4

Desarrollo editorial: *Grupo Nivel Uno, Inc.*
Adaptación de diseño interior y portada: *Grupo Nivel Uno, Inc.*

Publicado originalmente en inglés bajo el título:
  Changes That Heal
  Publicado por Zondervan es una subsidiaria de
  HarperCollins Christian Publishing, Inc.
  Grand Rapids, Michigan
  Copyright © 1990, 1992, 2018 by Henry Cloud
  Todos los derechos reservados.

Nota de la editorial: Aunque el autor hizo todo lo posible por proveer teléfonos y páginas
de internet correctos al momento de la publicación de este libro, ni la editorial ni el autor
se responsabilizan por errores o cambios que puedan surgir luego de haberse publicado.

Impreso en Colombia
25 26 27 28 29 LBS 9 8 7 6 5 4 3 2 1

Contenido

Para Julie y Christi
Mi oración es que el fruto de su gracia
pueda verse en estas páginas.

Agradecimientos

No me dispuse a escribir este libro. Es el producto de muchas personas, sin cuyo aporte el mismo no hubiera existido. Las ideas presentadas aquí son combinaciones de muchas experiencias a lo largo de los últimos quince años que involucran a siervos fieles de Jesucristo, y quisiera agradecer a algunas de las personas en forma específica.

El Dr. John Townsend, mi amigo y socio, ha sido esencial en el desarrollo del modelo presentado en este libro. A través de muchas horas de diálogo y enseñanza en equipo, su aporte y pensamiento han añadido mucho a mi comprensión de las Escrituras y de la vida emocional. Estoy en deuda con él por la lealtad de su amistad, la disciplina de su vida profesional y el ejemplo de su corazón, que está sintonizado con los dolores de los demás. Hemos enseñado juntos este material a lo largo de varios años, y nunca hubo una sola presentación en la que alguna idea suya no haya influido mi pensamiento. Le agradezco su participación en los conceptos presentados aquí.

El Dr. John Carter merece un agradecimiento especial por haberme introducido a la comprensión de lo que realmente significa un evangelio de encarnación y a comprender el valor de la relación en el centro de cualquier ámbito erudito verdadero. Fue un instructor modelo en la *Rosemead Graduate School*, y su continuo aporte a lo largo de los años me ha demostrado que Jesús tiene todo el entendimiento en sus manos.

El modelo de una perspectiva sabia con respecto a las Escrituras del Dr. Phil Sutherland me otorgó nuevos lentes a través de los cuales enfocar la Biblia, y me ayudó significativamente a descubrir los «nuevos odres» que podían contener el verdadero milagro de la terapia. Todo lo que pienso sobre las maneras en que los humanos crecen contiene las semillas de su perspectiva. También le agradezco su aporte en las primeras etapas del manuscrito.

El pensamiento del Dr. Bruce Narramore sobre los conceptos de culpa y conciencia, así como también sobre un entendimiento gradual del crecimiento, fueron invalorables para mi capacitación. Su compromiso al entrenar profesionales ha dado sus frutos durante los últimos veinte años.

Siempre le estaré agradecido al Dr. Frank Minirth y al Dr. Paul Meirer, quienes hace quince años me alentaron a ingresar al campo de la ayuda. De no haber sido por ellos, por cierto estaría haciendo otra cosa con mi vida. Y le agradezco a la Dra. Althea Horner por su supervisión y humanidad. Su pensamiento acerca de cómo crece la gente ha sido más que útil para mí al desarrollar mi propia forma de pensar. Ella me ha demostrado que el sicoanálisis debe agachar la cabeza frente al amor. El Dr. Doug Wilson merece un agradecimiento especial por darme un lugar para comenzar la práctica y por alentarme a integrar esa práctica con el ministerio, como lo hace el resto de CORE: la Dra. Michele McCormick, Monte Pries y Ann Huffman.

La *Campus Crusade for Chirst* merece un agradecimiento especial por el desarrollo de este libro. Fue por su solicitud original que este material se creó e imaginó. Loren Lillistrand, entonces director de campo de E.U.A., juntó el proyecto original, y merece mucho crédito por su concreción. Además, otros miembros del personal de *Crusade* me han alentado mucho en el desarrollo de esta obra. Un agradecimiento especial para Mary Graham por pensar que esto podría utilizarse para capacitación y a Melanie Laquista por leer el manuscrito.

El personal de la *Minirth-Meyer Clinic West* ha sido un gran modelo con el cual he trabajado en años recientes. Su compromiso continuo en sanar la vida de otras personas me ha alentado profesionalmente así como también personalmente. Amo ver los frutos de sus dones diarios a los demás. El Dr. Dave Stoop ha sido un aliento constante en la autoría de este libro y su aporte al enseñar el material junto conmigo fue invalorable. Gracias a él por ayudar a traer metáfora a la vida.

Mis gracias van también para el Grupo de los Viernes, por su aplicación de la fe a la vida.

También quisiera agradecer a la Dra. Anita Sorenson por leer el manuscrito y realizar observaciones útiles. Aprecio el apoyo que Jana Swanson ha ofrecido personalmente y por interactuar con el material.

Gracias a Scott Blinder por creer en el libro y por estar de acuerdo en publicar esta edición revisada, a Sandy Vander Zicht por su inteligente y meticuloso trabajo al hacer que el manuscrito fuera más amistoso para el usuario, al resto del equipo de Zondervan por su aliento y bienvenida, y a Sealy Yates por todo su aliento y apoyo y por el papel invalorable que juega en la vida de los autores cristianos.

Si algo trasciende en el mensaje de este libro, es que el cuerpo de Cristo es el único lugar en el que crecemos. Mi comunidad de amigos ha sido el lugar en el que he «crecido» en los conceptos presentados aquí. Ellos merecen un agradecimiento especial: el Dr. Edward Atkinson por ser un verdadero amigo a lo largo de los años y por mostrarme al Señor cuando no era fácil de hallar; Bill y Julie Jemison por aceptar a un nuevo cristiano y caminar con él durante los primeros días de fe, su amor y apoyo nunca serán olvidados; Guy y Christie Owen por su increíble capacidad de producir un puerto seguro para mí; Toby Walker por hacer que la teología sea práctica y por ser un verdadero amigo dadivoso; y mis padres, cuyo compromiso temprano y sostenido hacia mí me ha impartido mucho hacia mi capacidad de ver a Dios como bueno.

Cambiemos en él

Cada semana veo a cristianos que sufren de una amplia gama de problemas emocionales: ansiedad, soledad, pesar por relaciones destruidas, resentimiento y sentimientos de no pertenencia. Con frecuencia han estado luchando con estos problemas durante años. Son personas que sufren.

La iglesia se encuentra dividida en cómo tratar con estas personas sufrientes. Están los de un lado del asunto, los cuales dicen que las personas que luchan emocionalmente están «en pecado». «No tienen la fe suficiente», «no son obedientes» o «no le dedican bastante tiempo a la Palabra». Y estas personas suelen culpar a quienes sufren por su dolor.

Las respuestas que los cristianos que están de este lado del argumento suelen dar suenan muy parecidas a las que Job recibió de sus amigos. «Dios está intentando enseñarte algo». «Mira las bendiciones de las que todavía disfrutas».

«Dios te está probando». «Da las gracias a pesar de tus circunstancias». Los discursos de los tres amigos de Job contienen elementos de verdad, pero no siempre ayudan a las personas que sufren.

Una persona desesperada debe obtener lealtad de su amigo, dijo Job, «aunque uno se aparte del temor al Todopoderoso» (Job 6:14). Él reconoció, como solo puede hacerlo alguien que sufre, que las respuestas simples no solamente fracasan en aliviar la pena, sino que literalmente pueden alejar más a una persona de Dios. El que sufre y toma este tipo de consejo en serio, con frecuencia tiene dos problemas en lugar de uno: el *dolor* que sintió originalmente y la *culpa* por no poder aplicar las respuestas que recibió. La ayuda ofrecida a los cristianos que sufren dolor emocional a lo largo de los años ha hecho un terrible daño y condujo a muchos a llegar a la misma conclusión que Job: «Porque ustedes son unos incriminadores; ¡como médicos no valen nada! ¡Si tan sólo se callara la boca! Eso, en ustedes, ¡ya sería sabiduría!» (Job 13:4-5).

Los que sufren, enfrentados con este tipo de ayuda, o bien aprenden a fingir la sanidad para permanecer en la iglesia, o por el contrario la abandonan, decidiendo que su fe les da muy poco solaz a su dolor emocional.

Por otra parte, las personas ubicadas en el otro lado del asunto salen y tratan de tocar el dolor de los que sufren. Buscan respuestas que funcionen, y al no encontrarlas en la iglesia, se vuelcan a la sicología. Con frecuencia los métodos sicológicos son exitosos y la gente que sufre encuentra alivio. Pero ahora estas personas están en un dilema. ¿Fue Dios o fue la sicología lo que trajo la cura? Saben que el alivio proviene de Dios, pero parece no haber un sistema bíblico para defender esto. Solo saben que «funciona».

Como cristiano y sicólogo, he intentado las respuestas cristianas «estándares» para mí y para los demás, y he llegado a la conclusión de Job: son medicamentos sin sentido. También he intentado «bautizar» discernimientos sicológicos para que de alguna manera parecieran «cristianos». Esto tampoco funcionó.

Hace varios años me encontré diciéndole a Dios: «Renuncio. Realmente no sé qué puede ayudar. Dios, si hay algo que lo haga, tendrás que demostrármelo». A lo largo de los años siguientes, Dios me condujo a un viaje espiritual en el que graciosamente respondió esta sencilla pero desesperada oración.

Mi propósito en este libro no es el de enredarme en el debate de la iglesia entre la sicología y la teología. Tengo un objetivo diferente en mente. Quiero demostrarle que hay soluciones bíblicas para sus luchas contra la depresión, la ansiedad, el pánico, las adicciones y la culpa, y que estas soluciones residen en su comprensión de determinadas tareas básicas de desarrollo, tareas que probablemente no haya completado cuando crecía y que traen cambios que sanan. Estas tareas involucran crecer en «similitud» a quien lo creó. Déjeme explicarle.

La Biblia dice que fuimos creados «a la imagen de Dios» (Gn 1:27). Fuimos creados «como» Dios. Los teólogos han llenado bibliotecas con libros acerca de los atributos o características de él. Distinguen entre ellos sus atributos incomunicables: él es inmutable (no cambia), omnipotente (todopoderoso), infinito (sin limitaciones), omnisciente (todo lo sabe), omnipresente (está en todas partes) y sus atributos comunicables: él es justo, santo, amoroso y fiel. Obviamente, no podemos reflejar los atributos incomunicables de Dios, nunca podremos ser todopoderosos o saberlo todo. Pero podemos volvernos más amorosos y más santos. Cuanto más nos volvamos como él en estos atributos, menos lucharemos con los problemas emocionales.

El apóstol Pablo escribe que a los que Dios llamó «los predestinó a ser transformados según la imagen de su Hijo» (Ro 8:29). Lo que quiere decir es que nuestra meta es volvernos más como él. Nuestro destino es perseguir esta similitud familiar con Dios. El problema que enfrentamos es averiguar *cómo* ser más parecidos a Cristo. ¿Cómo trabajar para volvernos «santos» cuando nos sentimos tan impotentes incluso para controlar nuestros hábitos alimenticios? ¿Cómo podemos ser «amorosos» cuando estamos extenuados por todos los requerimientos de nuestro tiempo y energía?

Ya que convertirse en alguien parecido a Dios no parece ser práctico, intentamos resolver nuestros problemas cotidianos dividiéndolos en dos categorías diferentes.

Preguntamos: «¿Es este un problema emocional o un problema espiritual?». Si estamos luchando con un problema emocional, acudimos al sicólogo cristiano; si es un problema espiritual, llamamos al pastor. Suponemos que nuestra depresión, pánico, culpa o adicciones tienen poco o nada que ver con nuestra espiritualidad; son dos temas separados.

Pero el hecho de separar nuestros problemas en «emocionales» y «espirituales» *es* parte del problema. Todos nuestros problemas surgen de nuestro fracaso por reflejar la imagen de Dios. Debido a la caída en el pecado de Adán y Eva en el huerto del Edén, no hemos desarrollado la «similitud» a Dios en las áreas vitales de nuestra persona, y no estamos funcionando como fuimos creados para funcionar. Entonces, sufrimos.

En el transcurso de mi propio viaje espiritual y profesional he identificado cuatro aspectos de la personalidad de Dios que, si los hubiéramos cultivado, habríamos mejorado enormemente nuestro funcionamiento cotidiano. Dios puede hacer cuatro cosas que nosotros, sus hijos, tenemos dificultad en hacer:

1. Vincularnos con los demás.
2. Separarnos de los demás.
3. Clasificar asuntos del bien y el mal
4. Hacernos cargo como un adulto

Sin la capacidad de realizar estas funciones básicas del tipo de las de Dios, literalmente podemos permanecer atascados por años, y el crecimiento y el cambio pueden alejarse de nosotros. En este libro explicaré estas cuatro tareas de desarrollo, las barreras que aparecen en el camino para lograrlas y las habilidades que necesitamos para completarlas.

Puesto que vivimos en un mundo caído, todos tenemos un déficit en las cuatro áreas. Transformar los efectos de la caída y crecer a la imagen de Dios no es tarea sencilla. Pero Dios ha prometido que la «buena obra» que él comenzó en nosotros, «la irá perfeccionando hasta el día de Cristo Jesús» (Fil 1:6).

Pero antes de proponernos esta tarea de crecer a semejanza de Dios, de cambiar en él, necesitamos echar una breve mirada a dos cualidades principales del carácter de Dios, cualidades que, si las comprendemos adecuadamente, nos ayudarán a emprender nuestro viaje con vigor.

PARTE I

Tres ingredientes *del* crecimiento

CAPÍTULO UNO

Gracia y verdad

Había una vez en una galaxia lejana, un pueblo sumamente avanzado. Tenían todo lo que podían desear: tecnología para resolver todos los problemas y más tiempo ocioso del que podemos tener nosotros en toda una vida. Pero estaban aburridos. Aburridos hasta las lágrimas. Necesitaban algo nuevo, algo excitante para avivar su planeta.

Se creó un comité para estudiar el asunto. Hablaron de un deporte nuevo o de crear un nuevo parque de diversiones. Finalmente, un extraterrestre llamado Beezy propuso la idea ganadora.

—¿Y si creamos un dios? —sugirió.

Todos acordaron en que era una idea maravillosa.

—Le dará a nuestra gente algo que hacer los domingos —dijo uno.

—Y será genial para las conversaciones —dijo otro.

Entonces intentaron inventar un dios. Pero sin éxito. Beezy, que había sido nombrado encargado de la investigación y el desarrollo del nuevo dios, reunió a los miembros del comité.

—Miren, esto no está funcionando —dijo—. ¿Qué tiene de bueno un dios que podemos inventar nosotros mismos? Somos lo suficientemente inteligentes como para saber que ese no es un dios real. ¿Por qué, en cambio, no *encontramos* un dios, como el que adoran los terrícolas?

El comité estuvo de acuerdo y al poco tiempo Beezy se fue en viaje de negocios al planeta Tierra. Bajo su capa invisible, visitó docenas y docenas de iglesias y de instituciones religiosas. Tomó muchas notas y dedicó horas a escribir su informe.

Cuando regresó, se reunió el comité, ansioso por oír acerca de sus descubrimientos. —Compañeros extraterrestres —los saludó—. He regresado no con un dios, sino con dos.

Un resuello de asombro corrió por la sala.

—El nombre de la primera deidad es Gracia. Se trata de una diosa muy atractiva. Con frecuencia habla sobre el amor, diciendo: «Sigan, sean amigos, sean buenos. Y si no pueden ser buenos, yo los perdonaré de todos modos».

Beezy parecía perplejo.

—La única duda es que no estoy seguro de qué perdonaría, puesto que ellos no parecían tener ninguna regla que romper —continuó Beezy—. En particular me gustaron las cosas que hacían los seguidores de Gracia, como por ejemplo alimentar a la gente pobre y visitar a los prisioneros en las cárceles. Sin embargo —sacudió la cabeza— estos seguidores de Gracia parecían tan *perdidos*. Seguían haciendo las mismas cosas malas una y otra vez, y nunca parecían saber a dónde se dirigían.

—Luego está la otra deidad —Beezy respiró profundamente—. Su nombre es Verdad. Verdad es mala así como Gracia es buena. Se mantiene diciéndole a la gente todo tipo de cosas sobre ellos que los hace sentir muy mal, y sus seguidores hacen lo mismo. Pero Verdad tiene un lado positivo —le aseguró Beezy al comité—. Hace campaña en contra de algunos enemigos muy desagradables, tales como la mentira, el engaño, el adulterio, el aborto y la ebriedad. Es como una gran barredora de calles religiosa, barriendo a todos sus enemigos. El único problema es que no solo barre las cosas malas; también barre a las personas que hacen las cosas malas. En cuanto a las sonrisas que ven en los seguidores de Gracia, olvídenlo. Todo lo que hacen los seguidores de Verdad es fruncir el entrecejo y gritar.

No es necesario decir que, luego del informe de Beezy, el comité estaba preparado para optar por el nuevo parque de diversiones porque no les gustó ninguno de los dos dioses. Pero Beezy tenía una última sugerencia.

—Tenemos toda esta maravillosa tecnología para mezclar elementos que se repelen, como el agua y el aceite —dijo—. ¿Qué tal si intentamos mezclar a Gracia y a Verdad?

Gracia y verdad divididas

Nuestro Dios es un Dios «lleno de gracia y de verdad» (Jn 1:14). Con frecuencia oímos la frase «lleno de gracia y verdad», pero raras veces nos detenemos y nos damos cuenta de sus implicaciones con respecto a nuestras luchas aquí en la tierra. ¿Qué son la gracia y la verdad? ¿Por qué son tan importantes?

Ocupémonos primero de la gracia. *La gracia es el favor inmerecido de Dios hacia la gente.* Es algo que no nos hemos ganado y que no merecemos. Como dice Frederick Buechner: «La gracia es algo que uno nunca puede obtener sino que únicamente es otorgado. No hay manera de ganarla o merecerla u lograrla más de lo que uno puede merecer el sabor de las fresas con crema o ganar una buena apariencia o lograr su propio nacimiento».[1]

Para decirlo de otro modo, la gracia es el amor y la aceptación incondicional. Dicho amor es el cimiento sobre el cual descansa toda la sanidad del espíritu humano. También es la esencia de Dios. «Dios es amor», escribe el apóstol Juan (1 Jn 4:8). Y Dios nos ama libremente, sin condiciones.

La Biblia misma no realiza una distinción clara entre la gracia y el amor. Como comenta la *International Standard Bible Encyclopedia*: «El amor acentúa la disposición personal de Dios hacia las criaturas no merecedoras, mientras que la gracia acentúa su libertad de la obligación de salvarlas. Pero la distinción no está realizada en forma clara o coherente. Tanto el amor como la gracia nos vienen a través de Cristo (Ro 5:8; Gá 1:6). Y ambos son únicos en cuanto a que son inmerecidos».

La gracia es *el primer* ingrediente necesario para crecer a la imagen de Dios. La gracia es inquebrantable, no está interrumpida, no está ganada, aceptando la *relación*. Es el tipo de relación que la humanidad tuvo con Dios en el huerto del Edén. Adán y Eva fueron amados y provistos. Ellos conocían la verdad de Dios y tenían una libertad perfecta para hacer su voluntad. En pocas palabras, estaban seguros; no tenían vergüenza ni ansiedad. Podían ser quienes realmente eran.

Tal vez usted haya experimentado este tipo de amor y gracia con alguien. Puede ser exactamente quien usted es. No necesita esconder sus pensamientos ni sentimientos; no necesita actuar; no necesita hacer cualquier cosa para ser amado. Alguien conoce su yo verdadero y lo ama de todos modos.

Entonces, la gracia es el aspecto relacional del carácter de Dios. Se muestra a sí misma en su conexión incondicional con nosotros. El primer «dios» que Beezy descubrió tenía esta característica: Gracia era una diosa de compasión y relación. Sus seguidores hacían todo tipo de cosas amorosas entre sí; se entregaban libremente. Intentaban conectarse con la gente que sufría para ayudarlas a salir de su dolor. Vivían en conjunto.

Los que adoraban a Gracia tenían un único problema: oían pocas verdades. Como resultado de ello, continuaban cayendo en malas situaciones que requerían cada vez más gracia. No es que a la diosa Gracia le importara dar más. La gracia de Gracia no tenía límite. Sin embargo, los seguidores de Gracia necesitaban una instrucción para evitar caer en los mismos antiguos patrones una y otra vez. Necesitaban una guía para alejarlos de los problemas.

Aquí es cuando ingresa Verdad. El segundo «dios» que Beezy encontró era muy bueno para fijar límites al mal comportamiento. Le daba a sus seguidores muchas instrucciones. Les decía claramente lo que podían y lo que no podían hacer. Ellos conocían claramente la diferencia entre lo que estaba bien y lo que estaba mal, lo que era bueno y lo que no lo era. Tenían fronteras firmes acerca de dónde podían jugar y dónde no.

La verdad es el *segundo* ingrediente necesario para crecer a la imagen de Dios. La verdad es lo real; describe cómo son las cosas en realidad. Así como la gracia es el aspecto *relacional* del carácter de Dios, la verdad es el aspecto *estructural* de su carácter. La verdad es el esqueleto sobre el cual cuelga la vida; agrega forma a todo en el universo. La verdad de Dios nos conduce a lo que es real, lo que es preciso. Así como nuestro ADN contiene la forma que tomará nuestra vida física, la verdad de Dios contiene la forma que debe tomar nuestra alma y espíritu.

Todo esto suena maravilloso, pero como sucedía con Gracia, Verdad tenía sus propios problemas. Era mala. No parecía importarle la gente que violaba sus normas. Todo lo que le importaba era barrer lo malo. No tenía nada de la compasión que demostraba Gracia. En ocasiones parecía totalmente indiferente. En pocas palabras, no tenía aspectos relaciónales: le faltaba el perdón, el favor, la misericordia, la compasión, todos los atributos que fluían libremente de Gracia. Si las personas fallaban, solo los arrojaba o les gritaba.

Así como Gracia dejó a Beezy con necesidad de estructura, Verdad dejó a Beezy con necesidad de amor.

———

Todos nosotros, hasta cierto grado, hemos experimentado estos dos dioses: el amoroso para el que todo está bien y el duro que no deja pasar nada. Como probablemente ya se haya dado cuenta, estos dos dioses son aspectos de la única y verdadera naturaleza de Dios, aspectos que diferentes iglesias enfatizan. Lo que tal vez no advierta es que estos «dioses» diferentes son realmente símbolos de la condición humana después de la caída, cuando el pecado dividió la gracia de la verdad.

Verdad sin gracia

Cuando Adán y Eva estaban en el huerto del Edén, tenían ambas, gracia y verdad, unidas en un Dios. Cuando pecaron, crearon un abismo entre ellos mismos y Dios; perdieron su relación llena de gracia y verdadera con Dios.

Sin gracia, Adán y Eva sintieron vergüenza: cuando oyeron a Dios caminando en el huerto durante la frescura del día, se escondieron de él. Cuando Dios dice: «¿Dónde estás?», Adán explica que estaba escondido porque tenía miedo (Gn 3:8-10). La vergüenza y la culpa habían ingresado al mundo; los seres humanos ya no estaban seguros.

Luego de que Adán y Eva se apartaron de una relación con Dios, también lo hicieron de su conexión con la gracia y la verdad, puesto que ellas vienen a través de la relación con él. Sin embargo, Dios no los dejó mucho tiempo aislados; les dio la verdad en la forma de la ley. Esta es un plano o una estructura según la cual debe vivir la gente. Les ofrece una guía y les fija límites.

Había solo un problema: Dios les dio verdad sin gracia. Adán y Eva tenían que intentar alcanzar las normas de Dios. Pronto aprendieron que nunca podrían hacerlo. No importa cuán arduamente trataran de actuar, siempre les faltaría algo. La verdad sin gracia es juicio. Lo envía a uno directamente al infierno, literal y empíricamente. Pablo escribe a los romanos acerca de la verdad sin gracia (la ley) y lo que ella nos hace:

«Ahora bien, sabemos que todo lo que dice la ley, lo dice a quienes están sujetos a ella, para que todo el mundo se calle la boca y quede convicto delante de Dios. Por tanto, nadie será justificado en presencia de Dios por hacer las obras que exige la ley; más bien, mediante la ley cobramos conciencia del pecado» (Ro 3:19-20).

«La ley, en efecto, acarrea castigo» (Ro 4:15).

«En lo que atañe a la ley, ésta intervino para que aumentara la transgresión» (Ro 5:20).

«Porque cuando nuestra naturaleza pecaminosa aún nos dominaba, las malas pasiones que la ley nos despertaba actuaban en los miembros de nuestro cuerpo, y dábamos fruto para muerte» (Ro 7:5).

«En otro tiempo yo tenía vida aparte de la ley; pero cuando vino el mandamiento, cobró vida el pecado y yo morí. Se me hizo evidente que el mismo mandamiento que debía haberme dado vida me llevó a la muerte» (Ro 7:9-10).

Y a los gálatas Pablo le escribe lo siguiente:

«Todos los que viven por las obras que demanda la ley están bajo maldición, porque está escrito: "Maldito el que no practica fielmente todo lo que está escrito en el libro de la ley"» (Gá 3:10).

«La ley nos tenía presos» (Gá 3:23).

«Aquellos de entre ustedes que tratan de ser justificados por la ley, han roto con Cristo; han caído de la gracia» (Gá 5:4).

Y Santiago nos da esta noticia desalentadora:

«Porque el que cumple con toda la ley pero falla en un solo punto ya es culpable de haberla quebrantado toda» (Stg 2:10).

Cuando observamos lo que dicen las Escrituras sobre la ley, sobre la verdad sin gracia, vemos que la ley nos silencia, trae enojo, aumenta el pecado, despierta pasiones pecaminosas, trae la muerte, nos coloca bajo una maldición, nos mantiene prisioneros, nos separa de Cristo y nos juzga duramente. ¡No es de extrañarse que a Beezy no le gustara Verdad!

La ley sin gracia nos destruye. Nadie crece jamás cuando está bajo la ley, porque esta nos coloca en una relación estrictamente legal con Dios: *Te amaré solo si haces lo que es verdadero o correcto*. Colocar la verdad antes que la gracia, o la verdad antes que la relación, trae aparejadas culpa, ansiedad, enojo y una hueste de otras emociones dolorosas, como lo demuestra esta historia de Ruth.

El padre misionero de Ruth había insistido en que su hija de veintidós años me viniera a ver. Ella, estudiante universitaria, sufría de depresión. No tenía apetito y tenía problemas para dormir y para estudiar. Su padre la acompañó a la consulta.

—¿Cuál es el problema? —le pregunté a Ruth, luego de haber platicado durante unos minutos. Pero fue su padre el que respondió.

—Bueno, es bastante evidente —dijo, cruzando los brazos en su pecho.

Ella no está viviendo como debería.

—¿Qué quiere decir? —pregunté.

—Está en las drogas y durmiendo con cualquiera —dijo con desagrado—. Además dejó la universidad y no tiene idea de lo que quiere hacer con su vida. Si leyera su Biblia y fuera a la iglesia, no estaría tan deprimida —continuó él antes de poderle hacer otra pregunta—. Pero todo lo que quiere hacer es salir con esos amigos depravados que tiene.

—¿Qué pasaría si ella comenzara a hacer todas las cosas que usted piensa que debería hacer? —pregunté.

Pude ver que no iba a llegar muy lejos con el padre de Ruth, así que le agradecí por su información y le pregunté si podía hablar a solas con ella.

Cuando su padre se fue, Ruth todavía dudaba en hablar. Se negaba a contestar a cualquiera de mis preguntas con más de un sí o un no.

—Ruth, creo que si yo tuviera que vivir con tu padre, también tomaría drogas.

¿Su actitud tiene algo que ver con tu desaliento? —pregunté finalmente.

Ruth asintió. Sus ojos se llenaron de lágrimas.

—Eres una adulta y este es un hospital para adultos —dije—. No veo que seas un peligro para ti misma o para otras personas, así que eres libre de irte. Pero antes de que te vayas, déjame decirte qué creo que está pasando. No conozco toda la historia, pero puedo decir que estás muy deprimida, y *no* creo que sea porque no estás haciendo las cosas que tu padre piensa que deberías hacer. Creo que hay otros motivos, muy buenos, motivos lógicos, que él no comprende. Si quisieras quedarte, creo que podemos ayudarte a sentirte mejor. Sin embargo, si te quedas deberá ser tu opción, no la de él. Si él está molesto por algo, puede buscar ayuda para sí.

Ruth estaba sentada rígida en su silla, mirándome a través de las lágrimas.

—Te dejaré sola unos minutos para que lo pienses —dije.

Ruth decidió quedarse, y lo que había sospechado era verdad. Ella había tenido muchos años de «verdad sin gracia». Como resultado de ello, experimentaba las cosas que la Biblia dice que produce la ley: malos sentimientos y fracaso. A donde quiera que fuera, se topaba con algún «debes» y con muy poca aceptación. La ley del pecado y la muerte estaban dentro de su mente, y era una lucha dolorosa para ella liberarse de esto. Al verla luchar, no pude evitar pensar en lo que dice la Biblia acerca de la verdad sin gracia: nos silencia, trae enojo, incrementa el pecado, despierta pasiones pecaminosas, trae muerte, nos coloca bajo una maldición, nos mantiene prisioneros, nos separa de Cristo y nos juzga duramente.

Gracia sin verdad

La verdad sin la gracia es mortal, pero como descubrió Beezy, la gracia sin la verdad conduce también a una vida menos que exitosa. En la iglesia de Gracia, Beezy vio gente que era amorosa, pero sin directivas. En realidad, Gracia no era el verdadero nombre de esta diosa. Del mismo modo que Verdad (sin gracia) puede ser llamada Juicio, Gracia (sin verdad) puede ser llamada Licencia. Las Escrituras escriben también acerca de ella:

> «Les hablo así, hermanos, porque ustedes han sido llamados a ser libres; pero no se valgan de esa libertad para dar rienda suelta a sus pasiones» (Gá 5:13).

> «Las obras de la naturaleza pecaminosa se conocen bien: inmoralidad sexual, impureza y libertinaje; idolatría y brujería; odio, discordia, celos, arrebatos de ira, rivalidades, disensiones, sectarismos y envidia; borracheras, orgías, y otras cosas parecidas. Les advierto ahora, como antes lo hice, que los que practican tales cosas no heredarán el reino de Dios» (Gá 5:19-21).

> Entonces, ¿qué? ¿Vamos a pecar porque no estamos ya bajo la ley sino bajo la gracia? ¡De ninguna manera! ¿Acaso no saben ustedes que, cuando se entregan a alguien para obedecerlo, son esclavos de aquel a quien obedecen? Claro que lo son, ya sea del pecado que lleva a la muerte, o de la obediencia que lleva a la justicia» (Ro 6:15-16).

> «Por tanto, hagan morir todo lo que es propio de la naturaleza terrenal: inmoralidad sexual, impureza, bajas pasiones, malos deseos y avaricia, la cual es idolatría» (Col 3:5).

«Pues ya basta con el tiempo que han desperdiciado haciendo lo que agrada a los incrédulos, entregados al desenfreno, a las pasiones, a las borracheras, a las orgías, a las parrandas y a las idolatrías abominables» (1 P 4:3).

«El que desprecia a la disciplina sufre pobreza y deshonra; el que atiende a la corrección recibe grandes honores» (Pr 13:18).

De la misma manera en que el hogar de Ruth, un lugar de «verdad sin gracia», había llevado a consecuencias negativas, un hogar de «gracia sin verdad» también puede tener resultados devastadores.

Sam fue admitido en nuestro programa del hospital luego de una sobredosis accidental de drogas. Se había rehusado a llevar la cuenta de cuánta cocaína aspiraba. Si bien Sam tenía veintiocho años de edad, vestía como un adolescente: vaqueros rotos, una camiseta desteñida del café *HardRock* y zapatillas tenis con plataforma y los cordones desatados.

En las primeras pocas sesiones descubrimos que, si bien Sam tenía el coeficiente intelectual de un genio, había abandonado dos universidades y nunca había podido mantener un trabajo. Su vida relacional también era problemática. Se perdía totalmente en una relación y abandonaba el resto de sus responsabilidades. En el proceso, asfixiaba a la persona con quien salía y la espantaba. En el momento en que fue admitido, su última novia acababa de dejarlo.

Cuando le preguntamos a Sam sobre su familia, nos dijo que su padre había muerto cuando él tenía cuatro años. Deprimida y aislada durante muchos años, su madre nunca volvió a casarse. En un intento de compensar la pérdida de su padre, ella había procurado ser lo más buena posible con sus hijos. En las palabras de Sam, él había vivido «la vida de Riley». Había tenido muy pocas responsabilidades y mucho dinero. Su madre rara vez lo disciplinaba cuando tenía problemas. Por cierto, varias veces lo había sacado con una fianza de la cárcel cuando lo arrestaron por haber robado en tiendas, por una conducta desordenada y por tenencia de drogas.

Al principio, los patrones de toda la vida de Sam continuaron en la unidad hospitalaria: dormía hasta tarde, faltaba a las actividades, olvidaba las tareas y no lograba acicalarse adecuadamente. La falta de límites en su vida (la falta de verdad y disciplina) lo había conducido a un estilo de vida caótico.

Sin embargo, el personal del hospital se negaba a proteger a Sam de las consecuencias de sus actos como lo había hecho su madre. Él aprendió, después de una firme guía y dolorosos enfrentamientos, a cumplir con sus responsabilidades. Y, para su sorpresa, descubrió que se sentía mucho mejor con respecto a la vida cuando cargaba con su propio peso.

La Biblia no recomienda a ninguno de los dioses de Beezy: Verdad separada de Gracia ni Gracia separada de Verdad. La sugerencia final de Beezy fue buena: ¿qué tal si mezclamos Gracia y Verdad? Él no fue el primero en pensar en esto: «Y el Verbo se hizo hombre y habitó entre nosotros. Y hemos contemplado su gloria, la gloria que corresponde al Hijo unigénito del Padre, *lleno de gracia y de verdad*. De su plenitud todos hemos recibido gracia sobre gracia, pues la ley fue dada por medio de Moisés, mientras que *la gracia y la verdad nos han llegado por medio de Jesucristo*» (Jn 1:14, 16-17, énfasis del autor).

Este pasaje demuestra ambas cosas, cómo las personas fracasan y cómo son redimidas. El fracaso proviene de la ley, y la redención de Jesús. Es únicamente a través de él que podemos advertir dos ingredientes del crecimiento: la gracia y la verdad. Es a través de él que podemos volver a tener la misma relación que tuvo Adán: una conexión intacta (gracia) con el que es realidad (verdad).

Hemos visto la destrucción que se produce cuando la gracia y la verdad son divididas. Veamos qué sucede cuando se unen la gracia y la verdad.

Gracia y verdad juntas

La gracia y la verdad juntas revierten el efecto de la caída, que fue la separación de Dios y de los demás. Nos invitan a salir del aislamiento y a formar parte de una relación. La gracia, cuando se combina con la verdad, invita al *verdadero yo*, al «yo» como realmente soy, con todo lo bueno y lo malo, a una *relación*. Una cosa es tener seguridad en la relación y otra cosa es ser verdaderamente conocido y aceptado en esta relación.

Con la gracia solo, estamos a salvo de la condena, pero no podemos experimentar una verdadera intimidad. Cuando el que ofrece gracia también ofrece verdad (verdad acerca de quiénes somos, verdad acerca de quién es él o ella, y verdad acerca del mundo que nos rodea), y nosotros respondemos con nuestra propia verdad, entonces es posible lograr la verdadera intimidad; que siempre viene en compañía de la verdad.

El tratamiento de Jesús a la mujer adúltera en Juan 8:3-11 proporciona un maravilloso ejemplo de seguridad e intimidad.

Jesús había ido al templo al alba a enseñar a la gente. Acababa de sentarse cuando los maestros de la ley y los fariseos trajeron a una mujer adúltera, la hicieron ponerse de pie frente al grupo y le dijeron a Jesús: «Maestro, a esta mujer se le ha sorprendido en el acto mismo de adulterio. En la ley Moisés nos ordenó apedrear a tales mujeres. ¿Tú qué dices?» Los fariseos estaban intentando tenderle una trampa a Jesús. Los romanos no permitían a los judíos llevar adelante la sentencia de muerte, entonces si Jesús decía: «Apedréenla», estaría en conflicto con los romanos. Si decía: «No la apedreen», podía ser acusado de menoscabar la ley judía.

Pero Jesús no cayó en la trampa. Se inclinó y comenzó a escribir en la tierra con el dedo. Cuando comenzaron a hacerle preguntas, se puso de pie y les dijo: «Aquel de ustedes que esté libre de pecado, que tire la primera piedra».

Cuando oyeron su respuesta, comenzaron a retirarse, uno por uno. Cuando Jesús quedó solo con la mujer, le preguntó: «Mujer, ¿dónde están? ¿Ya nadie te condena?».

Y ella contestó: «Nadie, Señor».

Entonces Jesús declaró: «Tampoco yo te condeno. Ahora vete, y no vuelvas a pecar».

En este único encuentro, Jesús demuestra lo que significa conocer la gracia y la verdad en él. Le ofreció a esta mujer gracia en la forma de perdón y aceptación. En efecto, le dijo que no tenía que morir por su pecado. Ella fue aceptada y no tuvo que separarse de él. También demostró el poder de la gracia como un agente para poner fin a la separación de sus congéneres. Los fariseos no eran diferentes de ella: ella era una pecadora y ellos eran pecadores también. Jesús incluso invitó a los fariseos a estar en comunión con ella como un miembro de la raza humana, una invitación que rechazaron. La gracia tiene el poder de reunirnos con Dios y con los otros, si los otros lo aceptan. Pero Jesús no se detuvo solo en la aceptación. La aceptó *con plena consciencia* de quién era: una adúltera. Aceptó su verdadero yo, una mujer con deseos y actos pecaminosos. Luego le dio directivas para el futuro: «Ahora vete, y no vuelvas a pecar». Estos dos ingredientes juntos (la aceptación y la directiva) sirven para traer el verdadero yo a la relación, la única forma en que puede llevarse a cabo la sanidad.

Jesús lo dijo de otro modo en Juan 4:23-24: «Pero se acerca la hora, y ha llegado ya, en que los verdaderos adoradores rendirán culto al Padre *en espíritu y en verdad*, porque así quiere el Padre que sean los que le adoren. Dios es espíritu, y quienes lo adoran deben hacerlo *en espíritu y en verdad*» (énfasis del autor). Debemos adorar a Dios en *relación y en honestidad*, o no lo adoramos del todo. Lo triste es que muchos de nosotros vamos hacia Cristo porque somos pecadores, ¡y luego dedicamos el resto de nuestra vida intentando probar que no lo somos! Intentamos ocultar lo que realmente somos.

El yo real frente al yo falso

Cuando el yo real entabla relación con Dios y con los demás, se pone en marcha una dinámica increíble: crecemos tal como Dios nos creó para crecer. Solo cuando uno está conectado con la Cabeza (Jesucristo) y conectado con los demás (el cuerpo), «todo el cuerpo, sostenido y ajustado mediante las articulaciones y ligamentos, va creciendo como Dios quiere» (Col 2:19). Nuestra única esperanza es que se unan la gracia y la verdad en Jesucristo, y por cierto es una esperanza que no desilusiona.

Jake, un amigo mío y un alcohólico recuperado, lo dijo de esta forma: «Cuando estaba en la iglesia o con mis amigos cristianos, simplemente me decían que beber era algo erróneo y que me debía arrepentir. No sabían cuántas veces había intentado dejar la bebida, cuántas veces había intentado ser un buen cristiano.

«Cuando fui a Alcohólicos Anónimos descubrí que podía ser sincero con respecto a mis fracasos, pero lo más importante, podía ser sincero con respecto a mi debilidad. Cuando descubrí que Dios y los demás me aceptaban tanto con mi bebida *como con* mi debilidad para controlarla, comencé a tener esperanza. Pude enfrentarme con quien realmente era y encontrar ayuda.

«Tanto como la iglesia predicaba la gracia, y nunca realmente encontré aceptación de mi estado real allí. Siempre esperaban que cambiara. En mi grupo de AA, no solo no esperaban que cambiara, sino que me dijeron que, por mí solo, ¡no podía cambiar! Me dijeron que lo único que podía hacer era confesar quién era realmente, un alcohólico, y que Dios podría cambiarme junto con su apoyo diario. Finalmente, pude ser sincero y encontrar amigos. Eso fue totalmente diferente, y cambió mi vida».

Jake descubrió que cuando pudo ser él mismo en relación con Dios y los demás, la sanidad fue posible. Los problemas surgen cuando el verdadero yo, el que creó Dios, se oculta de Dios y de los demás. Si el verdadero yo está oculto, el que aparece es el yo falso. El yo falso es el yo que se asemeja a este mundo (Ro 12:2). El yo falso es el yo que presentamos a los demás, la falsa fachada que mostramos para que los demás vean. Pablo habla del yo falso de esta manera:

«No fue ésta la enseñanza que ustedes recibieron acerca de Cristo, si de veras se les habló y enseñó de Jesús según la verdad que está en él. Con respecto a la vida que antes llevaban, se les enseñó que debían quitarse el ropaje de la vieja naturaleza, la cual está corrompida por los deseos engañosos; ser renovados en la actitud de su mente; y ponerse el ropaje de la nueva naturaleza, creada a imagen de Dios, en verdadera justicia y santidad. Por lo tanto, dejando la mentira, hable cada uno a su prójimo con la verdad, porque todos somos miembros de un mismo cuerpo» (Ef 4:20-25).

Mientras el yo mentiroso y falso sea el que se relacione con Dios, con los demás y con nosotros mismos, entonces la gracia y la verdad no pueden sanarnos. El yo falso intenta «sanarnos» con sus propios métodos; siempre encuentra soluciones falsas, por lo que el yo verdadero que Dios creó para crecer a su semejanza permanece oculto, sin exponerse a la gracia y la verdad.

La barrera de la culpa

La gracia y la verdad son una combinación sanadora porque tratan con una de las principales barreras de todo crecimiento: la culpa. Tenemos dificultades emocionales porque hemos sido lastimados (alguien ha pecado en nuestra contra) o nos hemos rebelado (hemos pecado) o alguna combinación de las dos. Como resultado de esta falta de amor o falta de obediencia, estamos ocultos en un mundo de culpa. Vimos antes que Adán y Eva debieron ocultarse debido a la culpa y la vergüenza de su pecado, y también producto de en qué se habían convertido (menos que perfectos).

Frecuentemente la culpa y la vergüenza nos hacen ocultarnos. Si tenemos que escondernos, no podemos obtener ayuda para nuestras necesidades y penas; no podemos volvernos «pobres en el Espíritu» y por lo tanto ser bendecidos. Cuando viene la gracia y dice que no estamos condenados por quienes somos realmente, entonces la culpa puede comenzar a resolverse y podemos comenzar a sanar.

A veces la iglesia refuerza nuestra inclinación a ocultarnos. Mi amigo Jake encontró un fin a su ocultamiento solo después de haberse unido al grupo de AA. Cuando ingresó en una cultura donde no tenía que sentirse avergonzado por sus fracasos y fue perdonado de sus pecados, entonces la verdad y la gracia comenzaron a tener efecto en su vida.

Resulta interesante comparar una iglesia legalista con un buen grupo de AA. En este tipo de iglesia es culturalmente inaceptable tener problemas; a eso lo llaman pecaminoso. En el grupo de AA es culturalmente inaceptable ser perfecto; a eso lo llaman negación. En el primer escenario, la gente luce mejor pero se pone peor, y en el último, parecen peor pero mejoran.

Por cierto hay buenas iglesias y malos grupos de AA, pero debido a una falta de gracia y verdad en algunas iglesias, los cristianos han tenido que ir a otra parte para encontrar sanidad.

Queda claro por qué los extraterrestres del mundo de Beezy decidieron en contra de adorar a un dios. Estas cosas religiosas eran para los pájaros. Por un lado, había aceptación sin directiva y eso no era bueno; por otro lado, había directiva sin relación, ¡y eso no servía! Es únicamente en una combinación de gracia y verdad que el verdadero Jesús está presente. Es únicamente cuando el verdadero Jesús está presente que podemos crecer a semejanza de nuestro Creador. Y realmente podemos ser sanados, si tenemos un ingrediente más...

CAPÍTULO DOS

Tiempo

Un hombre tenía una higuera plantada en su viñedo y fue a ver si tenía frutos, pero no encontró ninguno. Entonces le dijo al hombre que se encargaba del viñedo: «Mira, ya hace tres años que vengo a buscar frutos de esta higuera y no he encontrado nada. ¡Córtala! ¿Para qué ha de ocupar terreno?»

«Señor —le contestó el viñador—, déjela todavía por un año más, para que yo pueda cavar a su alrededor y echarle abono. Así tal vez en adelante dé fruto; si no, córtela» (Lc 13:7-9).

En esta parábola de Jesús, el propietario del árbol esperaba frutos de él. Cuando el árbol no dio frutos durante tres años seguidos, el propietario no solo se sintió desilusionado, sino que estaba furioso. «¡Córtalo!», ordenó.

Esto es con frecuencia lo que hacemos cuando examinamos nuestras propias fallas, nuestra «falta de frutos» a la luz de la realidad. Nos miramos a nosotros mismos (el árbol) y esperamos poder mantener unido nuestro matrimonio, educar hijos perfectos, hacer amigos leales y realizar nuestro trabajo sin error (el fruto). Cuando fracasamos y nos deprimimos, nos ponemos temerosos o ansiosos (malos frutos), nos tiramos abajo diciendo: «Yo debería poder hacer eso». «No debería enojarme tanto». «Debería poder acercarme a las personas». «Debería poder lograr más». «Debería ser así y así». En este punto, somos como una casa dividida. Al igual que el propietario del árbol, queremos crecimiento, pero nos juzgamos rápida y duramente sin tomarnos el tiempo de ver cuál es el problema. Funcionamos con la verdad y sin gracia como hacía el padre misionero de Ruth, con resultados desastrosos.

A veces funcionamos con gracia y sin verdad. Decimos cosas tales como: «No importa». «Eso es lo mejor que pude hacer realmente». «No pude evitar que reaccionara de ese modo». «No pude ayudarme». La madera muerta (sin frutos) toma espacio en nuestra vida (nuestro viñedo). O bien permitimos nuestra incapacidad para relacionarnos con los demás, o para controlar nuestro enojo, o para disciplinar a nuestros hijos del mismo modo en que lo veníamos haciendo, pudriendo continuamente nuestra vida y robándonos el delicioso fruto que Dios tiene guardado para nosotros, o negamos que tenemos un problema, con resultados todavía más desastrosos. Recuerde el desastre de la gracia sin verdad en la vida de Sam.

Hasta cierto punto, todos hacemos las dos cosas. A veces gritamos: «¡Córtala!» y en otras ocasiones la ignoramos. Pero hay una cosa segura: cuando ignoramos nuestro fracaso en dar frutos a la imagen de Dios, o juzgamos su ausencia con un enojado «¡Córtala!», terminamos en gracia o en verdad, y no crecemos.

En el capítulo anterior y en esta parábola vemos otra opción: injertar la gracia en la verdad para estimular el crecimiento. La gracia y la verdad en esta parábola están simbolizadas por los actos de «cavar alrededor» y «abonar». Utilizando el desplantador de la verdad de Dios, debemos retirar la maleza y los estorbos de la falsedad, el pecado y el dolor que hacen que el suelo de nuestra alma esté obstruido. Además, debemos añadir el fertilizante del amor y la relación para «enriquecer el suelo». La gracia y la verdad nos dan los ingredientes para tomar el rumbo correcto y para proporcionar el combustible que necesitamos para seguir creciendo y cambiando.

Pero la Biblia nos dice que para que la gracia y la verdad produzcan frutos, necesitamos un tercer elemento clave: tiempo.

Observe otra vez los versículos 8 y 9: «Señor —le contestó el viñador— déjela todavía por un año más, para que yo pueda cavar alrededor y echarle abono. Así tal vez en adelante dé fruto; si no, córtela».

El jardinero, que por cierto simboliza a nuestro Señor, el «autor y perfeccionador» de nuestra fe, advirtió que su trabajo y el fertilizante necesitaban de *el tiempo* para obtener resultados. En pocas palabras, *lleva tiempo crecer*. Y el tiempo solo no lo logrará. *El tiempo debe estar unido a la gracia y la verdad*. Cuando respondemos responsablemente a estos tres elementos, no solo sanaremos, sino que también daremos frutos.

El tiempo no es solo un acto de la gracia de Dios para nosotros, «dándonos algo de espacio». Dios es demasiado amoroso para permitirnos continuar en pecado un momento más de lo necesario. El tiempo no es un lujo, sino una necesidad.

Tiempo redentor

La primera pareja existió en la eternidad con Dios en el huerto del Edén. No había cosas tales como la maldad, o al menos Adán y Eva no sabían qué era la maldad. Todas las cosas eran buenas.

La Biblia nos dice que Dios «hizo que creciera toda clase de árboles hermosos, los cuales daban frutos buenos y apetecibles». Pero en medio del huerto había dos árboles significativos: el árbol de la vida y el árbol del conocimiento del bien y del mal. Dios le había dicho a Adán que era libre de comer de cualquier árbol del huerto salvo del árbol del conocimiento del bien y del mal.

Pero Adán y Eva no escucharon. Comieron los frutos de este árbol y sucedió algo terrible. Por primera vez, las cosas ya no estaban «todas bien». La humanidad «conoció» tanto el bien como el mal. La palabra hebrea para conocer aquí es la misma palabra que utilizan las Escrituras cuando dicen que Adán «conoció» a Eva en el sentido sexual (Gn 4:1 RVR). Se refiere a la experiencia total de conocer. Esta experiencia de conocer el mal (y por lo tanto el dolor) es de lo que Dios ha intentado proteger a la gente. Él sabía que dolería.

Sin embargo, Eva fue engañada por Satanás. Satanás sostuvo la manzana de la omnisciencia y la sabiduría (Gn 3:6) y la primera pareja recibió el mal y el dolor.

Imagine por un momento la situación. Dios había creado un lugar perfecto con criaturas perfectas para que vivieran una eternidad. Y de repente, apareció en escena el mal. ¿Qué hizo Dios?

«Y dijo: "El ser humano ha llegado a ser como uno de nosotros, pues tiene conocimiento del bien y del mal. No vaya a ser que extienda su mano y también tome del fruto del árbol de la vida, y lo coma y viva para siempre". Entonces Dios el Señor expulsó al ser humano del jardín del Edén, para que trabajara la tierra de la cual había sido hecho. Luego de expulsarlo, puso al oriente del jardín del Edén a los querubines, y una espada ardiente que se movía por todos lados, para custodiar el camino que lleva al árbol de la vida» (Gn 3:22-24).

Dios se movió de inmediato para proteger a la humanidad de estar en un estado de aislamiento eterno, experimentando dolor por un tiempo muy prolongado. Para proteger a Adán y Eva del dolor eterno, los retiró de la eternidad, guardó la eternidad con un querubín y los envió a un nuevo lugar llamado tiempo redentor, donde vivimos ahora. Aquí Dios pudo solucionar el problema; pudo deshacer los efectos de la caída. Pudo redimir su Creación y llevar nuevamente a la humanidad a la eternidad luego de que fuera nuevamente santa y sin culpa.

¡Qué plan maravilloso! Incluso nos da una pista en Génesis 3:15 acerca de cómo lo lograría: el hijo de la mujer aplastaría finalmente la cabeza de la serpiente, una promesa cumplida en la victoria de Cristo sobre Satanás. No es de extrañar que el autor de Hebreos la llame «una salvación tan grande». Dios no solo evitó que comiéramos del árbol que nos hubiera arrojado al dolor eterno, sino que nos llevó a un lugar donde tendría el tiempo para repararnos y volver a tener una relación con él.

Los filósofos y los físicos han debatido durante siglos la naturaleza del tiempo, pero para nuestro propósito, definamos el *tiempo redentor* como «una incubadora que existe para el propósito de la redención». Es un lugar donde Dios puede arreglar amorosamente lo que está mal. Es un lugar donde el mal existe temporalmente mientras Dios hace su obra.

Piénselo de otro modo. Dios tiene una creación enferma. Debe operar. Entonces, nos coloca en el quirófano del tiempo redentor. Bombea en nuestras venas la sangre que da vida, de la gracia y la verdad. Durante la cirugía, extirpa el mal y lleva al paciente renovado a la eternidad en un estado santo. No sabemos cuánto durará la cirugía. Solo sabemos que se espera que nosotros participemos activamente en nuestra propia cirugía, y que no recibamos ninguna anestesia para el procedimiento. Por eso crecer hacia la imagen de Dios con frecuencia duele tanto.

El tiempo redentor, un ingrediente esencial para el crecimiento, no durará por siempre. Pablo dice que tenemos que hacer el mejor uso posible del tiempo, porque no tenemos mucho: «Así que tengan cuidado de su manera de vivir. No vivan como necios sino como sabios, aprovechando al máximo cada momento oportuno, porque los días son malos» (Ef 5:15-16). Las Escrituras nos dicen que Dios en algún momento dará fin a este tiempo redentor y nos abrirá paso de regreso a la eternidad.

Pero, ¿por que tarda tanto?

El Salmo 1, que nos compara con los árboles plantados frente a corrientes de agua, sugiere que nuestro crecimiento tiene diferentes «temporadas». Algunas temporadas son para plantar (primavera), algunas son para nutrir (verano), algunas para cosechar (otoño) y otras para morir (invierno).

Algunos cristianos quieren que todos los días sean tiempo de cosecha. Con frecuencia se les pregunta a los terapeutas: «¿Por qué tarda tanto en mejorar?» La respuesta final a esta pregunta es que el tiempo es la manera de Dios de procurar la integridad perdida en el Edén. Lleva tiempo trabajar la tierra con sus ingredientes de gracia y verdad, permitiendo que tengan efecto. Estos cristianos suenan como el impaciente propietario de la parábola. «¡Córtala!», gritan, y con frecuencia colocan a la gente bajo un yugo impío de esclavitud.

El Maestro en Eclesiastés comprende que hay un momento para cada cosa:

un tiempo para nacer, y un tiempo para morir;
un tiempo para plantar, y un tiempo para cosechar;
un tiempo para matar, y un tiempo para sanar;
un tiempo para destruir, y un tiempo para construir;
un tiempo para llorar, y un tiempo para reír;

un tiempo para estar de luto, y un tiempo para saltar de
gusto;
un tiempo para esparcir piedras, y un tiempo para recogerlas;
un tiempo para abrazarse, y un tiempo para despedirse;
un tiempo para intentar, y un tiempo para desistir;
un tiempo para guardar, y un tiempo para desechar;
un tiempo para rasgar, y un tiempo para coser;
un tiempo para callar, y un tiempo para hablar;
un tiempo para amar, y un tiempo para odiar;
un tiempo para la guerra, y un tiempo para la paz
(Ec 3:2-8).

Todo sucede en su momento oportuno. Pablo reconoce esto al
escribirle a los Corintios: «Yo, hermanos, no pude dirigirme a ustedes
como a espirituales sino como a inmaduros, apenas niños en Cristo.
Les di leche porque no podían asimilar alimento sólido, ni pueden
todavía» (1 Co 3:1-2).

Nos encontraremos con problemas si no nos damos cuenta de que
un cristiano atraviesa diferentes etapas de crecimiento. Debemos
madurar en una etapa antes de pasar a la siguiente. Para avanzar
hacia la próxima etapa, debemos tener tiempo junto con la gracia y
la verdad. Un niño pequeño, por ejemplo, no puede comer comida
sólida hasta que su sistema digestivo se haya desarrollado. Un bebé de
seis meses no puede recoger sus juguetes del suelo y ordenarlos hasta
que pueda caminar hasta los estantes. Los cimientos de hormigón de
una casa necesitan tiempo para endurecerse antes de poder agregar
la estructura. Un árbol de manzanas necesita madurar antes que sus
ramas puedan soportar el peso de una fruta madura. Dios entiende
tal proceso de desarrollo; él lo inventó. Él usa el tiempo.

Pero con frecuencia la gente desea apurar las cosas. Cuando los
hermanos de Jesús estaban intentando persuadirlo de irse de Galilea
e ir a Judea para que sus discípulos vieran las obras que realizaba,
Jesús dijo: «Para ustedes cualquier tiempo es bueno, pero el tiempo
mío aún no ha llegado» Jn 7:3-6). Jesús seguía un plan más grande:
el plan salvador de su Padre. Intencionalmente estaba alejándose de
Judea porque los judíos que estaban allí querían asesinarlo.

Más adelante, cuando Jesús comenzó a enseñarles a sus discípulos que él «tiene que sufrir muchas cosas y ser rechazado por los ancianos, por los jefes de los sacerdotes y por los maestros de la ley. Es necesario que lo maten y que a los tres días resucite», Pedro intentó interrumpir el proceso de su plan. Jesús utilizó un lenguaje fuerte para contestarle a Pedro: «¡Aléjate de mí, Satanás! —le dijo—. Tú no piensas en las cosas de Dios sino en *las de los hombres*» (Mr 8:33, énfasis del autor).

Jesús sabía que tenía que pasar por un proceso que debería llevar algún tiempo y sufrimiento. Si bien Jesús era el Hijo eterno de Dios, «mediante el sufrimiento aprendió a obedecer; y consumada su perfección, llegó a ser autor de salvación eterna para todos los que le obedecen» (Heb 5:8-9). Nuestro modelo para crecer es nuestro Salvador. Nosotros también debemos pasar por ese proceso, atravesando un viaje por el desierto que lleva tiempo. Las personas siempre han querido soluciones rápidas, instantáneas.

Piense en cómo el diablo tentó a Jesús (Lc 4). Le ofreció un alivio instantáneo a su hambre, gloria instantánea y seguridad instantánea. Jesús dijo que no tres veces. Él sabía que para obtener esas tres buenas cosas tenía que pasar por el proceso planificado por Dios.

Siempre hemos sido seducidos por atajos. Pero estos con frecuencia quieren decir fracasos, y esa es la meta de Satanás. Él tienta con riquezas rápidas y esquemas para hacer dinero; Dios ofrece las bendiciones de la fidelidad prolongada: «El hombre fiel recibirá muchas bendiciones; el que tiene prisa por enriquecerse no quedará impune» (Pr 28:20). Satanás tienta con intimidad instantánea a través de la pasión sexual, pero Dios ofrece la construcción fiel de una relación amorosa. La dieta tienta con una rápida pérdida de peso, pero tales dietas no desarrollan la disciplina a largo plazo necesaria para mantener la pérdida de peso. Las drogas y el alcohol dan un rápido alivio al sufrimiento, pero no construyen un carácter que pueda soportar.

En la parábola del sembrador Jesús nos advierte en contra del crecimiento rápido que no tiene profundidad. La semilla plantada en terreno pedregoso «brotó pronto porque la tierra no era profunda; pero cuando salió el sol, las plantas se marchitaron y, por no tener raíz, se secaron» (Mt 13:5-6). El crecimiento rápido sin raíces firmes siempre será superficial y de corta vida. El crecimiento profundo siempre es más lento. Los sicólogos para el desarrollo se preocupan por los niños que muestran conductas drásticas, no adecuadas a su edad. Esto por lo general significa que están creciendo demasiado rápido. La manera de Dios siempre lleva tiempo.

Muchas veces me acuerdo de esta verdad cuando me refieren personas para que las ayude con un problema profundamente enraizado. Luego de realizar una evaluación inicial, con frecuencia calculo el tiempo que les llevará resolver el problema. La clase de personas de «solución rápida» dirá: «Oh, eso es demasiado tiempo. No puedo esperar tanto. ¿No puede remitirme a un terapeuta que trabaje más rápido?» Generalmente intento explicarles por qué la terapia a corto plazo finalmente no funcionará, pero, después que se niegan a oír mi explicación, los remito a alguien que trabaja de ese modo. Luego, aproximadamente en un año o dos, me vuelven a llamar y me dicen: «Hice terapia durante un tiempo breve y comencé a sentirme mejor, pero ahora mi depresión ha vuelto y necesito más ayuda».

Lamentablemente, esa gente cree que ha fracasado; que deberían sentirse mejor. En realidad, optaron por un fracaso garantizado: crecimiento sin tiempo. No estoy en contra de la terapia corta, pues puede ofrecer mucha ayuda en descubrir los temas a trabajar y el rumbo que se debe tomar. Pero el crecimiento verdadero siempre lleva tiempo.

Amo el antiguo proverbio que dice: «La distancia más larga entre dos puntos es el atajo». Intentando tomar el camino más corto, a veces terminamos toreándonos más de lo que hubiéramos tardado si tomáramos el camino más largo en primera instancia. Siempre que las personas quieren algo «ahora», con frecuencia lo pagarán después.

El crecimiento espiritual y emocional lleva tiempo. Y con frecuencia se produce una transformación con el tiempo sin que la persona sepa muy bien cómo sucedió.

Stan vino a la terapia buscando ayuda para sus incontrolables estallidos de ira. Había intentado durante años controlar su enojo. Con frecuencia se arrepentía, oraba más y estudiaba pasajes bíblicos sobre el enojo, pero Stan se centraba en los síntomas de su problema. Solo luego de que cambiara su punto focal y «cavara alrededor» para encontrar las causas de su enojo es que las cosas comenzaron a cambiar.

Para explorar las causas subyacentes de su enojo, Stan se unió a un grupo de terapia. Descubrió que los demás miembros del grupo estaban felices de aceptarlo; todos habían luchado con problemas similares. Dicha aceptación le permitió lentamente enfrentar la verdad sobre sí mismo: tenía algunos lugares muy solitarios dentro de sí, lugares que lo hacían sentirse mal y no amado. Puesto que se sentía tan poco amado, Stan intentaba que la gente lo amara haciendo cosas por ellos. Opinaba que tenía que hacer cualquier cosa que un miembro de su familia, un amigo o incluso un extraño le pidiera que hiciera. Al poco tiempo se resentía de decir que sí todas las veces. Se sentía impotente para decir que no.

Cuando se sintió aceptado y amado por los demás, Stan comenzó a descubrirse lo suficientemente fuerte como para decir que no. A medida que su sentido del poder se incrementó, sintió menos resentimiento. Comenzó a relajarse más.

Un día Stan llegó al grupo con una gran sonrisa en su rostro, diciendo: «Hoy vino mi esposa a decirme todas las cosas que tenía que hacer y sucedió algo raro. Me reí de cuan larga era su lista. No me enojé para nada. Al poco tiempo ella estaba riendo conmigo. No sé cómo sucedió, pero pasó».

Stan creció porque experimentó la gracia y la verdad trabajando con el tiempo. La gracia de los miembros del grupo le proporcionaron un lugar seguro para mirarse a sí mismo de verdad. Como resultado de ello, se sorprendió tanto como un granjero a veces lo está en ese día de primavera cuando aparece el primer brote. Parece que saliera de la nada. Así es como crecen los frutos, con el tiempo, con los ingredientes adecuados, y gran parte del proceso está fuera de nuestro control.

Cuando Stan dijo que no sabía cómo había sucedido, me acordé de la descripción que hizo Jesús del reino de Dios:

«El reino de Dios se parece a quien esparce semilla en la tierra. *Sin que éste sepa cómo*, y ya sea que duerma o esté despierto, día y noche brota y crece la semilla. La tierra da fruto por sí sola; primero el tallo, luego la espiga, y después el grano lleno en la espiga» (Mr 4:26-29, énfasis del autor).

Este pasaje ilustra una verdad importante acerca del proceso del crecimiento. *No es algo que pase por la voluntad.* Solo puede mejorarse agregando gracia, verdad y tiempo, y luego Dios produce el crecimiento. Si nos deprimimos, por ejemplo, no sirve de nada tratar de «no estar deprimidos». No obstante, ayuda cultivar la tierra de nuestra alma con los nutrientes de la gracia, la verdad y el tiempo. Solo entonces nos transformaremos gradualmente y pasaremos a etapas de gozo.

Buen tiempo y mal tiempo

El tiempo es un ingrediente muy importante para el crecimiento, pero a veces atravesamos el tiempo y mejoramos, y en otras ocasiones atravesamos el tiempo y no mejoramos. ¿Por qué? Se debe a lo que yo llamo «buen tiempo» y «mal tiempo».

Desde nuestra posición ventajosa, el tiempo es la experiencia presente. El único tiempo que tenemos es lo que estamos experimentando en el momento actual. Es imposible avanzar o regresar en el tiempo. Exactamente este instante es el único lugar en el que podemos vivir. Cuando verdaderamente vivimos en el tiempo, que es donde estamos ahora, estamos presentes con nuestra experiencia. Estamos presentes en el «aquí y ahora». Somos conscientes de nuestra experiencia. Si no somos conscientes de nuestra experiencia, o no experimentamos algún aspecto de nosotros mismos, esa parte es eliminada del tiempo y no se ve afectada por él.

El cambio solo se produce en el «buen tiempo». El *buen tiempo* es el tiempo en el que nosotros y nuestras experiencias pueden verse afectados por la gracia y la verdad. Si hemos eliminado algún aspecto de nosotros mismos del tiempo, la gracia y la verdad no pueden transformarlo. Cualquiera sea el aspecto de nosotros mismos que dejamos fuera de la experiencia, que dejamos en el «mal tiempo», permanece inmutable. La gracia y la verdad no pueden afectar la parte de nosotros mismos que no llevemos a la experiencia.

La parábola de los talentos ilustra la diferencia entre el tiempo que trabaja para nosotros y el tiempo que trabaja en nuestra contra. Antes de que un hombre se fuera de viaje, reunió a sus sirvientes y distribuyó sus bienes entre ellos. A uno, le dio cinco talentos de dinero; a otro, dos talentos y a un tercero, un talento. Luego de mucho tiempo el hombre volvió y descubrió que el primer sirviente había hecho cinco talentos más, que el segundo había ganado dos talentos más, pero que el tercero había enterrado su dinero en la tierra y solo tenía el talento para entregarle.

El hombre recompensó a los otros dos, pero al tercero le dijo:

«¡Siervo malo y perezoso! ¿Así que sabías que cosecho donde no he sembrado y recojo donde no he esparcido? Pues debías haber depositado mi dinero en el banco, para que a mi regreso lo hubiera recibido con intereses» (Mt 25:26-27).

Los dos sirvientes exitosos cuyos talentos de dinero crecieron habían llevado sus talentos *a la experiencia, al tiempo*. Los habían utilizado. El tercer sirviente llevó su talento *fuera de la experiencia, fuera de donde podría afectarle el tiempo*. Lo escondió en la tierra. Por lo tanto, el tiempo no afectó al talento, no lo hizo crecer. Esto es lo que a veces nos sucede a nosotros. Llevamos diferentes aspectos de nuestra persona fuera del tiempo, es decir, fuera de la experiencia, y permanecen exactamente como estaban cuando fueron enterrados en un «mal tiempo». Katherine es un buen ejemplo de esto.

Katherine, una abogada de treinta y un años, era una persona excesivamente ansiosa por lograr algo. Trabajaba muchas horas y actuaba como voluntaria para muchos casos de bienestar social. Era la empleada soñada. Siempre hacía lo que su jefe le pedía que hiciera. De repente algo sucedió. El pánico abrumó a Katherine sin razón aparente. Cuando esto ocurrió, no pudo acudir a sus citas, ir al almacén, o siquiera salir de la casa.

Cuando ella vino al hospital, diagnosticamos su problema como un trastorno de pánico. Luego de unas pocas sesiones de terapia que develaron algunas partes ocultas de sí misma, Katherine comenzó a describir sentimientos extraños. Comenzó a sentirse como una adolescente. Describió desear salir, jugar y ser espontánea, como una niña. También sentía el impulso de burlarse de los médicos y las enfermeras del hospital y de flirtear con los hombres.

En la terapia, nos centramos en lo que le sucedió a Katherine en su adolescencia. Cuando tenía doce años, sus padres se divorciaron y su madre abandonó a la familia. Ella, la hija mayor, había tenido que crecer instantáneamente. Era la que se ocupaba del resto de la familia como lo hubiera hecho una madre. Se convirtió en una adulta pequeña y, en esencia, nunca experimentó la adolescencia. Su época de adolescente se ocultó. Era como si esos años no hubieran podido «crecer» con el resto de ella. Como resultado, nunca completó ninguna tarea adolescente.

Puesto que no había completado esas tareas, tales como aprender a relacionarse con muchachos, nunca había podido relacionarse con los hombres como personas sexuales. Tenía muchos buenos amigos en el trabajo, pero la dinámica sexual, de flirteo, una tarea para desarrollar el adolescente, nunca la había vivido.

A medida que comenzó a experimentar el despegue de los doce años de edad y a aceptar esta parte de sí como una parte válida de quien era, esta comenzó a crecer con el resto de ella.

Cuando fue dada de alta del hospital, Katherine descubrió que podía jugar y disfrutar más de la vida. Su sentido de responsabilidad extrema para con el mundo se había ido; comenzó a tener citas con hombres y a divertirse. Además, aprendió a decirle que no a su jefe y a otras figuras de autoridad, y se le abrieron más opciones. Incluso cambió su imagen de Dios: lo veía como menos exigente y más amoroso. En pocas palabras, cuando los doce años de edad se pusieron a disposición del tiempo y la experiencia, estos con la gracia y la verdad la transformaron. La Katherine de doce años completó sus tareas adolescentes que habían permanecido sin concluir hacía casi veinte años. Y nuevamente, el tiempo estaba del lado de Katherine. No estaba enterrada en la tierra, lejos del tiempo ni de la experiencia.

En el caso de Katherine, un aspecto de su personalidad fue quitado del tiempo debido a un trauma. El perder a su madre en un momento muy importante del desarrollo significó que no tuviera con quién compartir sus luchas de adolescente. Por lo tanto, llevó la parte adolescente de sí fuera del tiempo y se convirtió en adulta a los doce años. Un adulto que nunca completó su adolescencia está sujeto a todo tipo de deficiencias, en particular en relación a temas de autoridad y sexualidad. El progenitor del mismo sexo es parte integrante del desarrollo de un adolescente, y ella no tenía madre. Por lo tanto, su yo de doce años tuvo que esperar, fuera de tiempo.

Esta verdad se aplica a todos nosotros en diversos grados. Para completar bien las tareas del desarrollo, necesitamos buenos padres. Cuando los padres están ausentes o son abusivos, llevamos ese aspecto no completado de nuestra personalidad fuera del tiempo. Lo enterramos y no cambia hasta que sale en el buen tiempo, en el tiempo afectado por la gracia y la verdad, cuando puede atravesar el desarrollo normal Cuando el verdadero yo llega a relaciones que otorgan gracia, este yo puede desarrollarse con el tiempo. El verdadero yo de Katherine se atascó a los doce años, y su yo falso estaba «actuando como un juego» en la adultez. Cuando su verdadero yo salió a la luz, comenzó a integrarse como una persona y luego pudo ser una «verdadera adulta». Ya no lo estaba simulando.

Algunas personas pueden recordar el momento específico en que decidieron dejar el tiempo bueno. Tom, un pastor, lo dijo con estas palabras: «Recuerdo cuando mis hermanos mayores y los otros chicos se burlaban de mí porque no podía hacer las cosas que hacían ellos. Yo no era tan fuerte y tenía mucho miedo. Me ponían apodos y el dolor era tan insoportable que recuerdo haberme dicho a mí mismo: «Nunca intentaré tener amigos. Duele demasiado». Debo haber tenido ocho o nueve años en ese momento. A partir de ahí me convertí en un solitario».

Cuando Tom llegó a la adultez, la soledad se había vuelto abrumadora. Se había perdido algunas tareas importantes del desarrollo. Como resultado de ello, su trabajo fracasaba y su matrimonio era una relación superficial. A través de un trabajo arduo en la terapia, Tom comenzó a volver a ganar la confianza y la vulnerabilidad que había perdido cuando tenía ocho años. Su vida empezó a cambiar. La personalidad otorgada por Dios comenzó a desarrollarse y la confianza llegó al mismo lugar que el resto de sus talentos.

Otros no pueden recordar específicamente el hecho de haber tomado una decisión, pero no obstante, como resultado del dolor y las lastimaduras, se vieron forzados a enterrarse. Fueron empujados fuera del tiempo hacia un lugar en el que no pudieron experimentar ciertos años con su verdadero yo.

Cuando un aspecto de una persona no ingresa en el tiempo, su madurez emocional se estanca en este nivel. Una mujer que no había podido separarse de su familia tenía la misma dificultad para separarse de los demás. Cada vez que alguien esperaba algo de ella, sentía que debía hacerlo. Puesto que se había saltado la etapa en la que se desarrolla el «músculo de la opción» en relación a la familia, había enterrado esa función de su personalidad en la tierra. Como resultado de ello, ese talento no se había multiplicado y desarrollado en una forma en que pudiera ejercer las opciones que se necesitaban con los demás. Atascada en un nivel temprano de desarrollo, esta mujer no pudo seguir adelante con su vida hasta que aprendió a decirles que no a sus padres. Luego de traer este aspecto de sí misma a la experiencia, comenzó a manejar todas sus relaciones con más madurez. Otra mujer tenía una actitud muy distante y enojada como si fuera una adolescente, porque tenía un padre abusador. Él era tan terrible con su familia que ella ni siquiera salía de su cuarto. En las últimas etapas de la adolescencia, esta mujer se convirtió en cristiana, y pensó que ella debía ser agradable. Pasó su adolescencia enojada bajo tierra.

Años más tarde, en terapia, salió a la superficie esta adolescente enojada. Describió un «desvío del tiempo», y comenzó a experimentar el mundo de los años sesenta a finales de los ochenta. A medida que empezó a traer este aspecto de sí desde tiempos lejanos, descubrió todo tipo de cosas «adolescentes» maravillosas acerca de ella. Pudo jugar más, ser creativa y separarse de su madre controladora.

Con frecuencia se observa el estancamiento en personas que abusan de substancias tales como la droga y el alcohol. Su desarrollo emocional se detuvo probablemente en la edad en que comenzaron a escaparse de la vida mediante la adicción. *No se puede crecer cuando uno ya no participa de la vida.*

La Biblia presenta un contraste entre el buen tiempo y el mal tiempo:

«Despiértate, tú que duermes, levántate de entre los muertos,
y te alumbrará Cristo» (Ef 5:13-14).

Dios nos llama fuera de la oscuridad hacia la luz de la experiencia
con Jesús y su cuerpo. Entonces el tiempo puede ser un buen tiempo;
puede transformarnos y desarrollarnos del modo en que nosotros
necesitamos hacerlo. Si nos ocultamos, el tiempo es malo, puesto
que no es redentor.

Literalmente nunca es demasiado tarde para abrirnos a quienes nos aman y ocuparnos de nuestro desarrollo. Puesto que el
aspecto de nosotros mismos que sale fuera del tiempo en la niñez
se almacena en su estado cronológico, sigue siendo la misma edad
cuando regresa. Dios puede usar nuestras relaciones actuales para
proporcionar la nutrición que no recibimos de niños, el mentor
que no tuvimos cuando íbamos a la escuela o la compañía que
necesitamos cuando éramos adolescentes. Dios ha prometido que
él cuidará de nosotros:

«Padre de los huérfanos y defensor de las viudas es
    Dios en su morada santa.
Dios da un hogar a los desamparados y libertad a los cautivos;
    los rebeldes habitarán en el desierto» (Sal 68:5-6).

Dios puede, y en efecto lo hace, redimir el tiempo para nosotros.
Él provee las experiencias que necesitamos para desarrollar diferentes
aspectos de nosotros mismos a través de su cuerpo de creyentes, la
iglesia.

Una segunda oportunidad

No hay nada sagrado acerca de «la primera vez». Ya que el tiempo
es experiencia, podemos influenciar cualquier aspecto «pasado» de
nosotros mismos en el presente. En el presente podemos llegar al
niño dolido y solitario de nuestro pasado. El niño solitario, el niño
lastimado, el niño no capacitado y quienquiera que hayamos «sido»
está todavía vivo; él o ella es eterno y vive dentro de nosotros.

Observe cómo reacciona ante diferentes situaciones. Usted responde a algunas situaciones como un niño rechazado o dolido. Con frecuencia este niño no ha sido alcanzado por la gracia y la verdad de Dios porque está fuera del tiempo. Él o ella no se relaciona con la experiencia y no se le permite crecer. La gente le dirá a alguien que «deje de actuar como un niño», verdad sin gracia, pero nunca le dará a la persona lo que ella necesita.

Cuando Dios dice que puede redimir el tiempo, en realidad puede hacer que nuestro pasado sea diferente. Si alguien pasó por alto aspectos importantes del desarrollo, solo porque esta etapa sea cronológicamente del pasado no significa que no puede crecer ni transformarse. Todos podemos trabajar los asuntos de confianza de la lactancia, los temas de fijar límites de los niños de corta edad, los temas del perdón de la niñez temprana, los temas relacionados con el papel de los últimos años de la infancia y los temas de separación de la adolescencia en nuestro presente adulto. Todos podemos volver a crecer.

Estos aspectos de la «semejanza de Dios», nuestras personalidades, todavía están ahí en su forma prístina si debido a las lastimaduras han sido separados del tiempo. Al traerlos a la luz de la experiencia en relaciones dadoras de gracia con nuestro verdadero yo, pueden madurar y redimirse en el proceso maestro de Dios.

Gracia, verdad y tiempo juntos

Hemos visto lo que sucede cuando hay gracia sin verdad, verdad sin gracia, y tiempo sin ninguna de ellas. Cuando todas se juntan, por primera vez podemos tener el verdadero yo, amado y aceptado, y a través de la práctica y la experiencia, crecer en la semejanza de Dios.

La gracia, la verdad y el tiempo trabajando juntos pueden desarrollar el tipo de tolerancia de la que habla Santiago: «Hermanos míos, considérense muy dichosos cuando tengan que enfrentarse con diversas pruebas, pues ya saben que la prueba de su fe produce constancia. Y la constancia debe llevar a feliz término la obra, para que sean perfectos e íntegros, sin que les falte nada» (Stg 1:2-4).

Así como hay un buen tiempo y un mal tiempo, hay buena tolerancia y mala tolerancia. Cuando sufrimos, ¿está creciendo el verdadero yo o el falso yo está simplemente tolerando el dolor? Si estamos en la mesa de cirugía de Dios en relaciones dadoras de gracia con nuestro yo real, el tiempo de sufrimiento producirá una sensación de plenitud; creceremos y experimentaremos cambios que sanan.

Jesús interactuó con Pedro en el presente, predijo su fracaso en el futuro, pero también vio su madurez en el futuro más distante:

«Simón, Simón, mira que Satanás ha pedido zarandearlos a ustedes como si fueran trigo. Pero yo he orado por ti, para que no falle tu fe. Y tú, cuando te hayas vuelto a mí, fortalece a tus hermanos.

—Señor —respondió Pedro—, estoy dispuesto a ir contigo tanto a la cárcel como a la muerte.

—Pedro, te digo que hoy mismo, antes que cante el gallo, tres veces negarás que me conoces» (Lc 22:31-34).

Jesús, que trasciende al tiempo, pudo ver el estado presente de Pedro, cómo iba a fracasar en el futuro y cómo, luego de su fracaso, maduraría para ayudar a otras personas como él. Y, en todo ello, aceptó totalmente a Pedro.

El Señor nos acepta plenamente, sabiendo que necesitaremos tiempo y experiencia para resolver las imperfecciones. Nuestros fracasos no lo sorprenden. Si nos sorprenden a nosotros, es solo porque tenemos una opinión demasiado elevada de nosotros mismos. Tenemos una posición en la gracia que nos da libertad para lograr la verdad con el tiempo.

La verdad que necesitamos lograr tiene muchos aspectos. Incluye las necesidades del desarrollo del yo verdadero, la gracia de la relación y la verdad externa de los preceptos de Dios. Y todos estos aspectos llevan tiempo para funcionar.

PARTE II

Vinculemonos
— con los —
demás

CAPÍTULO TRES

¿Qué significa vincularse?

Estaba en el cuarto de espera de una sala de emergencias esperando la ambulancia. La llamada de la policía no había brindado mucha información acerca del intento de suicidio, solamente la edad y el sexo del paciente. Sin embargo, esa era información suficiente para hacerme especular.

¿Por qué una mujer de treinta y cinco años querría matarse?, me pregunté. ¿Es que no conoce al Señor? ¿O su esposo la abandonó? ¿O perdió un hijo? ¿Qué le habría hecho pensar que la muerte era la única respuesta?

La ambulancia llegó, con las luces rojas destellando. Mientras llevaban en camilla a la mujer a la sala de emergencias, eché una ojeada al cabello rubio revuelto y a los ojos desafiantes. Ella estaba luchando, pero no por su vida. Estaba luchando por su derecho a morir.

—Déjenme sola —gritaba, empujando a las enfermeras—. ¡No tienen derecho a no dejarme morir! Es mi vida y puedo hacer lo que me plazca. ¡No pueden hacerme esto! ¡No me hagan esto! No pueden...! Sus ojos se cerraron y cayó en la inconsciencia.

A la mañana siguiente visité a la mujer para hacerle una evaluación sicológica. Tenía un aspecto pálido y cansado, pero puede ver que era hermosa.

—¿Cómo se siente? —pregunté.

—Horrible, gracias a ustedes —cruzó los brazos contra su pecho y me miró.

—¿Anoche la lastimó alguien aquí?

—Me mantuvieron con vida. Esa es una forma suficiente de lastimarme —dijo—. Todo lo que quería hacer era morir y ahora ni siquiera puedo hacer eso.

En las semanas siguientes descubrí más sobre la vida de Tara. Y una por una, mis hipótesis sobre su problema se derrumbaron. Ella sí conocía al Señor. Por cierto, era una líder comprometida en su iglesia. Tenía un esposo amoroso que también era un pastor muy respetado. Tenía cuatro hermosos hijos y muchos amigos que le brindaban apoyo. Sin embargo, ella deseaba desesperadamente dar fin a su vida.

El mundo interior de Tara era muy diferente de su mundo exterior. Si bien todo lo de afuera parecía color de rosa, por dentro ella sentía solo negrura. Sus días comenzaban con una oscuridad interior tan profunda que la podía ver. Cada día se arrastraba fuera de la cama, con la depresión oprimiéndole el pecho. Todo era vano. Marido, hijos, amigos, no significaban nada para ella. Ciertamente, las personas la asustaban mucho. Debajo de sus lindas palabras ella detectaba un odio ponzoñoso.

Los largos y arduos días se arrastraban hasta noches interminables. Encontraba consuelo solo cuando pensaba en dormir. Pero durante los últimos meses, incluso el sueño la abandonaba. Se despertaba a las pocas horas de haberse dormido, y miraba el cielo raso. Iba a otro cuarto y tomaba la Biblia, tratando de leer y orar, pero nada la ayudaba. Dios, también, parecía haberla abandonado.

¿Qué estaba mal? ¿Cómo es que exteriormente parecía tenerlo todo y se sentía interiormente tan desolada que deseaba matarse? Durante las semanas que pasó en el hospital, la razón resultó evidente. A pesar de las muchas personas que había en su vida, ella se sentía sola, aislada. Separada del contacto divino y humano, Tara vivía un infierno terrenal.

Tara sufría de una depresión tan profunda que no quería vivir. Pero la depresión no era el único problema de Tara. Algo en los últimos treinta y cinco años había evitado que ella pudiera conectarse con Dios y con otras personas. De algún modo Tara no lograba una de las tareas básicas de crecer. No pudo aprender lo que algunos lactantes en el entorno apropiado aprenden naturalmente. Fracasó en hacer para lo que fue creada. Fracasó en aprender a vincularse.

¿Qué significa vincularse?

Vincularse es la capacidad de establecer un apego emocional hacia otra persona. Es la capacidad de relacionarse con alguien en el nivel más profundo. Cuando dos personas tienen un vínculo comparten sus pensamientos, sueños y sentimientos más profundos sin temer ser rechazados por la otra persona.

Justin, un ejecutivo de veintisiete años que trabajaba en una pequeña corporación, vino a verme porque sufría de una depresión tan sombría que no podía comer ni dormir. Algunos días ni siquiera podía arrastrarse a su trabajo. Estaba desesperado.

—¿Tienes amigos cercanos? —le pregunté a Justin en nuestra primera sesión.

—Tengo muchos amigos —respondió—. Trabajo con muchas personas y hago muchas cosas en mi iglesia. Tengo muchas personas en mi vida.

—¿A quién podría llamar que me pudiera decir cómo te has estado sintiendo en las últimas semanas? —pregunté.

—¿Qué quiere decir?

—Cuando pienso en amigos cercanos, pienso en personas que realmente me conocen, que saben cuándo estoy sufriendo y que saben cómo ayudarme.

—¿Está loco? —dijo Justin—. ¡Nadie quiere saber acerca de mi depresión!

No puedo contarle a nadie. Pensarían que algo anda mal en mí.

—Y así es —dije—. Estás tan deprimido que no puedes funcionar. Sin embargo ningún otro ser humano sabe cómo te estás sintiendo realmente. ¿Cómo esperar mejorar si estás aislado de todos?

Justin parecía perplejo.

—No entiendo de qué me está hablando.

Estaba hablando de vincularse. Esta es una de las ideas más básicas y esenciales de la vida y el universo. Es una necesidad humana elemental. Dios nos creó con un apetito por relacionarnos, para relacionarnos con él y con nuestros congéneres. En nuestro más profundo interior, somos seres relaciónales.

Sin una relación sólida, de vinculación, el alma humana se volverá una maraña de problemas sicológicos y emocionales. El alma no puede prosperar sin estar conectada a otras personas. No importa qué características poseamos, o qué logros obtengamos, sin una conexión emocional sólida, sin vincularnos con Dios y otros seres humanos, nosotros, tal como Tara y Justin, sufriremos una enfermedad del alma.

Nada crece en ninguna parte del universo de Dios separado de una fuente de fortaleza y nutrición. La Biblia con frecuencia ilustra el crecimiento utilizando a las plantas. Piense cómo crecen las plantas. Deben estar conectadas a algo fuera de ellas. El tallo está conectado con las raíces, que a su vez están enterradas en el suelo, de donde toman humedad y nutrientes para enviarlos hacia el tallo; este también está conectado a las ramas, las cuales se conectan con las hojas, que atrapan la luz del sol y transforman su energía radiante en una energía química que alimenta a la planta.

Probablemente, el pasaje más conocido que utiliza el ejemplo de las plantas es Juan 15 cuando Jesús dice: «Yo soy la vid y ustedes son las ramas. El que permanece en mí, como yo en él, dará mucho fruto; separados de mí no pueden ustedes hacer nada. El que no permanece en mí es desechado y se seca, como las ramas que se recogen, se arrojan al fuego y se queman» (vv. 5-6). En el versículo 12, Jesús señala la importancia de que nos mantengamos en relación entre nosotros: «Y éste es mi mandamiento: que se amen los unos a los otros, como yo los he amado».

Sin esa conexión con Dios y los demás, nos marchitaremos lentamente y moriremos, tal como una rama cortada de su árbol. Fue esta falta de conexión emocional la que condujo a Tara y a Justin a depresiones tan fuertes que ambos pidieron ayuda a gritos.

La base bíblica

¿Por qué es tan fuerte nuestra necesidad de vincularnos, y por qué es tan desastroso para nuestro bienestar nuestro fracaso para vincularnos?

Dios es un ser relacional y él creó un universo relacional. En los cimientos de todo ser humano está la idea de la relación. Todo lo que está vivo se relaciona con algo más.

Dios no está solo

¿Pero, con quién puede relacionarse Dios? Hay solo un Dios. La respuesta es que Dios no existe solo. Él existe, y siempre ha existido, en relación. Él es tres personas en una. Es Dios el Padre, Dios el Hijo y Dios el Espíritu Santo. Es parte de la Trinidad.

Esta relación trina aparece ya en el primer capítulo de Génesis cuando Dios dice: «Hagamos al ser humano a nuestra imagen y semejanza». Y Jesús sugiere la calidad y la eternidad de la relación cuando le dice a su Padre en Juan 17:24: «Que vean mi gloria, la gloria que me has dado porque me amaste antes de la fundación del mundo». Antes de la creación, Dios tenía una relación de vínculo y apego con su Hijo.

Escuche a Jesús hablar acerca de esta conexión con su Padre:

«No ruego sólo por éstos. Ruego también por los que han de creer en mí por el mensaje de ellos, para que todos sean uno. Padre, así como tú estás en mí y yo en ti, permite que ellos también estén en nosotros, para que el mundo crea que tú me has enviado. Yo les he dado la gloria que me diste, para que sean uno, así como nosotros somos uno: yo en ellos y tú en mí. Permite que alcancen la perfección en la unidad, y así el mundo reconozca que tú me enviaste y que los has amado a ellos tal como me has amado a mí» (Jn 17:20-23).

Repitiendo palabras como *en* y *uno* en este pasaje, Jesús enfatiza la idea de relación: su relación con el Padre y nuestra relación con él. La conexión estrecha es una verdad fundamental de la existencia, la verdadera fundación de la semejanza de Dios.

Dios es amor

Cuando buscamos en las Escrituras para descubrir la naturaleza de Dios, descubrimos algo más. «Dios es amor», escribe el apóstol Juan. «El que permanece en amor, permanece en Dios, y Dios en él» (1 Jn 4:16). En su naturaleza esencial y en todos sus actos, Dios es amoroso. Y debido a que somos creados a su imagen, el amor es fundamental para ser una persona y para ser cristiano. Juan dice:

«Queridos hermanos, amémonos los unos a los otros, porque el amor viene de Dios, y todo el que ama ha nacido de él y lo conoce» (1 Jn 4:7). El amor es la identidad básica de Dios; por lo tanto es básico también para nuestra identidad.

Incluso la verdad es cautiva del amor. Cuando se le preguntó cuál es el mandamiento más importante, Jesús dijo: «"Ama al Señor tu Dios con todo tu corazón, con toda tu alma y con toda tu mente" ... Éste es el primero y el más importante de los mandamientos. El segundo se parece a éste: "Ama a tu prójimo como a ti mismo". De estos dos mandamientos dependen toda la ley y los profetas» (Mt 22:37-40).

Cuando comprendemos que la fundación de la existencia reside en la relación, porque es la manera en que Dios existe, comienza a tener sentido por qué el amor es la ética más grande. La ley es una estructura, o un plano, para amar. La ley es la forma en que se debe vivir el amor.

La relación, o el vincularse, está en la fundación de la naturaleza de Dios. Puesto que hemos sido creados a su semejanza, la relación es nuestra necesidad más fundamental, el verdadero cimiento de quiénes somos. Sin relación, sin apego a Dios y a los demás, no podemos ser nosotros mismos. No podemos ser verdaderamente humanos.

Observe nuevamente la planta que tratamos antes. Si cortáramos sus raíces, la planta se derrumbaría sin poder sostenerse por sí sola. Si la colocáramos en un recipiente, alejada de la luz del sol, la planta crecería enferma y débil. Si dejáramos de regarla, la planta se marchitaría. En otras palabras, si obstruyéramos su conexión con el resto de la creación, la planta no sobreviviría.

Si queremos crecer y sobrevivir, debemos estar «arraigados y cimentados en amor». Literalmente debemos tomar del amor de Dios y de los demás para dar combustible a nuestra transformación y poder dar frutos. No podemos imaginarnos colocando una planta en una caja de cartón en el garaje y esperando que florezca. La planta no duraría mucho tiempo. Para crecer, debe tener luz del sol, agua y nutrientes.

No obstante, a veces pensamos que podemos satisfacer todas nuestras necesidades sin otras personas. Creemos que, en un estado de aislamiento emocional y espiritual, aún podemos crecer. Esta violación grave de la naturaleza básica del universo puede ocasionar graves problemas.

Cuando la relación se rompió

Adán y Eva fueron creados para la relación con Dios y entre sí. Desde los primeros inicios de los tiempos Dios colocó un valor básico en la relación humana. Observó al hombre que había creado y dijo: «No es bueno que el hombre esté solo». Así que se dispuso a crear «una ayuda adecuada».

Adán y Eva tenían una relación inquebrantable con Dios, entre sí y con ellos mismos. Eran ellos plenamente y no tenían conflictos, no estaban «divididos entre sí». Todas sus necesidades se satisfacían perfectamente. Existían en una conexión perfecta.

Luego Adán y Eva desobedecieron a Dios. Comieron el fruto del árbol prohibido. Por primera vez, fueron «cortados», alejados de Dios. Fueron separados. Ya no tenían la relación fundamental que necesitaban. Esto los llevó a un estado de aislamiento, de Dios y entre sí. Se convirtieron en personas sufrientes.

A partir de ese momento, el alejamiento ha sido nuestro principal problema. A donde había amor perfecto, llegó el aislamiento y el odio.

El hecho de que una relación rota es nuestro principal problema se ve reflejado en la forma en que la Biblia habla de la redención. La Biblia la denomina reconciliación: «Porque a Dios le agradó habitar en él con toda Su plenitud y, por medio de él, *reconciliar* consigo todas las cosas, tanto las que están en la tierra como las que están en el cielo, haciendo la paz mediante la sangre que derramó en la cruz. En otro tiempo ustedes, por su actitud y sus malas acciones, estaban alejados de Dios y eran sus enemigos. Pero ahora Dios, a fin de presentarlos santos, intachables e irreprochables delante de él, los ha *reconciliado* en el cuerpo mortal de Cristo mediante su muerte» (Col 1:19-22, énfasis del autor).

El mensaje del evangelio es uno de restauración y relación, y de eso se trata la vinculación. Vincularse es conectarse con Dios, con los demás y con nosotros mismos.

Puesto que vivimos en un mundo caído, no nacemos en conexión. Debemos ganárnosla, y ese es un arduo proceso de desarrollo. Si no atravesamos ese proceso de vinculación, estamos destinados al alejamiento y al aislamiento. No solo no crecemos; nos deterioramos.

Los físicos tienen una manera gráfica de describir esta situación. La denominan la ley de la entropía. De acuerdo a esta ley, en un sistema cerrado como nuestro universo, la energía disponible se agota gradualmente. A medida que se reduce la energía disponible, crece el desorden. Sin energía de afuera, nuestro universo se volverá cada vez más caótico con el tiempo. Los físicos hablan de que el universo «se gasta» debido a esta ley. El sol y muchas otras estrellas que llenan el universo finalmente, una después de la otra, se enfriarán hasta formar masas oscuras, su energía se dispersará por el espacio y ya no estará disponible. Habrán alcanzado lo que los físicos llaman «máxima entropía».

En las esferas sicológicas y espirituales, esta ley funciona dramáticamente. Si se deja sola a una persona, su mundo se volverá cada vez más caótico. Alcanzará la entropía máxima.

Susan, una diseñadora gráfica de veintiocho años, vino a verme debido a su depresión. Dijo que había estado deprimida «desde que podía recordar».

Cuando se graduó en la universidad, la depresión comenzó a empeorar. Me dijo que en los últimos años a veces se sentía tan confundida que temblaba. Otras veces su ánimo se ennegrecía tanto que no podía pensar bien. Ocasionalmente oía voces dentro de su cabeza.

En las semanas que siguieron descubrí que Susan creció en una granja, siendo la hermana del medio de una familia de cinco hijos. Tenía dos hermanas mayores y dos hermanos menores. Su madre se ocupaba de sus necesidades físicas, pero con frecuencia se sentía agotada tanto por las exigencias de una familia grande como por el cuidado de su hermano enfermo, que había nacido en menos de un año después que ella. Su padre trabajaba ochenta horas por semana y dejaba la crianza de sus hijos al cuidado de la madre.

Abandonada y preguntándose acerca de sí misma y del mundo en que vivía, Susan desarrolló una cantidad enorme de temores. Temía a los extraños y a las situaciones en las que se esperaba que hablara con ellos. Se preguntaba si realmente era salva, si Dios la odiaba por sus pensamientos oscuros, y si se encaminaba al infierno.

Susan nunca desarrolló un vínculo emocional con nadie. Como todas las personas desconectadas, tenía lo que los sicólogos llaman temores «paranoicos»: temía que los demás la odiarán y la lastimaran.

Gradualmente, luego de meses de terapia individual, Susan se unió a un pequeño grupo. A medida que comenzó a confiar en los miembros del grupo, se sintió lo suficientemente segura como para abordar a la gente en su iglesia. Comenzó a percibir un sentimiento de conexión, un sentimiento de pertenencia. Su paranoia se calmó e inclusive se hizo de algunos nuevos amigos.

Como resultado de acercarse a otras personas, la depresión de Susan lentamente fue menguando. A veces todavía se sentía triste, pero no experimentaba el terror y la negrura de antes. Además, comenzó a pensar con mayor claridad. En pocas palabras, revirtió la ley de la entropía en su vida. Cuando comenzó a vincularse con otras personas y dejó de ser un sistema «cerrado», obtuvo nueva energía para avanzar y tomar el control de su vida.

Una perspectiva del desarrollo

Si todo va bien, comenzamos a vincularnos naturalmente desde que somos lactantes. Cuando nacemos, nos trasladamos de un entorno cálido, húmedo, oscuro y suave, a uno frío, seco, brillante y duro. Salimos de la matriz de nuestra madre donde todas nuestras necesidades se ven satisfechas automáticamente, a un mundo donde debemos depender de personas falibles que se ocupen de nosotros.

En esos breves momentos en que nos deslizamos por el canal de nacimiento a la luz, estamos en estado de choque, en aislamiento emocional.

Una mirada al rostro de un recién nacido nos da una buena imagen de lo que es el aislamiento total. Luego la madre toma al niño y comienza a abrazarlo estrechamente y a hablarle con suavidad. De repente, el niño pasa por una transformación. Deja de gritar y sus músculos se relajan. Busca en su madre calidez, alimento y amor. Lía comenzado el vínculo emocional con ella.

Con el tiempo, el niño gradualmente interioriza el cuidado de su madre. Comienza a almacenar recuerdos de cuando fue consolado por ella. En un sentido, el niño incorpora dentro de sí a su madre y la almacena en su memoria. Esta internalización le da cada vez más un gran sentido de seguridad. Tiene un almacén de recuerdos amorosos al cual acudir en ausencia de su madre.

Se está formando un sistema «autocalmante» en el que el niño literalmente puede tener una relación con quien lo ama en ausencia de su madre. No podría hacer esto de inmediato porque no tuvo suficientes experiencias amorosas. A través de miles de momentos de conexión deben construirse los rastros de la memoria.

A medida que esta relación se torna más fuerte, el niño alcanza otro hito: logra una «constancia emocional del objeto». Esto significa que el niño puede recibir la experiencia de ser amado constantemente, incluso ante la ausencia del ser amado. Y también puede amar a la persona ausente, a quien ha interiorizado.

Si alguna vez ha experimentado sentimientos cálidos al pensar en un ser querido, entonces conoce las riquezas de esta atesorada capacidad. Si cuando tiene miedo o dolor ha pensado en aquellos que lo aman y obtenido una sensación de valor y esperanza, tiene constancia emocional del objeto. Este fenómeno es lo que permite que un niño de tres años juegue en el patio solo, sin pánico, y que un ejecutivo de una corporación trabaje en su oficina sin su esposa al lado. Ambos sienten que están emocionalmente seguros, aunque estén solos.

Espiritualmente, esto es lo que Jesús estaba pidiendo cuando oró para que el Padre estuviera dentro de nosotros, y para que su amor morara en nosotros. Dios es coherente en la manera en que trata con nosotros. En la misma forma en que un niño desarrolla una «constancia emocional del objeto», nosotros desarrollamos una «constancia espiritual del objeto». Cuando nacemos de nuevo, espiritualmente hablando, comenzamos a interiorizar recuerdos de Dios.

Es refrescante oír a los autores de la Biblia enfatizar continuamente a las personas que «recuerden» cuando Dios hizo tal y cual cosa, cuando los condujo de aquí a acá, o cuando los liberó de tal y tal enemigo. Dios acude a nuestra memoria de experiencias espirituales para darnos el valor para avanzar con él. Construimos un sentido de «constancia espiritual del objeto» con Dios a lo largo de los años mientras atesoramos recuerdos de la confianza que le tenemos.

El vínculo emocional de un niño con su madre da inicio a todo tipo de procesos fisiológicos, sicológicos y neurológicos dentro del niño. Comienza a desarrollarse física y sicológicamente mientras es nutrido. Dios ha ordenado el proceso de la maternidad para literalmente «llamar al niño a la vida». La conexión de sus espíritus lleva al niño a la tierra de la humanidad, y el niño desarrolla un sentido de pertenencia con la raza humana.

Si bien las madres a lo largo de los siglos han conocido intuitivamente la importancia de su vínculo con los lactantes, en este siglo los científicos han comenzado a estudiar este fenómeno. Un estudio de 1945 observó a los lactantes en instituciones. En estos lugares se satisfacían todas las necesidades de los bebés. Se les alimentaba cuando tenían hambre y se cambiaban sus pañales cuando se mojaban. Sin embargo, debido a la falta de personal a cargo de cuidarlos, solo se levantaban y se les hablaba a algunos de estos bebés. Los que no eran levantados y tenidos en brazos demostraron una mayor tasa de enfermedades e incluso de muertes. Además, su desarrollo sicológico resultaba más lento o se detenía. Este estudio, y otros como este, demuestran gráficamente que un bebe puede enfermarse y morir, o bien su crecimiento puede detenerse, debido a la falta de un vínculo emocional.

Si un niño pequeño se vincula bien en su primer año de vida, en el segundo año comienza a ganar cierta independencia. No obstante, en este estado de independencia, el proceso de vincularse es igual de importante. Necesita tener la seguridad emocional para probar su independencia recientemente ganada. Dentro de la seguridad de una relación de vínculo, aprende a distinguir el bien del mal y cómo tratar con el fracaso.

Esta seguridad lo empuja al espacio de juego para establecer vínculos de amistad que le ayudan a sentirse confiado como miembro de un grupo. Luego de sentirse bien por ser un miembro del grupo, puede desarrollar más lazos emocionales, primero con amigos del mismo sexo y luego con personas de otro sexo en una relación de noviazgo.

Unos pocos años más tarde, necesitará este apego emocional con los amigos y la familia para sentirse lo suficientemente seguro para separarse del hogar y obtener un trabajo o ir a la universidad

a prepararse para una carrera. Allí desarrollará amistades que le
ayudarán a ingresar al mundo de la adultez donde formará vínculos emocionales que lo alimentarán y lo apoyarán por el resto
de su vida.

La importancia de vincularse

Investigaciones recientes demuestran cada vez más que la falta de
vínculos puede afectar la capacidad de recuperarse de una amplia
gama de enfermedades físicas, incluyendo cáncer, infarto y derrame
cerebral. Un estudio de pacientes que se recuperaron de un infarto
demostró que aquellos a quienes se les había dado una mascota para
cuidar se recuperaron más rápido que aquellos del grupo de control
que no tenían una mascota.

Pruebas recientes en el campo de la cardiología han demostrado
que la naturaleza de los lazos emocionales de un paciente afecta drásticamente el hecho de que esa persona tenga o no una enfermedad
cardíaca. Los experimentos demostraron que la química de la sangre
de un paciente cambia cuando dicho paciente tiene pensamientos de
resentimiento. Los médicos están incluyendo ahora, en el tratamiento
de pacientes cardíacos, la capacitación para volverse más amorosos y
confiados. La capacidad de una persona de amar y conectarse con los
demás coloca el cimiento para la salud tanto sicológica como física.

Esta investigación ilustra que cuando estamos en una relación
amorosa, una relación de vínculo, estamos vivos y crecemos. Cuando
estamos aislados, nos morimos lentamente.

La Biblia dice mucho acerca de cómo el estado de nuestro «corazón» afecta el resto de nuestra vida:

«Por sobre todas las cosas cuida tu corazón,
    porque de él mana la vida» (Pr 4:23).

«El corazón tranquilo da vida al cuerpo» (Pr 14:30).

«El corazón alegre se refleja en el rostro,
    el corazón dolido deprime el espíritu» (Pr 15:13).

«El corazón entendido va tras el conocimiento;
la boca de los necios se nutre de tonterías» (Pr 15:15).

«Gran remedio es el corazón alegre,
pero el ánimo decaído seca los huesos» (Pr 17:22).

«En la enfermedad, el ánimo levanta al enfermo;
¿pero quién podrá levantar al abatido?» (Pr 18:14).

Nuestro bienestar sicológico y físico depende del estado de nuestro corazón, y el estado de nuestro corazón depende de la profundidad de nuestros vínculos con los demás y con Dios. La Biblia lo dijo hace mucho tiempo, y la ciencia lo está demostrando ahora.

Si llegamos al mundo aprendiendo a apegarnos a los demás y a confiar en ellos, comenzamos a desarrollarnos emocional, física y sicológicamente. Avanzamos de acuerdo a determinados planes prescritos trazados por nuestro Creador. No obstante, si no aprendemos a apegarnos a los demás, entonces nuestro crecimiento se detiene y podemos experimentar problemas como los de Terry.

Terry era un agente inmobiliario de veintisiete años sumamente exitoso. Fundó su propia empresa y abrió muchas oficinas inmobiliarias en el pueblo donde vivía. Estaba casado, y tenía una hija y dos hijos. Llegó a la terapia quejándose de una creciente tensión y ansiedad. Cuanto más exitoso se volvía, más aumentaba su tensión. Pensó que sus problemas estaban directamente relacionados con su trabajo. Confesó: «No me cambia nada orar o leer mi Biblia. No alivia para nada mi tensión».

Cuando comenzamos a observar su vida, descubrimos un hecho asombroso: su trabajo no estaba creando la tensión, sino que la tensión lo llevaba a trabajar. Cada vez que sentía tensión y pánico, iba a trabajar. El trabajo lo protegía de su dolor. En el trabajo estaba en control. En el trabajo podía actuar. Pero, mientras se hacía mayor, y cuanto más seguía satisfaciendo las metas que se había fijado, menos satisfacción le daba su trabajo, y menos protección obtenía para su dolor.

Volvimos a centrar nuestra atención en la vida hogareña de Terry. Él dijo que se había casado con su esposa por su «belleza, personalidad, inocencia e inteligencia». Era tan inseguro que no podía soportar tenerla fuera de su vista. Cada vez que estaba alejado de ella, entraba en una prolongada depresión. Cuando estaba muy deprimido, hasta se olvidaba de cómo era su esposa y debía buscar fotografías de ella para recordar que lo amaba. Pero, irónicamente, cuando estaba con su esposa, no se sentía cerca de ella.

Un día estábamos explorando la última depresión de Terry y era tan profunda que parecía no tener fondo. De repente Terry gritó con terror: «¡Necesito a mi madre dentro de mí! ¡Se supone que viva en mi interior de donde no se pueda ir!» Terry nunca había leído un libro sobre la «constancia del objeto», pero sabía dentro de su alma qué le faltaba.

Terry comenzó a asistir a un pequeño grupo de apoyo auspiciado por su iglesia. Se abrió a unos pocos hombres de confianza en ese grupo. Al compartir sus problemas y preocupaciones, y al escuchar los de ellos, lentamente comenzó a conectarse. Estos apegos a los demás comenzaron a darle consuelo. Con el tiempo este consuelo pasó a vivir dentro de él. Descubrió que podía ser amado dondequiera que estuviera.

Su capacidad de vincularse con amigos cercanos se trasladó a su vida hogareña. Por primera vez, comenzó a identificarse con las preocupaciones de su esposa por los problemas de conducta de sus hijos y a escuchar más las quejas de su hija acerca de los muchachos y de las tareas de la escuela. Sus relaciones se volvieron más estrechas. Siempre había sido peleador y jugaba al fútbol con sus muchachos, pero con el tiempo su relación con ellos también se estrechó: ellos comenzaron a expresar sus sentimientos de modo más abierto, y sus problemas de conducta comenzaron a aclararse.

En una de nuestras últimas sesiones, Terry observó: «No sabía cómo obraba Dios. Tuvo que llevarme a través de experiencias de conexión emocional con los demás para sacarme del dolor. Pero todavía deseo que lo hubiera hecho de una manera más sencilla».

Cuídese de los falsos maestros

Si no aprendió a vincularse en su familia de origen, generalmente no existe «una manera más sencilla». Lamentablemente, algunos líderes espirituales lo hacen todavía más difícil.

Muchas más veces de las que podría contar he visto a personas heridas, aisladas, que comienzan a advertir, con la ayuda de un consejero cristiano, su necesidad emocional por otras personas. Comienzan a abrirse a otros en el cuerpo de Cristo, viendo por primera vez el significado de Gálatas 6:2: «Ayúdense unos a otros a llevar sus cargas, y así cumplirán la ley de Cristo».

Luego su «líder espiritual» les dirá que tal enseñanza «relacional» de su consejero es «humanista» y que deberían «depender del Señor». Tal consejo puede tener consecuencias desastrosas para las personas que sufren.

¿Cómo pueden estos líderes decir que enfatizar una relación está mal cuando la Biblia enseña, por sobre todas las cosas, que necesitamos amor y apego? Cristo mismo enseñó que toda la ley podía resumirse en dos "mandamientos. Ama a Dios, y ama al prójimo como a ti mismo.

Creo que Cristo estaba hablando de estos maestros espirituales cuando dijo: «Atan cargas pesadas y las ponen sobre la espalda de los demás, pero ellos mismos no están dispuestos a mover ni un dedo para levantarlas» (Mt 23:4). No permiten a la gente buscar ayuda en quienes entienden su dolor, sin embargo no hacen nada para aliviar su pena.

Estos maestros pierden el aspecto relacional de la santificación, o de volverse santo. La santificación reside en entablar nuestras relaciones con Dios, con los demás y con nosotros mismos. Si se rompe cualquiera de estas tres conexiones, estamos en problemas. La enseñanza antirelacional no proviene de Dios. Como dice el apóstol Juan: «Nosotros sabemos que hemos pasado de la muerte a la vida porque amamos a nuestros hermanos. El que no ama permanece en la muerte» (1 Jn 3:14). La enseñanza de que podemos amar a Dios sin amar a otras personas es una herejía. «Pues el que no ama a su hermano, a quien ha visto, no puede amar a Dios, a quien no ha visto» (1 Jn 4:20).

Estos maestros están más preocupados por lo «correcto» de su teología y por las reglas, que por los sufrimientos de las personas. Jesús habla de esto cuando dice: «Si ustedes supieran lo que significa: "Lo que pido de ustedes es misericordia y no sacrificios", no condenarían a los que no son culpables» (Mt 12:7). A todos los cristianos, personas inocentes y dolientes que necesitan amor y compasión se les ordena alejarse de las relaciones y sacrificarse para ganar integridad. No hay nada más alejado del corazón de Dios que una teología divorciada del amor y la compasión. La cita de Jesús: «Lo que pido de ustedes es misericordia y no sacrificios», proviene de Oseas 6:6. La palabra hebrea para «misericordia» en ese pasaje es *jesed*, una palabra que significa un «amor de pertenencia», o un «amor fiel, leal» que enfatiza la «pertenencia de aquellos involucrados en la relación amorosa». Cuando comenzamos a ver la necesidad que tienen las personas de los vínculos emocionales, podemos comprender por qué tanta gente lucha con tanta desesperación y por qué cualquier visión aislada de la madurez espiritual no es bíblica. Alguien como Terry puede luchar mucho tiempo contra la ansiedad y la tensión hasta que su corazón esté «enraizado en el amor».

Los beneficios del apego

El cariño tiene muchos beneficios, pero hay tres que saltan a la mente: las personas que son cariñosas, o se vinculan a Dios y a los demás, tienen una buena base para la moralidad. También tienen una creciente capacidad para manejar el estrés, y sus logros tienen significado. Déjeme explicarlo.

Una base para la moralidad

La Biblia habla de una moralidad basada en el amor, no en principios ni reglas. Si Dios nos creó con una necesidad de conexión hacia él y los demás, entonces cuando nos apartamos, experimentamos pérdida y dolor.

Una buena madre no tiene en brazos a su hijo porque «debe» hacerlo. Ella levanta a su hijo porque siente su desconsuelo. Lo ama. Un amigo no visita a su amigo enfermo porque «debería hacerlo», sino porque siente algo por la enfermedad de él. Solo la compasión nos conduce a un verdadero amor de sacrificio.

Muchas veces leemos en los Evangelios que Jesús «tuvo compasión» por las personas. La palabra griega para «compasión» tiene una raíz cercana a la palabra «entrañas». Esto significa un sentimiento profundo de apego y empatía. La Biblia no dice que Jesús dio porque debía hacerlo ni porque pensó que era lo correcto. No dio para obtener puntos para su conciencia. Dio en base a una profunda empatía por los demás, un compartir profundo de los sentimientos de los demás que proviene solo del apego.

A veces les pregunto lo siguiente a los grupos de los que soy líder:

—Si yo les entregara un bate de béisbol y les diera permiso de golpearme con él en el rostro, ¿lo harían?

Por lo general, el grupo contesta que no.

—¿Por qué no? —pregunto.

—Porque está mal pegarle a alguien. No es correcto —responde alguien.

—Porque lo lastimaría, y no quiero lastimarlo —dice otra persona.

—¿A qué persona le confiarían el bate? —les pregunto.

El grupo rápidamente llega a la conclusión de que la persona que no quiere lastimarme es quien probablemente no me pegue. Esta persona tiene la capacidad de identificarse con cómo me sentiría si me golpearan.

Puesto que con frecuencia hacemos lo que sabemos que es incorrecto, las reglas rara vez nos mantienen en línea. El amor hace un trabajo mucho mejor para mantenernos morales. Pensamos en cómo podríamos herir a quien amamos con mayor frecuencia de lo que pensamos en algún código que debemos cumplir.

Una capacidad para manejar el estrés

Cuando las personas tienen buenos amigos que los apoyan, pueden manejar las situaciones estresantes con mayor facilidad.

Esta enunciación me fue gráficamente demostrada no hace mucho tiempo mientras observaba a dos hombres ricos. Ambos habían logrado mucho y eran muy respetados en sus campos de acción. Eran muy activos en sus comunidades y en sus iglesias. Decían que tenían muchos, muchos amigos. Entonces, en la misma semana, ambos hombres se fueron a la quiebra.

En las semanas y meses que pasaron, sus esposas los abandonaron y sus hijos fueron a vivir con sus madres. Aquí es donde terminaron las similitudes.

El primer hombre se deprimió hasta querer suicidarse. Se encerró en su casa por un mes y no devolvía las llamadas telefónicas de sus amigos. Incapaz de manejar su depresión, comenzó a tomar drogas. Cuando esto dejó de darle alivio, se fue de la ciudad.

El segundo hombre también se deprimió, pero convocó a algunos amigos. En esa reunión les dijo que realmente iba a necesitar del apoyo de ellos en los meses venideros. Le pidió a cada uno que le prometiera invitarlo a almorzar en días diferentes para poder contar con ese apoyo mientras intentaba comenzar de nuevo. Llamó a un consejero para que lo ayudara con su depresión y pena por su matrimonio fracasado y la pérdida de sus hijos. En un año, volvió a tener su fortuna y estaba en el camino de reconstruir su vida personal.

Estos hombres se diferenciaron no solo en la forma en que manejaron sus crisis. La naturaleza de su apego era radicalmente diferente. El primer hombre nunca se había permitido necesitar a nadie; no tenía apegos profundos. Estaba solo cuando lo golpeó la catástrofe, y puesto que no tenía vínculos fuertes con los demás, nunca supo cómo pedir ayuda.

El segundo hombre era un alcohólico recuperado. Había estado profundamente involucrado en un grupo de apoyo durante años. Sabía que ellos, junto a su relación con Dios, lo sostendrían. Tenía un alma que estaba alejada de sus riquezas y logros, puesto que tenía el amor de los demás dentro de sí. Como resultado de ello, pudo acudir a sus amigos y recurrir a su fortaleza en momentos de necesidad. Sus vínculos de amor con los demás y Dios le permitieron salir del pozo.

Significado de los logros

Las personas con vínculos son capaces de tolerar, y de utilizar constructivamente el tiempo a solas. Estar solo no significa estar aislado. Como vimos antes cuando hablamos de la constancia emocional del objeto, las personas con vínculos tienen dentro de sí el amor por aquella persona a la que están apegados. Lo tienen almacenado en su tanque emocional, multiplicándose a través de toda una vida. Puesto que no tienen miedo de estar solos, pueden lograr muchas cosas.

También conocen el verdadero motivo del trabajo. No trabajan para apilar posesiones. No trabajan para escaparse del dolor. Trabajan por la familia de la humanidad.

Conocí a un hombre que estaba en el negocio inmobiliario y se quejaba de que su profesión no tenía sentido, solo estaba «haciendo dinero». Estaba emocionalmente apartado, y su sentido del logro estaba totalmente orientado hacia la tarea. Otro hombre muy relacional y amante informó lo siguiente sobre su trabajo en el negocio inmobiliario: «Amo mi trabajo. Puedo ejercer mis talentos y crear buenas comunidades donde las familias pueden criar a sus hijos. Amo el sentimiento de construir proyectos que proporcionarán trabajos, oficinas y seguridad para los demás». Estos son dos hombres que hacen el mismo trabajo con un asombroso contraste en cómo desarrollan su tarea.

Vincularse da significado a los logros. Además, estimula el resto de nuestros avances. Aprender a vincularse crea más capacidad para apegarse a los demás y nos permite desarrollarnos en todas las formas que Dios diseñó.

Pero, ¿cómo aprendemos a vincularnos? Antes de hablar acerca de aprender a obtener lo que perdimos mientras crecíamos, veamos más de cerca los desastrosos resultados de nuestro fracaso para vincularnos.

CAPÍTULO CUATRO

Cuando fracasamos en vincularnos

Las personas que no pueden lograr vínculos emocionales viven en un estado de hambre perpetua. Tienen una necesidad punzante que no se ve satisfecha.

Estas personas por lo general atraviesan tres etapas de aislamiento. Puesto que las personas tienen una necesidad natural de relacionarse, la primera etapa que atraviesan cuando no logran vincularse con Dios y los demás es la protesta. Protestan por su falta de relación. Se sienten tristes y enojados. Si duda de lo que digo, observe a un niño solitario, o a un amante abandonado.

El dolor que sienten las personas solitarias y aisladas es algo bueno, puesto que apunta a una necesidad vital. Jesús dijo en el Sermón del Monte: «Dichosos los que tienen hambre y sed de justicia, porque serán saciados» (Mt 5:6). Si nuestra vida fuera perfecta, no buscaríamos a Dios. Si no sintiéramos hambre, no comeríamos, y todos moriríamos.

Si el aislamiento continúa demasiado tiempo sin alivio, la persona que protesta pasa a la segunda etapa de *depresión y desesperación*. La esperanza que debe ser satisfecha comienza a marchitarse como una planta sin agua. Las personas deprimidas parecen sin esperanza: sus ojos no tienen chispa, sus hombros están caídos, sus rostros están agotados y cansados. Ansían algo que no logran.

En realidad, esta es una buena etapa, porque las personas deprimidas están por lo menos en contacto con lo que quieren; simplemente sienten que nunca lo obtendrán. «La esperanza frustrada aflige al corazón», dice el Maestro en Proverbios 13:12. El corazón de las personas deprimidas está enfermo por su necesidad sin respuesta de una relación, pero aún siente la necesidad.

Si la depresión y la desesperación continúan lo suficiente sin que nadie intervenga para aliviar la soledad, se establece la tercera etapa de separación. Las personas que alcanzan esta etapa se separan tanto de su propia necesidad de los demás como del mundo exterior. Están fuera de contacto con ellos mismos en un nivel muy rudimentario; en ocasiones ya no se sienten vivos.

Una mujer paciente mía se sentía impulsada a alejarse. Describía su separación de esta manera: «Si no puedo sentir mi dolor, comienzo a sentirme muerta por dentro. Por eso debo lastimarme, para saber que todavía puedo sentir algo». Esta autodestrucción puede sonar extrema, pero realmente es un movimiento hacia estar vivo. Ella quería saber que al menos estaba físicamente viva, porque emocionalmente se sentía muerta. Estaba separada.

Los empresarios exitosos que se dedican a obtener logros demuestran una forma más aceptable de separación en nuestra sociedad. Obtienen premios y abultados salarios, pero sus cónyuges e hijos, con frecuencia, cuentan una historia diferente.

Los síntomas del fracaso de vincularse

A continuación están algunos de los síntomas comunes del aislamiento, o del fracaso para vincularse. El aislamiento se enmascara de diferentes modos. Con frecuencia los problemas referentes a un tema ocultan el problema real de la falta de relación.

Depresión

Tara, a quien usted conoció al principio del capítulo anterior, sufría de depresión. La describía como «una oscuridad interior tan profunda que podía verla».

La depresión es un desorden siquiátrico marcado por la tristeza, la inactividad, la dificultad de pensar y de concentrarse, un significativo aumento o reducción del apetito y del tiempo que se pasa durmiendo, y a veces pensamientos suicidas o intentos de suicidio.[1] En parte, la depresión puede ser ocasionada por una persona que intenta reprimir sus sentimientos de tristeza y enojo, los dos ingredientes de la protesta dados por Dios contra la falta de amor.

A veces la depresión se manifiesta más sutilmente que la negrura profunda descrita por Tara. Se enmascara como un color grisáceo en la perspectiva. Las personas deprimidas pierden su gama de funcionamiento emocional; pierden el color en su vida. El mundo entero parece ser gris. Muchas personas deprimidas prefieren el mal tiempo porque coincide con la forma en que se sienten por dentro. A veces, un día soleado los hace sentir peor porque la luz del sol contrasta mucho con cómo se sienten por dentro.

Las personas deprimidas pierden el interés por hacer cosas y por estar con otros porque la simple actividad social no alcanza a la raíz de lo que necesitan. Se sienten tan distantes emocionalmente en situaciones sociales en las que otros tienen mejor ánimo. Por lo tanto, con frecuencia abandonan las actividades sociales y las relaciones, las cuales solo agudizan más su aislamiento.

Sentimientos de falta de importancia

Otro síntoma frecuente del fracaso en vincularse es un sentimiento de falta de importancia. La gente que está aislada emocionalmente siente que la vida no tiene significado. Puesto que con frecuencia confunden estos sentimientos de falta de significado con no tener un propósito, desesperadamente intentan buscar significado en alguna actividad o ministerio. Sin embargo, estos intentos los empujan más hacia el aislamiento. Carecen del verdadero significado de la vida, que es el amor. Un hombre lo dijo de este modo: «Trabajo arduamente para hacer mucho dinero y ser exitoso, pero esto no significa mucho. No tengo a nadie para compartirlo. Me siento vacío».

Estos sentimientos de falta de importancia sobrevienen a las personas luego de que han perdido una relación y todavía no la han reemplazado. En la depresión que sigue a la pérdida, no solo sufren sino que se aíslan. Se separan de las demás personas. Su visión de la vida sin significado y esperanza puede conducirlos a pensamientos suicidas. No se dan cuenta de que la falta de vinculación es con frecuencia la raíz del asunto.

Sentimientos de maldad y culpa

Para comprender este síntoma debemos reconocer un hecho básico del mundo emocional: un yo aislado es un yo malo. En realidad, las personas aisladas que no se vinculan con la gente no son malas; simplemente creen serlo. Un yo solo parecería ser un yo no amado y eso se traduce en un «yo malo».

Las personas solas se sienten mal o culpables, porque creen que no son queridas. Su cerebro legalista traduce este sentimiento en algo como esto: *Me siento solo, por lo tanto, no soy querido. Si no soy querido, debe ser porque soy antipático. Soy malo, si no alguien me querría.*

Con frecuencia derivamos nuestra propia valoración a otras personas. El bebé que se siente «bueno» es aquel que es alimentado, que está seco y al que toman en brazos. El bebé que se siente «malo» es aquel que tiene hambre, que está mojado y no consolado. Estos sentimientos se interiorizan en una descripción del yo. Todos retenemos imágenes en nuestro cerebro emocional de esta manera muy temprana y corporal de pensar. Cuando nos sentimos «miserables», como lo hacemos cuando estamos solos, sentimos que somos malos.

Esto genera un problema para muchas personas porque sienten como si hubieran hecho algo incorrecto para ocasionar su sentimiento de maldad. Se sienten culpables e intentan todas las formas posibles para aminorar la culpa. Confiesan y confiesan y confiesan, leen su Biblia, asisten a la Escuela Dominical para adultos, son voluntarios en el refugio local para los que no tienen hogares. Sin embargo, no parecen sentirse perdonados. No pueden sentirse perdonados porque la raíz de este tipo de pecado no es el pecado; es la soledad y el aislamiento.

Adicción

Una adicción es una necesidad sicológica compulsiva de algo; en otras palabras, algo que alguien necesita para sobrevivir. Las personas por lo general son adictas a una sustancia específica, como el alcohol, la cocaína, la velocidad o la comida. Pero las personas también pueden ser adictas a actividades tales como el sexo, el juego, el trabajo, las relaciones destructivas, la religiosidad, el logro y el materialismo. Sin embargo, estas sustancias y actividades nunca satisfacen, porque no tratan con el problema real. En realidad no necesitamos del alcohol, de las drogas o del sexo. Podemos vivir muy bien sin esas cosas.

No obstante, realmente sí necesitamos las relaciones, y no podemos vivir muy bien sin ellas. Ya hemos visto lo que sucede cuando están ausentes. Recuerde lo que dijo Dios en el huerto del Edén: «No es bueno que el hombre esté solo».

Con las adicciones, así como también con otros síntomas, una necesidad real obtiene una solución falsa basada en deseos engañosos, como nos cuenta Pablo en Efesios 4.

«A causa de la ignorancia que los domina y por la dureza de su corazón, éstos [los gentiles] tienen oscurecido el entendimiento y están alejados de la vida que proviene de Dios. Han perdido toda vergüenza, se han entregado a la inmoralidad, y no se sacian de cometer toda clase de actos indecentes.

No fue ésta la enseñanza que ustedes recibieron acerca de Cristo, si de veras se les habló y enseñó de Jesús según la verdad que está en él. Con respecto a la vida que antes llevaban, se les enseñó que debían quitarse el ropaje de la vieja naturaleza, la cual está corrompida por los deseos engañosos, ser renovados en la actitud de su mente; y ponerse el ropaje de la nueva naturaleza, creada a imagen de Dios, en verdadera justicia y santidad» (vv. 18-24, énfasis del autor).

Curar las adicciones requiere un regreso a la sensibilidad y a la humildad. Las personas adictas deben admitir su impotencia y su necesidad de Dios y de los demás, así como también suavizar su corazón hacia aquellos que han dañado y darse cuenta de sus deseos engañosos. Las adicciones no son deseos reales. Son sustitutos de alguna otra necesidad del yo real. Un paso esencial en la sanidad de las adicciones es descubrir la necesidad verdadera que está enmascarada por el deseo engañoso. Una de estas necesidades verdaderas es el apego y el vínculo con los demás.

Las personas aisladas emocionalmente no pueden entablar relaciones, de modo que buscan otra cosa. Satanás los convence de que realmente quieren la comida, el sexo o la cocaína y ordenan toda su vida alrededor de esto. Pero realmente necesitan que su vacío sea llenado con sentimientos y conexiones amorosas con otros seres humanos y con Dios.

Cuando el hambre interior por una relación se llena con amor, entonces la fuerza impulsora que está detrás de muchas adicciones se desvanece. No todas las adicciones, como veremos, provienen del aislamiento, pero muchas sí. Si alguien no puede vincularse con otra persona, se vinculará con el cuerpo de una prostituta, con una botella o con medio galón de helado, sintiéndose todavía relacionalmente vacío por dentro.

Una mujer que luchaba contra la adicción a la comida dijo: «Recuerdo la primera vez que opté por llamar a alguien en lugar de comer. Pude sentir el impulso fuerte hacia el refrigerador, pero lo interpreté como un impulso hacia el amor. Así que llamé a alguien del grupo. Luego de ir a su casa y de sentir algún afecto sincero, alguna calidez, ya no tenía hambre. Desde ese momento, he aprendido a hacer esto más y más. Estoy descubriendo que no es realmente comida lo que deseo en esos momentos, sino amor».

Pensamiento distorsionado

Recuerde que la ley de la entropía sostiene que cualquier sistema abandonado a sí mismo se vuelve cada vez más desordenado con el paso del tiempo. Esto es lo que sucede en el aislamiento emocional. Cuando la gente se cierra a otras personas, su enojo, tristeza y depresión comienzan a interferir con sus procesos de pensamiento. Sus circuitos se sobrecargan y sus procesos de pensamiento se vuelven distorsionados.

La paranoia, un desorden mental caracterizado por una sospecha y desconfianza excesiva o irracional de los demás, es una forma del pensamiento distorsionado. El aislamiento interno de las personas se torna tan grande que se sienten atacadas por el dolor y lo proyectan hacia afuera. Temen que otros intenten lastimarlos y no sean confiables. Por lo tanto, evitan a otras personas y se aíslan aún más.

Las personas paranoicas no se mejoran por sí solas. Uno no puede decirles simplemente que «cambien su forma de pensar». Esto es una tarea del aislamiento, ¡y el aislamiento es el problema!

Las personas aisladas vienen con todo tipo de conceptos falsos y obsesiones para explicar su dolor interior. Tienen que darle sentido a su dolor de algún modo, y la única manera que tienen es imaginar que el mundo debe ser de la forma en que se sienten por dentro. Cuando el mundo interno comienza a cambiar, su percepción del mundo externo también cambia.

El dolor siempre interfiere con el pensamiento claro. David lo expresó bien en el Salmo 73: «Se me afligía el corazón y se me amargaba el ánimo por mi necedad e ignorancia. ¡Me porté contigo como una bestia!» (w. 21-22).

Cuando David estaba sufriendo se llamó a sí mismo «necio e ignorante» y «bestia».

Vacío

Las personas que están desconectadas de Dios y de los demás se sienten muy vacías. El vacío es una de las emociones más dolorosas que pueda sentir un ser humano. Las personas vacías no pueden sentir sus propias necesidades de amor, y no pueden sentir el amor que otros sienten hacia ellos.

A pesar de que algunas personas sienten que alguien más va a «llenarlas», esto es imposible. Alguien puede amarlas perfectamente, pero a no ser que ellas sientan la necesidad de amar y respondan a ese amor, seguirán sintiéndose vacías. Solo cuando sienten la necesidad de amor y responden al amor de otros, este comienza a crecer dentro de ellas.

Pablo ilustra cómo el hecho de estar conectados a los demás puede dar gran alivio:

«Cuando llegamos a Macedonia, nuestro cuerpo no tuvo ningún descanso, sino que nos vimos acosados por todas partes; conflictos por fuera, temores por dentro. Pero Dios, que consuela a los abatidos, nos consoló con la llegada de Tito, y no sólo con su llegada sino también con el consuelo que él había recibido de ustedes. Él nos habló del anhelo, de la profunda tristeza y de la honda preocupación que ustedes tienen por mí, lo cual me llenó de alegría» (2 Co 7:5-7).

Pablo muestra la manera encarnacional en que Dios nos ama y obra por nosotros. Él tenía una necesidad, estaba deprimido. Dios lo alivió enviándole a Tito. Dios estaba tocando a Pablo mediante relaciones humanas. Dios estaba consolando a Pablo, y Tito era sus brazos.

Compare la manera de Dios con la manera de algunas personas. Estas personas dicen a los que sufren que no necesitan a los demás; ¡deberían simplemente orar y estudiar las Escrituras! Esto es como alejarse de la mano de Dios, que quiere consolar a los vacíos enviando su cuerpo a ministrar. Santiago nos recuerda sobre las personas que tienen más que simples necesidades espirituales:

«Supongamos que un hermano o una hermana no tienen con qué vestirse y carecen del alimento diario, y uno de ustedes les dice: "Que les vaya bien; abríguense y coman hasta saciarse", pero no les da lo necesario para el cuerpo.

¿De qué servirá eso?» (Stg 2:15-16). Muchas veces la gente tiene necesidades emocionales, no solo físicas. Necesitan la presencia de otro, como la necesitó Pablo, y esta es la forma en que Dios quiere amarlos.

Pero una persona que sufre debe responder a la expresión de amor de la gente. Solo cuando una persona se apropia de su necesidad y responde al amor de otro con su vínculo, empieza a llenar el vacío que siente dentro de sí. La experiencia del vínculo con otra persona lo «llena».

Una y otra vez la Biblia habla de ser llenado. Pablo lo dice de este modo en Efesios 3:17-19: «Y pido que, arraigados y cimentados en amor, puedan comprender, junto con todos los santos, cuan ancho y largo, alto y profundo es el amor de Cristo; en fin, que conozcan ese amor que sobrepasa nuestro conocimiento, para que sean *llenos* de la plenitud de Dios» (énfasis del autor). Llegamos vacíos al mundo y el amor de Dios nos llena.

Tristeza

Una falta de vínculo no solo resulta en una falta de gozo, sino que produce un sentimiento de profunda tristeza. El gozo proviene de una conexión y una relación con Dios y con los demás. Juan escribe: «Y nuestra comunión es con el Padre y con su Hijo Jesucristo. Les escribimos estas cosas para que nuestra alegría sea completa»

(1 Jn 1:3-4). Cuando estamos aislados de Dios y de los demás, es imposible sentir gozo.

Temores de intimidad

Naturalmente tememos lo que no conocemos. Las personas que nunca han tenido relaciones estrechas con otra gente, temerán a la intimidad y evitarán vínculos estrechos con los demás.

Sentimientos de irrealidad

Algunas personas se separan tanto que literalmente se sienten desconectadas del mundo que los rodea. Pueden ver y oír a los demás y a su entorno, pero no los pueden sentir. Por lo tanto, el mundo y la gente que lo habita parecen irreales.

Puesto que Dios ha creado un mundo relacional, las personas pueden conocer su «verdadero yo» solo en una relación. El verdadero yo es un yo relacional. Si las personas no se han vinculado con otra gente o con Dios, no pueden experimentar lo que es verdadero. Esto les da un sentimiento de que las cosas son falsas o irreales. Se preguntan a sí mismas: «¿Estoy realmente aquí?», y responden cortándose o pellizcándose para confirmar que realmente están vivos. Los sentimientos de irrealidad son muy comunes, pero si uno no los comprende, pueden dar mucho miedo. Es terrorífico vivir en una existencia irreal.

Pánico

El pánico es un temor repentino, abrumador. Muchos ataques de pánico tienen su raíz en una falta de vinculación. El alma humana debe estar conectada con otros y llena de amor. El vacío de algunas personas es tan grande que, si no se conectan con otros, literalmente sienten que están cayendo en un «agujero negro». Cuando la gente se acerca al aislamiento total, entra en pánico. Es la experiencia más aterradora conocida por los seres humanos.

Ira

La ira, furia, o enojo descontrolado, es con frecuencia un síntoma de aislamiento. Recuerde el ejemplo anterior de Stan, quien vino a la terapia por sus ataques incontrolables de enojo. Solo cuando enfrentó la verdad de que tenía lugares muy solitarios en su interior y únicamente al sentirse amado y aceptado, su ira desapareció. Otro claro ejemplo de esto es el lactante al que se le deja solo y expresa una ira pura, no adulterada. Cuando crecemos, la mayoría de nosotros oculta esta ira, y ella sale afuera de otras maneras más aceptables socialmente, tales como el cinismo o la enfermedad física. El enojo, una protesta natural contra el aislamiento, está allí de todos modos.

Cuidado excesivo

La única forma en que algunas personas pueden sentirse cerca de otras es cuidando de ellas. Cuando pensamos en un «cuidador», alguien que siempre pone las necesidades de otras personas en primer lugar, no lo imaginamos como a alguien a quien se le debe cuidar. Los cuidadores parecen ser muy fuertes. No obstante, debajo de muchas máscaras de cuidadores hay una necesidad desesperante de relacionarse.

Uno solo puede sentirse pleno cuando trae el verdadero yo a la relación. Parte del yo verdadero es el yo necesitado; si siempre damos y nunca recibimos, estamos negando una parte de quien realmente somos. Por lo tanto, el cuidado excesivo puede ser un síntoma de una incapacidad de vincularse con los demás.

Fantasía

La fantasía es el proceso de crear imágenes mentales irreales o improbables en respuesta a una necesidad sicológica.[2] La necesidad sicológica de la que estamos hablando aquí es el apego. Las personas que no pueden hacerse de amigos verdaderos, por ejemplo, crean amigos imaginarios como lo hizo la huérfana Anne Shirley en la saga Green Gables.

Con frecuencia un profundo sentimiento de aislamiento conduce a un excesivo idealismo y romanticismo. Las personas aisladas no experimentan lo real, entonces se escapan a través del ideal. Se puede tener una relación segura con una fantasía ideal, pero nunca satisface; solo una relación real puede hacerlo. El idealismo profundiza el aislamiento. La conexión real lo cura.

Barreras para vincularse

Una canción popular de los años 1970 incluía la siguiente frase: «Las personas que necesitan a las personas son las personas más afortunadas del mundo». Irónicamente, la *necesidad* es la posición más elevada para la humanidad, puesto que allí es donde Dios y otras personas pueden encontrarnos. Solo desde un lugar humilde de necesidad podemos recibir y ser llenos.

«Dichosos los pobres en espíritu, porque el reino de los cielos les pertenece» (Mt 5:3).

Pero, si vincularnos con los demás es la cura para tantas enfermedades espantosas, ¿por qué simplemente no lo hacemos? Ah, ¡si fuera tan sencillo! Debido a la caída, una hueste entera de problemas nos deja aislados e incapaces de apegarnos a los demás. Veamos algunas de estas barreras.

Heridas del pasado

Cuando me encontraba en la universidad, algunos miembros de nuestra clase encontraron a una mascota de cuatro meses caminando por las calles. La mascota tenía moretones en todo el cuerpo, y también sufría de deshidratación y mala nutrición. La llevamos a casa para cuidarla. El perrito nos ignoró durante el primer mes. Cada vez que nos acercábamos, se encogía y temblaba. Cuando intentábamos acariciarlo, se escondía en un rincón. Había aprendido a esperar abuso de las manos de los seres humanos. Le temía al mundo que había llegado a conocer.

Lo mismo pasa con los niños. Cuando llegamos a este mundo, dependemos por completo de nuestros padres o cuidadores. Ellos son los que nos alimentan cuando tenemos hambre, los que nos cambian cuando estamos mojados y los que nos consuelan cuando sentimos miedo. Desarrollamos nuestra percepción del mundo y de cuan confiable es según cómo nos atendieron nuestros primeros cuidadores. Amamos porque nuestros padres nos amaron primero; amamos porque Dios nos amó primero (1 Jn 4:19).

Si somos bendecidos con cuidadores amorosos que satisfacen nuestras necesidades, desarrollamos nuestro «músculo de confianza».

Comenzamos a percibir el mundo como un lugar confiable. En términos de desarrollo, a esto se le llama «confianza básica».

Pero si nuestras necesidades no son satisfechas, si somos rechazados, abandonados, golpeados, abusados, criticados, odiados u ofendidos por existir, entonces se lesiona nuestra capacidad de confiar y de ser vulnerables. Y nuestra capacidad de vincularnos se basa en nuestra capacidad de ser vulnerables y necesitados. Estamos en problemas si se daña esta necesidad. Es nuestra llave para la vida.

Si por un lado descubrimos que el mundo es confiable, aprendemos que ser vulnerable es algo maravilloso, porque nos trae un montón de cosas buenas, como el amor. Cuando esto ocurre, obtenemos cada vez más porque confiamos y dependemos cada vez más. El rico se vuelve más rico; la gente amorosa encuentra más amor.

Si por otra parte descubrimos que el mundo no es confiable, aprendemos que sería tonto confiar y ser vulnerables. Creemos con precisión que nuestra supervivencia depende de que no seamos vulnerables. Con derecho nos ubicamos en la posición «no necesito a nadie», algo inteligente para hacer en un entorno no confiable.

Dios nos proporcionó una memoria para que podamos aprender qué cosa nos satisface y recordarla a fin de obtenerla nuevamente. Es de aquí de dónde proviene la esperanza: de recordar esas cosas buenas que se han puesto en nuestro camino en el pasado y por lo tanto probablemente vuelvan a suceder. Esta memoria trabaja de la misma manera cuando las cosas son malas. Trazamos un mapa mental del mundo y luego ordenamos nuestro viaje alrededor de él. Esto no es algo que haga que nos sentemos y pensemos. Es mucho más natural y automático que eso. Si tocamos una estufa caliente, nuestros centros del dolor nos advierten que no lo volvamos a hacer. Si se le pega a un perrito, su cerebro le advierte que se repliegue de una mano humana.

Aprendemos cómo es el mundo y nos adaptamos a él. Construimos un mapa de relación, y cómo funciona. El problema es que tal vez construyamos nuestro mapa en un escenario doloroso, y entonces, cuando somos mayores y salimos de ese escenario, olvidamos actualizarlo. Entonces nuestro mapa de veinte años de edad se vuelve una barrera para vivir plenamente, para relacionarnos con los demás.

Pensamiento distorsionado

Algunas de nuestras convicciones sobre el mundo son como mapas antiguos. Si bien pudieron ser precisos en un momento, ya no lo son. Sin embargo, puesto que no tenemos el conocimiento ni la experiencia para actualizarlos, seguimos usándolos para encontrar nuestro camino.

— NUESTRA VISIÓN DE NOSOTROS MISMOS —

«Soy malo»

Ya hablamos antes de cómo un yo solitario se siente como un yo malo, y de cuántos sentimientos de culpa tienen sus raíces en la falta de vínculos. Si las personas aisladas están solas, se sienten malas; y si se sienten malas, se alejan de los demás. Esto perpetúa la soledad que ocasionó la «maldad» en primer lugar. Es un círculo vicioso.

«No soy digno de ser querido»

Esta persona es consciente de la necesidad de amor, pero al mismo tiempo se siente inmerecedora de él. La verdad es que esta persona se siente «no querida» y lo traduce como «no soy digno de querer». Algunas de las personas más adorables del mundo no se sienten dignas de ser queridas, simplemente porque no han sido amadas. El resultado es el aislamiento.

«Algo de mí espanta a las personas»

Muchas personas tienen la convicción de que algo «en» ellas está mal y que eso «causa» que los demás se alejen de ellas. Esto puede llegar muy profundamente en su historia, cuando como un bebé no querido, su mera existencia «alejó» a su madre abrumada. Algo acerca de la respuesta del mundo se interiorizó como una convicción acerca del yo.

«Mis pecados son peores que los pecados de otras personas»

Muchas personas finalmente se abren y son vulnerables en un grupo de terapia después que descubren que no eran las únicas en el mundo que querían arrojar a sus hijos contra la pared, o vomitar después de haberse comido tres pasteles de chocolate, o masturbarse todo el tiempo. Descubrieron que esta convicción acerca de ellos mismos (de que «nadie es tan irresponsable, o tan bebedor, o tan sexualmente adicto como yo») no es verdad. Sentirse diferente, o peor que cualquier otro, puede ser un fuerte factor de aislamiento.

«No merezco amor»

Con frecuencia sentimos que obtenemos lo que nos merecemos. La ley básica, «la paga del pecado es muerte», está en funcionamiento. Pensamos que si no somos amados, debe ser porque no nos lo ganamos. La verdad es que no podemos ganar el amor. Es simplemente algo que alguien decide sentir por nosotros. Podemos ganar aprobación, pero no amor. Ni lo merecemos ni lo dejamos de merecer. Merecer y amar no están relacionados.

«Mis necesidades abrumarán a cualquiera»

Las personas que sienten que sus necesidades son malas están en un verdadero problema, porque son nuestras necesidades las que nos salvan.

«Dichosos sean los pobres de espíritu». Cuando las personas tienen la convicción de que sus necesidades arruinarán una relación, con frecuencia se quedan aislados en lugar de permitir que la otra persona conozca sus necesidades. En efecto, por lo general es al revés; las personas quieren ver nuestras necesidades para tener la oportunidad de amarnos a cambio.

«Mi necesidad por los demás no es válida»

Muchos sienten que su necesidad de conexión no es algo que alguien debería sentir. Piensan que esta necesidad no es bíblica, o de «macho», o saludable. Piensan: *Debería hacerlo por mis propios medios.*

«Mis sentimientos abrumarán a cualquiera»

Esta es una convicción común entre las personas cuyos sentimientos fueron negados por otros en el pasado. Si demuestran determinados tipos de emociones, piensan que esto ocasionará un problema a la relación. Temen a su propio enojo, tristeza y miedo.

— NUESTRA VISIÓN DE LOS DEMÁS —

«Nadie es digno de confianza»

Si hemos confiado nuestro yo real a otros y han traicionado esta confianza, creemos que nadie es digno de ella. Entonces, no le entregamos nuestro corazón vulnerable a nadie, porque pensamos que ellos harán de él un uso indebido.

«Las personas siempre me abandonan»

Si hemos sido abandonados, tememos que otras personas también nos abandonen. El mapa que tenemos para la relación es este: siempre se termina tan pronto como comenzamos a confiar. Esta convicción se siente en el corazón, porque ya ha sido experimentada.

«La gente es mala y crítica»

Si la gente ha sido abusiva o nos ha criticado por nuestra necesidad, probablemente no volvamos a compartir nuestras necesidades. Posiblemente no nos volvamos a abrir a este tipo de abuso nuevamente.

«Las personas me desaprobarán»

Algunas personas sienten que los demás desaprobarán sus necesidades. Como resultado de ello, el yo real no puede vincularse, porque le teme al juicio. Debe permanecer oculto, fuera de la relación. Por lo general, las personas aisladas ocultan sus partes más necesitadas. Sus necesidades fueron ofendidas en el pasado, entonces sienten que nadie podrá volver a aceptarlos. Esto los mantiene aislados. Recuerde el ejemplo anterior de Justin. Ni siquiera tenía la idea de que a los otros les podría *gustar* nutrirlo. Para él, era una idea «loca».

Otras personas piensan que algunas partes de ellos no son lo suficientemente deseables para vincularse. Pueden ser sus partes enojadas, sus partes tristes, sus partes sexuales. Son diferentes según las personas.

«Las personas me controlarán»

Muchas personas aisladas han sido golpeadas y controladas en una relación, por lo tanto, aprenden que la soledad es el único lugar en el que realmente pueden tener libertad. No creen en la libertad dentro de la relación porque nunca la han experimentado. Sus opciones no han sido respetadas dentro de una relación, así que cedieron el vínculo a favor de la libertad.

«Las personas fingen su cuidado»

Los individuos que crecen en un hogar con padres «vinculados al deber», padres que se sienten obligados a «amarlos», pasan a ver a los demás como deshonestos en su amor porque esa ha sido su experiencia. Comienzan a dudar de todos.

— NUESTRA VISIÓN DE DIOS —

«Él realmente no me ama»

Rara vez las personas aisladas sienten que Dios las ama. Las personas que se sienten no queridas en sus relaciones humanas, no se sienten queridas por Dios. Puesto que una de las maneras en que Dios nos ama es a través de su cuerpo de creyentes, los que están alejados de ese cuerpo no pueden sentir su amor. Las personas aisladas por lo general no tienen muchas experiencias cálidas o amorosas de algún tipo a las que referirse.

«A Dios no le importa cómo me siento.
Solo quiere que yo sea bueno»

Con frecuencia, la vida interior de las personas ha sido tan negada por los demás que suponen que los otros no se interesan por sus sentimientos. Imaginan al «otro» más ocupado con la actuación. Y trasladan la imagen de otras personas a Dios.

«Él solo quiere "buenos cristianos"»

Las personas aisladas creen que los que parecen cercanos a Dios o los que son obedientes, de algún modo son mejores que ellas. Porque se sienten incapaces de cambiar, piensan que están destinadas a una vida de alejamiento.

«Él se enoja conmigo»

Muchas personas aisladas han sido llevadas al aislamiento emocional por ataques de enojo de los demás. Aprenden que estos atacantes siempre están enojados, o se enojarán al poco tiempo. Esperan que Dios también se enoje con ellas, y esta expectativa evita que confíen en él.

«Él no me escucha»

Dios nos demuestra su amor estando con nosotros, incluso si no interviene sobrenaturalmente en nuestra vida. Pero las personas que se sienten aisladas no pueden sentir la presencia de Dios. Y puesto que no pueden verlo haciendo nada, suponen que él no debe estar escuchando.

«Él no responde a mis oraciones»

Dios sabe que el problema de falta de vínculos de las personas es la raíz del aislamiento emocional. Responde a sus oraciones ofreciendo oportunidades para conectarse con los demás. Pero puesto que esta respuesta no es inmediata y no es lo que estas personas esperaban, parece que no hay respuesta alguna.

«Él me controlará y me quitará mi libertad»

La gente le teme al control de Dios así como también al control de otras personas.

«Él no me perdonará por...»

Con frecuencia las personas aisladas piensan que Dios las ha abandonado y las ha destinado al infierno. Creen que han cometido algún «pecado imperdonable». En realidad este es un intento de hacer que su teología coincida con su experiencia, porque sienten que ya están en el infierno. Puesto que están desconectadas, no sienten mucha gracia o perdón. Incluso cuando saben intelectualmente que no hay pecado que Dios no perdone (excepto el rechazo a Jesús), necesitan de la conexión humana para poder comenzar a sentirlo emocionalmente.

A veces se les dice a las personas que simplemente «cambien su forma de pensar». Pero esta no es tarea fácil porque estamos hablando de algo más profundo que el pensamiento. Estamos hablando de convicciones que se mantienen en el corazón. Formamos nuestra visión de las relaciones mucho antes de que tengamos la capacidad de razonar con nuestra mente. Están grabadas en nuestro corazón, en nuestro propio «pecho», como dice el Antiguo Testamento. *No se produce un cambio real y profundo fuera de la relación y la confianza, porque ese es el lugar donde vive el corazón.* Con frecuencia la gente dice: «lo entiendo con mi cabeza, pero no con mi corazón». Para que lo entienda el corazón, este debe volver al lugar vulnerable donde primero fueron escritas las reglas. A través de este tipo de vulnerabilidad puede aprender nuevas reglas.

Resulta imperativo para nosotros estar en una relación segura para reconocer nuestro pensamiento alterado y poder cambiarlo. Sería tonto que el perrito, por ejemplo, se abriera a los abusadores. Pero si Dios nos ha dado la oportunidad de tener buenas relaciones, entonces debemos enfrentar nuestras distorsiones de la verdad y traer nuestro yo real al apego con los demás.

Si podemos humillarnos y ser vulnerables, Dios promete ayudamos con esta tarea. «Reconozcan sus miserias, lloren y laméntense. Que su risa se convierta en llanto, y su alegría en tristeza. Humíllense delante del Señor, y él los exaltará» (Stg 4:9-10). Debemos humillarnos ante su mano y permitirle cambiar nuestras distorsiones con su Espíritu y su cuerpo. Escuche la forma en que David ora por sí mismo: «Examíname, oh Dios, y sondea mi corazón; ponme a prueba y sondea mis pensamientos.

Fíjate si voy por mal camino, y guíame por el camino eterno» (Sal 139:23-24).

Mecanismos de defensa

No solo luchamos con lesiones a nuestro «músculo de la confianza» y con distorsiones de Dios, de nosotros mismos y de los demás, sino también hemos construido un muro de mecanismos de defensa contra la relación. Al principio pudo tener sentido, puesto que tal vez estuvimos rodeados de relaciones que producían sufrimiento.

Tiene sentido colocarse un abrigo para protegerse del fuerte frío del invierno, pero cuando llega el verano, también tiene sentido quitarse el abrigo y disfrutar de los cálidos rayos del sol. Con frecuencia usamos abrigos sicológicos para protegernos de las lesiones. Pero cuando Dios nos transporta a una tierra cálida con posibilidades de relaciones cálidas, un abrigo pesado ocasionará problemas en lugar de resolverlos. Ya no lo necesitamos.

Dios promete darnos nuevas relaciones en su familia, pero debemos trabajar quitándonos nuestros abrigos para gozar de la nueva calidez. Las personas tienen diferentes tipos de «abrigos» que los protegen del apego. Estos son algunos de los más comunes.

— NEGACIÓN —

La negación es el mecanismo de defensa sicológico en el que la gente evita afrontar un problema personal o la realidad negando su existencia. La negación de la necesidad que tenemos de los demás es el tipo de defensa más común contra el vínculo. Si las personas vienen de una situación, ya sea durante el crecimiento o más tarde en la vida, donde no dispusieron de relaciones buenas y seguras, aprenden a negar incluso que quieran las mismas. ¿Por qué querer lo que uno no puede tener? Lentamente dejan a un lado su conciencia de la necesidad.

Advierta que dije que dejan a un lado su *consciencia* de la necesidad, no la necesidad en sí. Mientras estén vivos, esta está presente porque fueron creados a la imagen de Dios. Pero estas personas pueden crear un oído sordo al grito de la necesidad.

Nunca olvidaré al abogado que fue admitido en nuestro programa del hospital por depresión y arranques de enojo. Al segundo día de estar allí dijo: «¿Qué es toda esta cosa sobre las necesidades? Yo no necesito a nadie». Sin embargo, lentamente, a medida que pasaron las semanas, advertimos que cada vez que su grupo hablaba de la soledad, ¡él exigía un calmante! Mucho más tarde, comenzó a darse cuenta de que estas charlas eran difíciles para él porque lo acercaban a experimentar sus necesidades por los demás, largamente olvidadas. Cuando lentamente dejó de negar su necesidad de una relación, comenzó a conectarse con los demás. ¡Descubrió que «los machos también necesitan amor»!

— DESVALORIZACIÓN —

Desvalorizar el amor disponible es una defensa utilizada por la mayoría de la gente que lucha con el aislamiento emocional. Funciona de este modo: el amor se presenta, pero en lugar de responder a él, estas personas lo desvalorizan, o disminuyen su importancia. A veces lo cambiarán de algo positivo a algo negativo.

«A ti realmente no te importa», dirán. Esta es una defensa horrible, porque la gente está alejando de sí lo que más necesita.

En los evangelios, la blasfemia del Espíritu Santo era el único pecado imperdonable contra Dios. El Espíritu Santo, el Espíritu de gracia, estaba intentando alcanzar al mundo del primer siglo y atraer a la gente a Jesús demostrando quién era él. Pero en lugar de responder a la gracia del Espíritu, convertían el bien en mal y se alejaban del Amor. El pecado era imperdonable porque los alejaba de la gracia. No es imperdonable rechazar el amor humano, pero tiene los mismos efectos devastadores. La blasfemia o el rechazo del espíritu humano desvalorizaría el amor cuando nos llega. Sería estar en aislamiento cuando el amor nos mira de frente al rostro. Sería como estar muriendo de hambre, que alguien nos diera un bistec y que dijéramos: «probablemente esté envenenado». Debido a nuestra desvalorización, permanecemos en un estado de hambre, sin poder tener acceso a la comida. Permanecemos en aislamiento porque los riesgos del amor son demasiado grandes.

— PROYECCIÓN —

La proyección consiste en atribuir las ideas, sentimientos o actitudes de uno mismo a otras personas. A veces proyectaremos nuestras necesidades a los demás en lugar de hacerlas nuestras. La Biblia dice que estamos para que «con el mismo consuelo que de Dios hemos recibido, también nosotros podamos consolar a todos los que sufren» (2 Co 1:4). Esto presupone que nos hemos apropiado de nuestras propias necesidades y que sabemos cómo es «estar allí».

A veces, indirectamente los cuidadores satisfacen sus necesidades proyectándolas en los demás en lugar de hacerlas propias. Estos dadores de cuidado no dan en la magnitud que recibieron, sino por necesidad. Debemos ser cuidadosos al apropiarnos de nuestras propias necesidades y no proyectarlas afuera, donde no podemos satisfacerlas.

— FORMACIÓN DE REACCIONES —

La formación de reacciones es un mecanismo de defensa en el cual las personas expresan un sentimiento o rasgo que es el opuesto exacto de un sentimiento o impulso que están suprimiendo (con frecuencia, de manera inconsciente). En términos sencillos, significa hacer lo opuesto de lo que realmente se quiere hacer. Por ejemplo, las personas que se sienten solas pueden intentar volverse totalmente independientes. Parecen ser extremadamente fuertes y con frecuencia predicarán contra la dependencia y las necesidades. Estas personas pueden construir una teología completa alrededor de la negación de la necesidad de relacionarse, yendo en dirección opuesta de lo que inconscientemente necesitan.

— MANÍA —

La manía es una excitación de proporciones sicóticas que se refleja en una hiperactividad física y emocional, una desorganización de la conducta y una elevación del ánimo.[3] Si las personas se mantienen lo suficientemente ocupadas, entonces pueden negar su necesidad por los demás. Si pueden hacer todas las cosas que hacen, no deben tener ninguna necesidad. Algunos adictos al trabajo suelen ser maníacos.

— IDEALIZACIÓN —

La idealización es el acto de pensar en algo como ideal o perfecto, o más perfecto de lo que es en verdad. Este mecanismo de defensa es muy similar al síntoma de la fantasía que tratamos anteriormente. Las personas que tienen problemas en enamorarse o mantenerse enamorados sufren a veces de idealización. Buscan una contraparte ideal, que satisfará todas sus necesidades. Esta «fantasía» llena el vacío de no tener. Una persona muy sola puede perderse en la fantasía, pero el idealizador está realmente buscando a su «ideal».

— SUSTITUCIÓN —

La sustitución simplemente consiste en reemplazar una persona o cosa por otra. Cuando la gente no puede obtener una relación real, encontrará algo que ocupe su lugar. Como vimos antes, las adicciones son sustitutos de alguna otra necesidad del yo real. Las drogas, la comida o el sexo pueden ser sustituidos por amor. Las personas usan estos sustitutos para defenderse de su necesidad real por otras personas y por Dios.

Decirle a alguien que se arrepienta y que detenga determinado comportamiento es una buena idea, pero salvo que la persona haya visto satisfecha la necesidad, la conducta retornará (Le 11:24-26). Esta persona necesita llenar su alma con el amor de Dios y de los demás.

Aprender las maneras de Dios

Los daños del pasado, el pensamiento distorsionado y los mecanismos de defensa son los resultados directos de la caída; todo el mundo los tiene en grados diferentes. La Biblia se refiere directamente a los tres.

Los daños a nuestro sentido de vínculo pueden ser devastadores tanto para el que ha sido lastimado como para las personas que lo rodean. Por una parte, la gente que ha sido lastimada dice: «¿Por qué no puedo simplemente estar cerca de las personas y permanecer de ese modo?» o «¿Por qué sigo escapándome de la gente luego de todo este tiempo?» Por otra parte, los que lo rodean dicen: «¿Por qué no pueden comprender que son amados y seguir adelante con ello?» o «Creo que son perezosos y egoístas».

Los daños tempranos del desarrollo llevan tiempo para sanar, y lleva tiempo crecer. Estamos hablando del aspecto más vulnerable de nuestro corazón; lleva tiempo para que eso se fortalezca. Pablo comprendió esto cuando dijo: «Hermanos, también les rogamos que amonesten a los holgazanes, estimulen a los desanimados, ayuden a los débiles y sean pacientes con todos» (1 Ts 5:14).

El daño al corazón es como cualquier otro daño. En primer lugar, la persona sentirá dolor y entrará en shock. Si la persona cuenta con apoyo, su corazón se deshelará, y el dolor se devolverá. (Es cierto el antiguo adagio que dice «Hay que ponerse peor para mejorar».)

Cuando el corazón dolorido vuelve a entablar una relación, se fortalece y crece, pero este proceso es como ejercitar un miembro o músculo dañado. Las personas con músculos dañados, o con el corazón dañado, deben aprender a ser pacientes en su rehabilitación.

Heredamos el pensamiento distorsionado del sistema de reglas relaciónales que operan en la familia en que hemos sido criados. La familia fue establecida por Dios para ser un sistema espiritual, para impartir a los niños las leyes espirituales del universo. La familia es donde se supone que aprenderemos las maneras de Dios de apego espiritual, libertad de elección, perdón y crecimiento de habilidades y talentos. Sin embargo, no vivimos en familias perfectas, y muchas reglas de familias son muy diferentes de las de Dios.

A veces les pido a los miembros de un grupo que escriban los diez mandamientos relaciónales de sus familias. Jesús nos dice que a veces vivimos de acuerdo a las «tradiciones de nuestros ancianos» o a las «reglas humanas» en lugar de a las maneras de Dios (Mt 15:1-9). La gente que vive de acuerdo a las reglas familiares puede estar en contradicción directa con las reglas de Dios.

He aquí un ejemplo de la lista de una persona:

1. No dejarás que nadie se acerque emocionalmente a ti. Mantén tu distancia.
2. No dirás la verdad acerca de cómo te sientes. Si estás dolido, mantenlo en secreto.
3. Siempre mentirás, si con eso mantienes la paz.
4. Intentarás y buscarás lo bueno afuera. Es más importante.
5. Harás grandes logros y llevarás honor al nombre de tu familia.
6. Nunca te apegarás, porque eso entristecería mucho al resto de la familia.
7. No hablarás de ningún asunto familiar fuera del hogar, o de ningún dolor que tenga que ver contigo y tu familia. Quebrar la lealtad es una abominación.
8. Los niños deben interferir en los conflictos de los padres. Deben conducir el punto focal fuera de las peleas que tienen sus padres. Este es un sacrificio amoroso y aceptable.

9. Los sentimientos de ternura son una abominación.
10. Serás independiente emocionalmente desde el nacimiento.

La lista se aparta mucho de la lista de Dios. Sin embargo, muchos cristianos no se alejan de la «tradición de los ancianos». Viven de acuerdo a una religión falsa, el sistema espiritual de su familia. A fin de crecer, deben renunciar a la teología de su familia disfuncional y adoptar los principios espirituales de la familia de Dios.

Cuando este cambio se produce, pueden abrirse a una familia de conexión:

> «En eso llegaron la madre y los hermanos de Jesús. Se quedaron afuera y enviaron a alguien a llamarlo, pues había mucha gente sentada alrededor de él.
>
> —Mira, tu madre y tus hermanos están afuera y te buscan —le dijeron.
>
> —¿Quiénes son mi madre y mis hermanos? —replicó Jesús.
>
> Luego echó una mirada a los que estaban sentados alrededor de él y añadió:
>
> —Aquí tienen a mi madre y a mis hermanos. Cualquiera que hace la voluntad de Dios es mi hermano, mi hermana y mi madre» (Mr 3:31-35).

La respuesta de Jesús no significaba rechazar a su familia natural, sino enfatizar la prioridad más elevada de su relación espiritual con aquellos que creían en él. Jesús enseñó constantemente que hemos sido transferidos de un reino a otro (Col 1:13-14). Una parte vital de esta transferencia consiste en darse cuenta de cuál será nuestra «familia». En un sentido real, Dios está diciendo que debemos obtener nuestro apoyo familiar de aquellos que hacen su voluntad. Debemos renunciar a las reglas de relación que aprendimos en el primer sistema espiritual y aprender las maneras de conexión de Dios.

Cuando comenzamos a hacer este cambio, podemos llegar a entrar en conflicto con muchos amigos, líderes espirituales e incluso miembros de la familia. La Biblia habla sobre ese conflicto en muchos lugares y nos pide que hagamos el cambio. Jesús dice que cuando empezamos a valorar el amor, si nuestros «seres amados» no sostienen los valores de Dios, puede producirse un conflicto:

«No crean que he venido a traer paz a la tierra. No vine a traer paz sino espada. Porque he venido a poner en conflicto

"al hombre contra su padre,
a la hija contra su madre,
a la nuera contra su suegra;
los enemigos de cada cual serán los de su propia familia".

El que quiere a su padre o a su madre más que a mí no es digno de mí; el que quiere a su hijo o a su hija más que a mí no es digno de mí» (Mt 10:34-37).

Esas son palabras fuertes. Pero Jesús no quiere decir que debemos ir en contra de nuestros amigos o parientes que no crean en las maneras del amor de Dios. Debemos amar a nuestros enemigos y orar por quienes nos persiguen (Mt 5:44). Sin embargo, debemos ver a quienes no creen en la importancia del amor como enemigos de nuestra alma; aquellos que rechazan el amor rechazan las maneras de Dios.

Debemos buscar personas que nos puedan conducir hacia la semejanza de Dios, no alejarnos de ella. Como David le juró a Dios en el Salmo 101:

«Pondré mis ojos en los fieles de la tierra,
    para que habiten conmigo;
sólo estarán a mi servicio
    los de conducta intachable» (v. 6).

Sumado a ello, necesitamos permanecer alejados de las personas hirientes:

«Jamás habitará bajo mi techo nadie que practique el engaño;
    jamás prevalecerá en mi presencia
    nadie que hable con falsedad» (v. 7).

Debemos examinar nuestras relaciones para ver si nos están ayudando a crecer a la imagen de Dios. Decir no a las malas relaciones y sí a las buenas es difícil, si alguien está atado a las malas. El salmista dice que cuando alguien ha sido oprimido desde la juventud, se crean «surcos» en su espalda. Toda persona emocionalmente abusada sabe cómo se siente esto. Pero el salmista nos asegura que Dios nos ha liberado de las sogas de los malvados (Sal 129:1-4). Entonces podemos «abrir del todo» nuestro corazón a quienes caminan a la manera del Señor.

CAPÍTULO CINCO

Aprendamos o vincularnos

Tener buenas conexiones emocionales es tan natural como el que una planta absorba agua. Pero nosotros no somos plantas que viven en el huerto del Edén. Por lo tanto, requerimos de un serio trabajo de jardinería para poder dar frutos. El jardinero de la higuera planeó «cavar a su alrededor y echarle abono» al árbol que no había dado frutos por un año, para ayudarlo a producir frutos.

Aprender a vincularse cuando uno falló la primera vez tampoco ocurrirá de inmediato. Como verán al final de este capítulo, a Tara, la mujer deprimida que quiso suicidarse, le llevó meses de arduo trabajo hacer conexiones humanas. Susan, la diseñadora gráfica de veintiocho años, no podía unirse a un grupo de artistas gráficos ni a un grupo de estudio de la iglesia para desarrollar vínculos emocionales. Luchó con su problema tanto en terapia individual como de grupo antes de poder estar lista para salir al «mundo real».

Hacer conexiones humanas, cuando uno creció sin ellas, demanda una buena dosis de gracia, verdad y tiempo. Las siguientes son algunas habilidades que lo colocarán en el largo camino para hacer cambios que sanan.

Habilidades para vincularse

Advierta la necesidad

Muchos no se dan cuenta de que sus problemas tienen como raíz la falta de vínculo y apego. Uno puede haber crecido en una familia donde la proximidad no se valoraba, o puede haber sido lastimado hasta el punto de olvidar cómo vincularse. Así, lo primero que se debe hacer es darse cuenta de cuánto se necesita el apego.

Una cuidadosa lectura de la Biblia demostrará el valor que Dios le da a la conexión. Pablo utiliza la imagen del cuerpo para mostrar esto: «Ahora bien, ustedes son el cuerpo de Cristo, y cada uno es miembro de ese cuerpo» (1 Co 12:27). Usted es parte de un cuerpo, y no puede ser amputado emocionalmente del flujo sanguíneo y esperar tener éxito. «El ojo no puede decirle a la mano: "No te necesito" ... Si uno de los miembros sufre, los demás comparten su sufrimiento» (1 Co 12:21, 26).

Acérquese a los demás

Es maravilloso cuando los demás se acercan a uno y buscan nuestro corazón, porque esto es lo que hace Dios. Sin embargo, con frecuencia los demás no pueden ver qué uno necesita y cuan emocionalmente aislado está realmente. Por lo tanto, hasta el punto máximo de su capacidad, busque activamente ayuda y apoyo. Antes vimos cuan ajena le era esta idea a Justin. No podía imaginarse cómo alguien podría estar interesado en conectarse con él en un nivel más profundo.

Sea vulnerable

Usted puede acercarse a los demás, involucrarse socialmente y tener amistades, y aún así, estar aislado. Su aislamiento puede remontarse a su incapacidad de estar abierto, a su incapacidad de demostrar su yo real a los demás. Aprenda a ser vulnerable. La palabra *vulnerable* significa literalmente «abierto a la crítica o al ataque». Debe ser tan abierto con sus necesidades que esté preparado para el ataque.

Advertir la necesidad es el comienzo del crecimiento. La humildad y la vulnerabilidad son factores absolutamente necesarios para que el vínculo se produzca en un nivel profundo.

Ser vulnerable en un nivel social tal vez sea demasiado amenazador al principio. Quizás deba comenzar con un pastor, consejero o grupo de apoyo. Pero la vulnerabilidad es una habilidad que abre el corazón para que el amor forme raíces. Cuando puede admitir que necesita apoyo y ayuda, y puede revelar su dolor y aislamiento, se pone en movimiento una dinámica que literalmente puede transformar su personalidad y su vida.

Desafíe el pensamiento distorsionado

El pensamiento distorsionado le impide relacionarse con otras personas. Esto esencialmente le hace repetir lo que sucedió en el pasado. Desafíe las distorsiones que lo mantienen atado. Mientras usted siga viendo el mundo a través de sus lentes de la niñez, su pasado será su futuro.

Por ejemplo si usted no desafía la creencia de que «todas las personas me abandonarán», nunca formará un apego real, y recreará el aislamiento de su pasado. El Señor ha prometido revelarle la verdad. Pídale que le muestre sus distorsiones en particular.

Pero el pensamiento distorsionado fue aprendido en el contexto de la relación, y ese es el único lugar donde puede desaprenderse. Necesita nuevas relaciones para deshacer el aprendizaje del pasado; allí su yo real puede conectarse con la gracia y la verdad, y por lo tanto, ser transformado.

Corra riesgos

Para aprender nuevas habilidades relaciónales y formas de apego, hay que correr riesgos. Escuche la invitación de Jesús: «Mira que estoy a la puerta y llamo. Si alguno oye mi voz y abre la puerta, entraré, y cenaré con él, y él conmigo» (Ap 3:20).

Usted tiene la responsabilidad de oír la voz y abrir la puerta. Las personas y Dios le llamarán, pero si su pensamiento distorsionado y su resistencia a correr riesgo^ lo atrapan en el camino, mantendrá la puerta cerrada y el apego no sucederá. Arriésguese a valorar a alguien emocionalmente. Arriésguese a ser lastimado otra vez. Esto es difícil, pero fundamental.

Permita sentimientos dependientes

Cada vez que permita que alguien se preocupe por su corazón aislado, surgirán sentimientos incómodos de necesidad y dependencia. Estos son los comienzos de un corazón que se ablanda. Aunque sean incómodos, estos sentimientos son claves para el apego. Muchas veces uno piensa que necesita mantenerse firme, pero permitir que su lado débil y necesitado sea mostrado a aquellos que necesita cementará el apego y le permitirá crecer.

Reconozca las defensas

Reconozca sus defensas particulares contra el apego. Tan pronto como pueda discernir los viejos patrones familiares, puede comenzar a notarlos en acción y tomar la responsabilidad por ellos. Puede necesitar decirse algo como: «Ah, nuevamente estoy despreciando a alguien que trata de amarme. Esta vez lo intentaré y permitiré que les importe».

Recuerde, usted es responsable de su propio crecimiento. Desafíe las viejas formas de actuar y permita que el Espíritu Santo le dé la fuerza para resistir sus defensas.

Siéntase cómodo con el enojo

Con frecuencia, las personas evitan el apego porque temen el enojo hacia quien necesitan y aman. Como resultado de ello, el enojo los conduce al aislamiento para proteger al ser querido. Es natural sentirse enojado hacia las personas que uno necesita. Cuanto más pueda sentirse cómodo con los sentimientos de enojo hacia las personas «buenas», más podrá integrar esos sentimientos a la relación y no arruinarla. Analizaremos más profundamente este proceso en la Parte IV, pero tiene muchas implicancias con el apego. El yo enojado es un aspecto de la personalidad que muchos prefieren dejar «desvinculado». Creen que es el aspecto que no es digno de ser querido de quienes ellos son.

Ore y medite

En el Salmo 139:23-24, David le pidió a Dios que le revelara quién era en un nivel profundo:

«Examíname, oh Dios, y sondea mi corazón; ponme a prueba y sondea mis pensamientos.
   Fíjate si voy por mal camino, y guíame por el camino eterno».

Ore la oración de David junto con él, y Dios le revelará el verdadero estado de su corazón. Pídale a Dios que le revele los problemas de su capacidad para apegarse. Perdurar es el valor más alto de Dios para usted, de modo que pueda estar seguro de su deseo de ayudarlo a alcanzar esta meta. Como dice David en el Salmo 51:6: «Yo sé que tú amas la verdad en lo íntimo; en lo secreto me has enseñado sabiduría».

Sea empático

La empatía es la capacidad de compartir las emociones de otra persona, sus pensamientos o sentimientos. Sentir empatía con las necesidades de los demás, identificarse con su dolor, ablanda su propio corazón. Muchas personas endurecidas se han ablandado por acercarse a los dolores de otra persona. No estoy implicando una estrategia de «dar para obtener» o de «olvidarse de su mente». Estoy hablando de identificarse con el luchador a fin de contactarse con su propio dolor y soledad.

Descanse en el Espíritu Santo

El Espíritu Santo le da poder para cambiar y para librarse de los límites de su vieja forma de ser. Pídale que lo libere de las ataduras de muerte que sus defensas tienen en usted y que le dé el coraje para dar los primeros pasos para apegarse a los demás.

Cada vez que se encuentre en esta encrucijada, en el lugar donde responde defensivamente con un antiguo patrón, o donde arriesga el nuevo, pida ayuda. No puede hacerlo solo. Cuando se enfrente cara a cara con su incapacidad para vincularse, debe confesar esta incapacidad y pedirle al Espíritu que lo ayude. No puede cambiar por sus propios medios. Descanse en él para que lo ayude a hacer cambios que sanan.

Dígale sí a la vida

La tarea de vincularse con los demás y con Dios es una forma de decir sí a la vida. Es decir que sí a la invitación de Dios y los otros para conectarse con ellos. La persona que lucha con el aislamiento dice no a la relación de muchas maneras.

Cuando se oculta detrás de mecanismos de defensa, está diciendo no. Cuando evita la intimidad, está diciendo no. Cuando pone excusas, está diciendo no. La conexión requiere que comience a decir sí al amor cuando este se presenta. Esto puede significar aceptar invitaciones para estar con personas en lugar de replegarse siempre. Puede significar dar una respuesta diferente en contextos seguros, cuando se le pregunta: «¿Cómo estás?». Puede significar identificarse con el dolor de otro. Cualquiera sea la oportunidad, significa decir «sí» a la relación.

Tara

Esta parte del libro comenzó con Tara. Aislada entre un ejército de amigos, llena de una depresión negra, había intentado quitarse la vida.

Las primeras semanas de Tara en el hospital fueron tumultuosas. A diario luchaba contra los intentos del personal para llegar a conocerla. Se ocultaba en su habitación, e incluso cuando salía, no hablaba acerca de sus problemas.

Pero a medida que comenzó a observar el dolor en la vida de otros pacientes, lentamente comenzó a permitir que algunas personas se acercaran a ella. Al principio, solo revelaba las cosas superficiales en las que había construido su vida: su ingenio, su encanto, su personalidad atractiva, su inteligencia. No obstante, más adelante comenzó a abrirse a unas pocas personas en las que confiaba y les contó su historia.

Criada en un fuerte entorno cristiano, a Tara le habían impuesto un tremendo sentido del bien y del mal. Sin embargo, ella nunca se había sentido apegada a sus padres en un nivel emocional profundo. Confesó: «Nunca amé a mi madre, era demasiado pasiva. Y a mi padre solo le interesaba "ser bueno"». Como resultado de ello, Tara había crecido junto con su actitud, siguiendo todas las reglas y cumpliendo con todo, pero en el interior sentía un vacío.

Tara dijo: «Cuando conocí a Dave, él era un estudiante de seminario brillante y prometedor. Nos casamos jóvenes, y él significaba todo para mí... al principio. Luego descubrí cuan perfeccionista era. Construimos juntos un exitoso ministerio, era un hombre de empuje. Pero siempre me sentí muy sola, incluso cuando estaba con él».

Tara nunca admitió necesitar a otras personas, ni siquiera a su esposo, Dave. De su familia original había aprendido a ignorar sus necesidades, a suprimirlas y a cubrirlas. Y mantuvo ese mismo patrón en su matrimonio y con sus amistades.

En el hospital, Tara comenzó a abrirse por primera vez en su vida. Compartió su dolor. Lloró. Y se sorprendió cuando la gente la amó, incluso cuando ella les mostró sus debilidades.

Al comenzar a sentir los límites de su propia independencia, lentamente se permitió importarles a los demás. Se conectó con sus compañeros de hospital dándose cuenta de que aunque estaba «necesitada», su fortaleza no desaparecía, e invitó a sus antiguos amigos a visitarla, maravillándose cuando no la rechazaban en su estado vulnerable.

Además, Tara analizó su matrimonio, y percibió en esa área otra falta de vulnerabilidad. Ella y su esposo juntos trabajaron mucho para establecer la intimidad que habían perdido debido a sus antecedentes y temores individuales. Luego de mucho tiempo y trabajo, pudieron establecer una nueva relación, más íntima, basada en el compartir y la vulnerabilidad mutua.

Con el tiempo, la depresión de Tara comenzó a ceder. Empezó a visualizar motivos para vivir. Por primera vez, vio surgir el significado y la esperanza de las relaciones. Y por primera vez, experimentó realmente el amor de Dios, del esposo, de la familia y de los amigos. Siguió trabajando fuerte para establecer la intimidad y los vínculos. Ahora, años después de su prolongada estancia en el hospital, está muy bien.

La batalla de Tara no fue sencilla. Como un paciente de una enfermedad terminal, literalmente tuvo que luchar por su vida. Sin embargo, un día ella podrá enfrentar a su Salvador y estar orgullosa de que «libró la buena batalla», la del amor, y volvió a ganar la «semejanza de Dios», cuya pérdida fue ocasionada por la caída y por su entorno familiar. Hasta ese entonces, ella y su familia disfrutarán el hecho de estar arraigados en el amor.

Tara ya no vive en un infierno terrenal de aislamiento. En cambio, vive en el «cielo en la tierra» de las relaciones íntimas, amorosas, las que Jesús prometió que conoceríamos.

PARTE III

Separemonos
– *de los* –
demás

CAPÍTULO SEIS

¿Qué son los límites?

Hace quince años, Stephen comenzó su ministerio entusiasmado por servir a Dios y a los demás. Su esposa compartía su visión. Y él sentía que juntos tendrían un maravilloso matrimonio y ministerio.

Pero su vida no resultó ser como él la había planeado. Se había agotado. Sentado en mi consultorio describió síntomas de fatiga, depresión leve, poca motivación, ansiedad y fantasías de «abandonarlo todo» y escapar.

Stephen admitió: «He tenido problemas en mi trabajo antes de esto y siempre me pregunté por qué».

Mientras continuamos hablando, vi delante de mí a una persona amorosa y compasiva, que era muy buena con las personas. Por cierto, era casi demasiado bueno. De corazón blando, no podía soportar dejar que una persona que sufría se fuera sin ayuda. Cuando alguien lo llamaba, dejaba lo que estaba haciendo para ayudar a la persona en crisis.

Sin embargo, como resultado de ello, el resto de su ministerio se resentía. No cumplía con las fechas límites en los presupuestos e informes, se presentaba tarde a las reuniones y se olvidaba de las citas que había, hecho. Además, había tomado demasiado trabajo. Cada minuto de su tiempo estaba atorado con actividad, y sin embargo, no parecía tener demasiado tiempo para las cosas que disfrutaba hacer. Comenzó a resentirse con la iglesia por exigir tanto de él sin darle el reconocimiento que merecía.

La iglesia, a cambio, tenía sus propias dudas sobre Stephen. Estaban cansados de sus informes tardíos y del lío de sus reuniones.

Comenzaron a preguntarse si las buenas cualidades de Stephen no se relacionaban con su irresponsabilidad.

Más preocupante que el fracasado ministerio de Stephen era su matrimonio en problemas. Su esposa lo regañaba todo el tiempo para que terminara tareas que había prometido hacer. Durante semanas no le prestaba atención al jardín. Con frecuencia, recibían notificaciones del banco acerca de que algunos pagos estaban atrasados o de que su calificación de crédito no era buena.

Stephen sentía como que siempre le estaba dando a su esposa. Cada vez que iban a algún lado o hacían algo, él «alegremente» acordaba hacer lo que a ella le complacía. Resentía los deseos de ella, pero igual se sentía egoísta cuando no estaba de acuerdo con ella. Parecía pensar que debía hacer lo que ella o la iglesia le pedían porque negar sus deseos lo hacían sufrir una culpa terrible.

Cuando terminó de explicar su situación, Stephen se encogió de hombros como pidiendo disculpas y dijo: «No quería venir aquí. Debo ser un ayudante de la gente, no el paciente de un consejero». Suspiró: «Tenía tantas buenas intenciones. Entonces, ¿por qué terminé en tamaño lío?»

Stephen no tenía límites para el control de los demás sobre él, ningún sentido de fronteras personales ni espacio, y muy poco de lo que la Biblia llama «voluntad».

Las fronteras, en un sentido amplio, son líneas que marcan un límite, una limitación, o un borde. En un sentido sicológico, los límites son la realización de nuestra propia persona alejada de los demás. Este sentido de separación forma la base de la identidad personal. Dice qué somos y qué no somos; qué elegiremos y qué no elegiremos, qué soportaremos y qué no, y qué queremos y qué no queremos. En pocas palabras, las fronteras nos definen. De la misma manera en que un límite físico define dónde comienza o dónde termina la línea de una propiedad, un límite sicológico y espiritual define quiénes somos y quiénes no somos.

Stephen se encontró con muchos problemas por su falta de límites. No podía elegir lo que quería hacer fuera de lo que los demás querían que hiciera. Porque se sentía obligado e impelido a servir a los demás, no podía decir que no. Y porque era demasiado responsable en cuanto a los otros, no podía hacerse responsable de su propia vida. Su falta de fronteras lo condujo al caos, al resentimiento, al pánico y a la depresión. Estaba fuera de control.

El caso de Stephen no es único. Muchas personas luchan por descubrir, fijar y guardar sus límites personales. Ellas verdaderamente no pueden decir dónde terminan y dónde alguien más empieza, y por lo tanto sufren por falta de propósito, impotencia, pánico, falta de identidad, desórdenes alimenticios, depresión, irresponsabilidad y una enorme cantidad de otros problemas, todos los cuales conducen a una falta de intimidad real con los demás.

Probablemente, el resultado más destructivo de la falta de límites es el abuso físico y emocional. Las personas que son incapaces de fijar límites permiten repetidamente que se les controle y hasta que se les lastime. Abundan historias de abuso conyugal debido a la incapacidad de la víctima ele limitar las maldades que se le infligen. Pocas cosas son más tremendas que ver a una persona amorosa continuamente abusada por límites mal construidos.

Si puede identificarse con estos síntomas, tal vez tenga un problema en establecer y mantener los límites. Al igual que con los vínculos, Dios lo creó a su imagen para tener límites y él tiene maneras específicas para que usted pueda reparar los límites rotos o construir otros. En esta parte del libro analizaremos de qué manera se destruyen las fronteras y cómo pueden volver a construirse. Descanse tranquilo en que Dios puede restaurar sus fronteras dañadas y usted podrá hacerlo.

Sin límites

—¿Por qué no le dices simplemente a tu madre que no quieres ir a su casa para el día de acción de gracias? Tienes treinta años. Eres lo suficientemente grande como para elegir pasar un día festivo con tus amigos —dije.

—Pero eso la enojaría mucho —respondió Sandy—. Nunca podría hacer eso. Es cruel.

—¿Cómo puedes «enojarla»? ¿Por qué crees que tienes ese poder? —pregunté.

—Si no fuera a casa para las fiestas, eso la volvería loca. Así de sencillo.

—Entonces supongo que piensas que también tienes el poder de ponerla contenta. ¿Es cierto? —me pregunté en voz alta.

—Sí, por supuesto —respondió Sandy—. Si hago lo que ella quiere, puedo hacerla feliz.

—Eres una mujer muy poderosa —dije—. Debe ser aterrador tener tanto poder. Pero, si eres tan poderosa, ¿por qué no tienes el poder para sentirte bien?

—No conozco la respuesta a eso. Por eso vine a verlo. Para que me hiciera sentir mejor.

—Ah, ya veo. Hacer sentir bien a tu madre te hace sentir mal. Entonces, vienes a verme, y yo te haré sentir bien. ¿Qué se supone que haga si eso me hace sentir mal a mí? —pregunté—. Tal vez pueda llamar a tu madre y ella me podría hacer sentir mejor.

—Usted está loco —dijo—. ¿De qué modo ella lo va a hacer sentirse mejor?

—No sé — respondí—. Pero mientras cada uno sea responsables por los sentimientos de alguien más, estoy seguro de que ella podría tratar de encontrar una manera.

Imagine lo que debe sentirse al vivir una vida de ser responsable por los sentimientos de otra persona y no tener control sobre los propios. Si observamos más claramente la situación de Sandy, vemos un problema básico: ella no sabía dónde terminaba su responsabilidad y dónde comenzaba la de su madre. En pocas palabras, no tenía una vida separada de la de su madre. Esta es la esencia de las fronteras: ¿dónde termino yo y dónde empieza la otra persona?

Base bíblica para los límites

Vimos que una de las cosas más importantes de la vida es estar apegado a otros y decir sí a la conexión. Pero, ¿cómo establecemos un apego y seguimos siendo un individuo? ¿Cómo determinamos lo que somos realmente nosotros mismos en contraposición con otra persona? ¿Cómo fijamos un rumbo para nosotros dentro de un apego y sabemos que es una elección personal? ¿Qué sucede si no estamos de acuerdo con la persona con la que estamos conectados?

¿O si queremos hacer algo diferente de la persona con la que estamos conectados?

¿O si no queremos que el ser amado nos siga lastimando? ¿O si queremos algún tiempo alejado de nuestro amigo o cónyuge? Suena complicado ¿no? Lo es.

Pero, para que no empecemos a sentir que la relación es demasiado difícil y que nos confina, veamos la segunda tarea del desarrollo de crecer a «semejanza de Dios»: establecer límites y un sentido de separación.

Dios es una persona vinculada. El Padre, el Hijo y el Espíritu Santo están siempre conectados; tienen una «unidad» eterna. Sin embargo, así como la unidad es la cualidad más básica que Dios posee, hay diversidad dentro de esta unidad. El Padre, el Hijo y el Espíritu Santo son personas diferentes, separadas. No están «fundidas» de un modo en que pierdan su identidad individual. Tienen límites entre sí. Cada uno tiene sus propios talentos, responsabilidades, voluntades y personalidades. Pueden estar en diferentes lugares al mismo tiempo, y pueden hacer cosas diferentes sin perder la relación.

Además, Dios está separado de su creación. Él sabe qué es y qué no es. No es el dios del panteísmo, que funde a Dios con su creación. Él es una persona separada de nosotros. Puede tener una relación con nosotros, pero no es nosotros y nosotros no somos él. Existen límites entre nuestras identidades, voluntades y responsabilidades. Él sabe dónde termina y dónde comenzamos nosotros.

Puesto que su voluntad está separada de la nuestra y somos dos personas diferentes con identidades separadas, la relación real es posible.

Del mismo modo, a nivel humano, como fuimos creados a su semejanza, estamos separados unos de otros. Tenemos personalidades, voluntades, talentos y responsabilidades distintas. También hay una diversidad en nuestra unidad. La separación es un aspecto importante de la identidad humana. Debemos estar conectados con los demás sin perder nuestra propia identidad e individualidad. Debemos ser «como él» en este aspecto. Debemos dominar el arte de «ser yo sin perderte a ti».

Pero a nivel humano, así como nuestra conexión se perdió en la caída, también se perdió nuestro sentido de la separación, los límites y la responsabilidad. Estamos muy confundidos en cuanto a dónde terminamos y dónde empieza la otra persona. Tenemos dificultad en tener voluntad propia sin que se enrede con la de otro. Con frecuencia no sabemos quiénes somos realmente en oposición a quién dice alguien que somos. A veces no sabemos lo que pensamos o sentimos a no ser que la cultura lo sienta primero. Los límites entre nosotros y el mundo se tornan borrosos. En esta sección veremos los conflictos de la separación y los límites desde una perspectiva bíblica para volver a descubrir nuestros propios límites dentro de nuestra relación con las personas que amamos.

Cuando pensamos en una relación, pensamos en amor. Cuando pensamos en límites, pensamos en fronteras. Los límites nos dan un sentido de lo que es parte de nosotros y lo que no lo es, de lo que permitiremos y lo que no, de lo que elegiremos y lo que no.

Vemos a Dios haciendo esto una y otra vez en la Biblia. Continuamente se define diciendo quién y qué es él y qué no es, qué ama y qué odia. Aquí se define a sí mismo diciendo quién es:

«Yo soy tu escudo» (Gn 15:1).
«Yo soy el Dios Todopoderoso» (Gn 17:1).
«Yo soy el Señor» (Éx 6.6).
«Yo, el Señor tu Dios, soy un Dios celoso» (Éx 20:5).
«Soy un Dios compasivo» (Éx 22:27).
«Yo soy santo» (Lv 11:44).
«Yo soy el primero, y yo soy el último» (Is 48:12).
«Soy misericordioso» (Jer 3:12).

Aquí se define a sí mismo diciendo lo que siente y piensa:

«Mi corazón se agita. ¡Ay, corazón mío! ¡No puedo callarme!» (Jer 4:19).

«Estoy cansado de tenerte compasión» (Jer 15:6).

«Yo, el Señor, amo la justicia» (Is 61:8).

«Se acordarán de cómo sufrí por culpa de su corazón adúltero» (Ez 6:9).

Y aquí se define a sí mismo por lo que elige hacer:

«¡Que exista la luz!» (Gn 1:3).

«Pero contigo estableceré mi pacto» (Gn 6:18).

«Haré de ti una nación grande, y te bendeciré» (Gn 12:2).

«Les daré un nuevo corazón, y les infundiré un espíritu nuevo» (Ez 36:26).

Muchas veces sus atributos, sentimientos y pensamientos se expresan en tercera persona:

«El Señor hace justicia y defiende a todos los oprimidos. Dio a conocer sus caminos a Moisés; reveló sus obras al pueblo de Israel. El Señor es clemente y compasivo, lento para la ira y grande en amor» (Sal 103:6-8)

Los atributos, talentos, sentimientos, pensamientos, conductas y voluntad de Dios determinan quién es. Forman su identidad. Así como las afirmaciones positivas definen quién es, las afirmaciones negativas hacen lo propio. Él dice qué no es al decir lo que aborrece:

«Hay seis cosas que el Señor aborrece, y siete que le son detestables: los ojos que se enaltecen, la lengua que miente, las manos que derraman sangre inocente, el corazón que hace planes perversos, los pies que corren a hacer lo malo, el falso testigo que esparce mentiras, y el que siembra discordia entre hermanos» (Pr 6:16-19).

Los autores bíblicos enuncian cosas que el Señor ama y aborrece para que podamos entender quién es. Lo que elige y sobre lo que tiene voluntad, lo que quiere y lo que no quiere, lo que piensa acerca de las cosas y lo que hace, todas estas cosas definen los límites de quién es. Nosotros nos definimos a nosotros mismos por las mismas funciones.

Nuestro aspecto físico

El aspecto físico es parte de la identidad. Nuestro cuerpo tiene fronteras físicas que definen quiénes somos. La piel es la imagen más clara de un límite que existe en una persona. Nuestra piel define claramente dónde comenzamos y dónde terminamos. Tiene color y textura. Tiene forma.

La piel mantiene dentro lo bueno y fuera lo malo. Mantiene nuestra sangre y nuestros órganos dentro del cuerpo, donde pueden funcionar para nosotros. Si pinchamos nuestra piel, perdemos sangre; si la herida es lo suficientemente grande, podemos perder algo peor. Al mismo tiempo, nuestra piel evita que el veneno entre a nuestro cuerpo y lo contamine. Si entramos en contacto con algún líquido infeccioso, pero no tenemos una cortadura, nuestra piel nos protege. Sin embargo, si tenemos una cortadura, entonces los gérmenes pueden entrar y podemos infectarnos.

Por un lado, tenemos la capacidad de abrirnos físicamente a cosas buenas del exterior. Si abrimos la boca, podemos hacer entrar un nutritivo vaso de leche. Podemos elegir bajar nuestros límites de la piel. (Dejamos bajar nuestros límites emocionales cuando decimos que sí al amor). Podemos abrir los ojos para ver algo hermoso. O podemos dejar que la música llegue a nuestros oídos o que el aire de primavera entre por nuestras narices. Tenemos la capacidad de regir lo que entra a nuestro cuerpo.

Por otro lado, podemos elegir mantener las cosas malas fuera cuando intentan ingresar a través de un orificio. Podemos vomitar comida en mal estado, estornudar cuando hay polvo en el aire, cerrar los ojos cuando la luz es demasiado brillante o cubrir nuestros oídos para no oír sonidos fuertes.

La piel protege naturalmente nuestro cuerpo, pero también tenemos una elección acerca de qué entra en nosotros. Tenemos la responsabilidad de cuidar nuestro cuerpo. Sabemos mejor que nadie lo que necesita. Tenemos hambre y comemos. Estamos cansados y tomamos una siesta o vamos temprano a la cama. Nos sentimos perezosos y vamos a dar una caminata. Sentimos dolor y buscamos la causa del mismo.

Otros límites funcionan de manera similar. Si yo tengo una casa con jardín, soy responsable de lo que hay dentro de mi línea de propiedad. Si quiero quitar las hojas de mi jardín, debo quitarlas o hacer que alguien las quite, o de otro modo permanecerán sobre mi césped. Del mismo modo, mi responsabilidad termina donde terminan mis fronteras. Si el jardín de mi vecino tiene hojas, no puedo ser tan presuntuoso como para trepar la cerca que nos separa y comenzar a quitar sus hojas sin su permiso. Si quiero ayudar, puedo preguntar y él puede elegir abrir la puerta y dejarme cruzar su frontera. Pero es su opción.

Nuestras actitudes

Otro aspecto de nuestra personalidad son las actitudes. Nuestras actitudes son nuestras opiniones sobre las posturas mentales acerca de algo. Hemos visto cómo Dios define sus actitudes y creencias sobre diversas cosas en las Escrituras. Al leer los diez mandamientos podemos tener una muy buena idea de dónde «pisa» Dios con respecto a determinados temas. Dios no está indeciso intentando ver cuáles son sus actitudes sobre la vida, el bien y el mal.

Somos responsables de nuestras propias actitudes, puesto que existen dentro de nuestra «línea de propiedad». Están dentro de nuestro corazón, no dentro del corazón de otra persona. Repetidas veces Dios nos dice que examinemos y seamos responsables de las actitudes y creencias que rigen nuestra vida. Ellas forman la estructura de nuestra personalidad. Al comienzo de la vida, «absorbemos» actitudes; a medida que maduramos, debemos tener cada vez más responsabilidad para asegurarnos de que nuestras opiniones son nuestras y no de otra persona. Las elegimos.

Dios nos dice que si nuestras actitudes o creencias sobre las cosas son las suyas, entonces nuestro camino será próspero. «Recita siempre el libro de la ley y medita en él de día y de noche; cumple con cuidado todo lo que en él está escrito. Así prosperarás y tendrás éxito» (Jos 1:8). Toda dinámica familiar o individual que produce problemas en las personas es una violación de las actitudes de Dios. Podemos confiar en las actitudes de Dios porque nos harán salir del dolor. Cuando nos hacemos responsables de nuestras actitudes, podemos comenzar a «ordenar la casa»; podemos asegurarnos de que lo que tenemos dentro de nuestra línea de propiedad es lo que queremos.

En el área de los vínculos, hemos visto algunas actitudes dolorosas. La actitud de Tara de que «toda mi debilidad es mala» ocasionó su gran depresión (véase el capítulo 3). Cuando ella comenzó a ver su responsabilidad en cuanto a su actitud, pudo ponerse en línea con las actitudes de Dios hacia la relación y la necesidad. Cuando esto cambió, salió de su aislamiento.

Sin embargo, Sandy estaba responsabilizándose por la actitud de su madre (algo que nunca deberíamos hacer): «Todo el mundo debe hacer exactamente lo que quiero. Siempre debo salirme con la mía». Cuando las cosas no salían de la manera que su madre quería, entonces se enojaba. Por consiguiente, Sandy se sentía responsable por el enojo de su madre. Esta es una gran confusión de límites. El enojo de la madre de Sandy era ocasionado por su propia actitud, no por la conducta de Sandy. La posición de su madre estaba fuera de la línea de propiedad de Sandy, y por lo tanto, fuera del control y la responsabilidad de Sandy. Intentar tomar la responsabilidad por el enojo y las actitudes que no eran de ella, ató a Sandy. Estaba intentando controlar la forma de ser de su madre, procurando «hacerla» feliz. Proverbios 19:19 nos advierte contra de esto.

Al tomar la responsabilidad por las actitudes de su madre, Sandy no tomaba la responsabilidad por las suyas. La actitud de Sandy podría exponerse más o menos así: «Soy responsable por el dolor de otra persona. Siempre debo ceder a las exigencias de los demás». Sandy no estaba trabajando sobre lo que tenía responsabilidad de cambiar: a sí misma. Por eso, ella se sentía tan poderosa y tan impotente al mismo tiempo. Había tomado la responsabilidad por algo que no podía controlar (su madre) e ignorado algo que podía controlar (a sí misma). Nuestras actitudes y creencias son nuestra responsabilidad, no la de los demás. Las actitudes y creencias de otras personas son responsabilidad de ellas, no de nosotros.

Nuestros sentimientos

Otro aspecto de nosotros mismos que reside dentro de nuestra línea de propiedad son nuestros sentimientos. Tanto nuestros sentimientos físicos de placer o de dolor como los emocionales son de nuestra propiedad y de nadie más. Somos responsables de nuestros propios sentimientos.

Los sentimientos señalan nuestra forma de ser. Nos dicen cómo estamos funcionando, qué nos importa, qué se debe cambiar, qué está bien y qué está mal.

Desapropiarnos de los sentimientos, ignorar nuestra responsabilidad sobre ellos, es una de las cosas más destructivas que podemos hacernos a nosotros mismos y a los demás. David demuestra cuán destructivo es estar fuera de contacto con los sentimientos: «Han cerrado su insensible corazón, y profieren insolencias con su boca» (Sal 17:10).

El autor de Eclesiastés muestra la importancia de apropiarse de los sentimientos: «El sabio tiene presente la muerte» (7:4). La gente que no trata con sus sentimientos no es sabia; puede «perder contacto» consigo misma. Salomón escribe en Proverbios acerca de las personas que no se responsabilizan de su enojo y odio, y por lo tanto se convierten en lisonjeros deshonestos: «Como baño de plata sobre vasija de barro son los labios zalameros de un corazón malvado. El que odia se esconde tras sus palabras, pero en lo íntimo alberga perfidia. No le creas, aunque te hable con dulzura, porque su corazón rebosa de abominaciones. Tal vez disimule con engaños su odio, pero en la asamblea se descubrirá su maldad» (Pr 26:23-26).

Jesús aclaró los límites en los evangelios ordenando a la gente a hacerse responsable de sus propios sentimientos. Observen, por ejemplo, la historia de los trabajadores que fueron contratados en diferentes horas del día por el mismo salario (Mt 20:1-15). Los que fueron contratados al comienzo del día estaban enojados con el terrateniente: «Éstos que fueron los últimos en ser contratados trabajaron una sola hora —dijeron—, y usted los ha tratado como a nosotros que hemos soportado el peso del trabajo y el calor del día». Pero Jesús los hizo tomar responsabilidad de sus sentimientos y señaló que él tenía el derecho de hacer lo que quisiera con su propiedad: «No estoy cometiendo ninguna injusticia contigo. ¿Acaso no aceptaste trabajar por esa paga? Tómala y vete. Quiero darle al último obrero contratado lo mismo que te di a ti. ¿Es que no tengo derecho a hacer lo que quiera con mi dinero? ¿O te da envidia de que yo sea generoso?». Está diciendo básicamente: «Toma la responsabilidad por tu enojo y no me culpes. Tu enojo proviene de tu envidia, y debes tratar con ella».

Nuestros sentimientos pueden movernos a ser justos y compasivos. Pueden conectarnos con los demás como vimos en la sección sobre los vínculos. Un sentimiento como la alegría ayuda a nuestro estado de bienestar físico, mental y espiritual. Al mismo tiempo, nuestros sentimientos pueden decirnos cuándo algo está drásticamente mal con nosotros y debe cambiar, así como el dolor físico puede advertirnos de un peligroso cáncer. Si no sintiéramos dolor físico, entonces podríamos morir cada vez que nos enfermamos, puesto que no podríamos rectificar el problema a tiempo. Lo mismo se aplica al nivel emocional.

Nuestra conducta

Otro aspecto de la personalidad que reside dentro de nuestra responsabilidad y límites es nuestra conducta, la forma en que actuamos o nos comportamos. Dios se hace responsable por lo que hace. Él nos exige que seamos responsables por lo que hacemos. Si no nos hacemos responsables de nuestra conducta, estamos fuera de control, o impotentes. No podemos ir a donde queremos ir en la vida si no nos apropiamos de lo que hacemos y lo que no hacemos.

Las personas que no cumplen con esta verdad se sienten impotentes porque no tienen fe en la ley básica de la causa y el efecto. A esta ley también se la denomina la ley de sembrar y cosechar, que rige a todo el universo. Dios ha establecido un universo ordenado: si nos comportamos de un modo determinado, ciertas cosas sucederán. Es la base para nuestra seguridad, porque nos da control sobre nosotros mismos y nuestra vida. Las personas irresponsables odian esta ley, y sufren mucho. Las personas responsables tienen éxito con ella. Veamos brevemente cómo funciona.

«No se engañen: de Dios nadie se burla. Cada uno cosecha lo que siembra. El que siembra para agradar a su naturaleza pecaminosa, de esa misma naturaleza cosechará destrucción; el que siembra para agradar al Espíritu, del Espíritu cosechará vida eterna» (Gá 6:7-8). «Endereza las sendas por donde andas; allana todos tus caminos» (Pr 4.26). «Las manos ociosas conducen a la pobreza; las manos hábiles atraen riquezas» (Pr 10:4).

Dios ha establecido un sistema de dependencia. Al igual que en las leyes de la física, para cada acción hay una reacción equivalente. Si hacemos algo, algo sucede; si no hacemos nada, nada sucede. Si queremos mantenemos sanos, entonces debemos comer alimentos buenos. Si queremos tener dinero para pagar la hipoteca, entonces debemos trabajar. Dios tuvo la intención de que tuviéramos este sentido de poder sobre nuestra vida. Por un lado, podemos hacer que pasen cosas buenas. Si queremos construir una buena relación con alguien, podemos sonreírle o darle un abrazo. Si queremos ser veterinarios, podemos ir a la universidad, estudiar y obtener habilidades para curar animales. Este principio de apropiamos de nuestra conducta es la base para tener un sentido de poder como personas. Esto dice que podemos afectar o influir sobre nuestra vida y la vida de los demás.

Por otro lado, podemos hacer que pasen cosas malas. Esta es la ley de las consecuencias naturales de la conducta. Si no conducimos bien nuestro automóvil, chocaremos. Si somos perezosos y no estudiamos, nos expulsarán de la universidad y no encontraremos un buen empleo. Si no nos presentamos a trabajar, no nos pagarán y no podremos pagar la hipoteca ni las facturas de la electricidad y el teléfono. Si golpeamos a los que amamos, tendremos poca intimidad. En un grado elevado, nuestro bienestar depende de nuestra conducta. Aprender la ley de sembrar y cosechar no solo evitará mucho dolor, sino que también dará grandes satisfacciones.

Las personas que obedecen esta ley del universo se sienten en control de su vida, hasta el punto en que están capacitados de sentirse en control. Si ellos tienen una necesidad, se comportan de una manera que hará que esa necesidad se vea satisfecha: oran, van a trabajar, piden ayuda, se ejercitan, entablan amistades, se comportan de modos que dan frutos en ellos, y se dirigen hacia algún lado.

Las personas que no obedecen esta ley de causa y efecto, que no se apropian de su conducta y de las consecuencias de la misma, se sienten enormemente impotentes. Se vuelven dependientes de los otros que alientan su irresponsabilidad para mantener su dependencia. No tienen confianza en su capacidad de causar un efecto. Por esto es que Pablo dice en 2 Tesalonicenses 3:10 «El que no quiera trabajar, que tampoco coma». Él sabe que hay dignidad y gozo en la buena conducta.

Cualquiera que haya sido criado sin la ley de causa y efecto es destinado a batallar continuamente con la realidad y a vivir una vida de caos. Apropiarse de nuestra conducta, admitirla, reconocerla, hacerla propia; en pocas palabras, hacernos responsables de ella, es un aspecto importante para conocer nuestros límites. Otro aspecto fundamental es saber que los demás son responsables de su conducta. Estos dos principios pueden aclarar muchos problemas de identidad, como veremos más adelante. Siempre estaremos mejor si no seguimos el ejemplo de Adán y Eva de decir: «¡Otra persona me llevó a hacerlo!» Si hacemos eso, tropezaremos una y otra vez en nuestra vida.

Nuestros pensamientos

Nuestros pensamientos son otro aspecto importante de quiénes somos. Dios nos ha dado a todos cierta capacidad de pensar y nos ha convocado a amarlo con toda nuestra mente (Mr 12:30). Amar a Dios con toda nuestra mente es crecer en conocimiento y pensamiento, ser responsables de nuestros pensamientos y por el desarrollo de nuestra mente. Con frecuencia muchas personas no consideran en lo que están pensando. Simplemente dejan que sus pensamientos vivan dentro de su cabeza, sin observarlos ni cuestionarlos.

Dios nos convoca al pensamiento activo y al cuestionamiento. Como dice Pablo a los Corintios: «Destruimos argumentos y toda altivez que se levanta contra el conocimiento de Dios, y llevamos cautivo todo pensamiento para que se someta a Cristo» (2 Co 10:5). Cuando tomamos cautivo cada pensamiento, nos hacemos responsables y lo evaluamos. No estamos reprimiendo ni negando los pensamientos. Nos estamos apropiando de ellos. Estamos haciendo un inventario y sopesándolos. Debemos ver lo que dicen sobre el estado de nuestra mente y nuestro corazón, y desarrollarlos en la misma forma en que desarrollamos cualquier otro aspecto de nosotros mismos. Residen dentro de nuestros límites y debemos apropiarnos de ellos.

Desafiar al pensamiento distorsionado es una manera de apropiarse o de tomar responsabilidad sobre sus pensamientos. Por ejemplo, si yo pienso que usted trata de hacerme daño, aun sin siquiera haberlo conocido, debo hacerme responsable por la manera en que este pensamiento afecta mi vida. Debo decidir si existe un peligro real o si simplemente estoy paranoico. Si descubro que me falta el conocimiento que necesito en algún área de la vida, puedo apropiarme de esa carencia y buscar entendimiento en ese campo.

Los pensamientos temporarios a veces pueden indicar preocupaciones inconscientes que deben ser analizadas. Si nos encontramos pensando y soñando sobre la muerte, tal vez debamos examinar más de cerca de dónde provienen esos pensamientos. O, si con frecuencia pensamos sobre cómo vengarnos de una determinada persona, tal vez necesitemos examinar el estado de nuestro corazón.

Nuestras suposiciones sobre los demás pueden afectar negativamente nuestra relación con ellos. Un ejemplo clásico de esto sucedió cuando el niño Jesús permaneció en Jerusalén luego de la celebración de la pascua. María y José no descubrieron de inmediato su ausencia en su viaje de regreso a Nazaret (Lc 2:42-49). Cuando regresaron y lo encontraron en el templo, su madre María lo enfrentó diciéndole: «Hijo, ¿por qué te has portado así con nosotros? ... Tu padre y yo hemos te hemos estado buscando angustiados». Jesús respondió: «¿Por qué me buscaban? ¿No sabían que tengo que estar en la casa de mi Padre?».

María y José tenían una suposición incorrecta acerca de dónde estaba Jesús. La historia dice: «Ellos, pensando que él estaba entre el grupo de viajeros, hicieron un día de camino mientras lo buscaban entre los parientes y conocidos» (v. 44).

Debían haber visto dónde estaba su hijo antes de irse. Su expectativa de que Jesús los seguiría, los condujo a malos sentimientos.

Muchas veces suponemos cosas sin verificarlas y luego culpamos a otros por los resultados. Debemos hacernos responsables de nuestros pensamientos fallidos y trabajar en corregirlos. Pablo dice: «¿Quién conoce los pensamientos del ser humano sino su propio espíritu que está en él?» (1 Co 2:11). Nadie, salvo Dios, puede leer nuestros pensamientos; Dios ha construido esta frontera en la existencia humana. Sus pensamientos son sus pensamientos, y de nadie más.

Cuando nos hacemos responsables de los pensamientos de otras personas, invadimos sus fronteras; interferimos su propiedad. Si esperamos que ellos se hagan responsables de los nuestros, tenemos un problema similar.

Esta dinámica de «apropiarse» de los propios pensamientos es muy importante para establecer la identidad porque lo que pensamos es una parte fundamental de quienes somos. Si no podemos separar nuestros propios pensamientos y opiniones de otros, hemos dejado de ser una persona con nuestro propio derecho, y hemos negado algo por lo que Dios algún día nos hará responsables.

Una vez, una maestra de segundo grado de la Escuela Dominical le preguntó a la clase:

—¿Qué cosa es gris, vive en un árbol, junta nueces y tiene una cola peluda?

Ningún niño levantó la mano, así que volvió a preguntar.

—Vamos, niños, ¿qué cosa es gris, vive en un árbol, junta nueces y tiene una cola peluda?

Nuevamente, nadie se aventuró a contestar. Formuló la pregunta una vez más. Finalmente, un niño pequeño levantó la mano.

—Bien, Johnny —dijo—, ¿cuál es la respuesta?

—Bueno, en realidad me suena a que es una ardilla, pero diría de todos modos que es Jesús —dijo Johnny revolviéndose un poco en su silla.

Muchas personas, como Johnny, se encuentran condicionadas a pensar en una forma determinada en cierto contexto. Están presionados por encontrar sus pensamientos en medio de situaciones donde piensan que sus argumentos no encajan. No estamos hablando de si alguien aprobará nuestros pensamientos o no. Nuestra preocupación aquí es si incluso tenemos pensamientos fuera de los demás o no. Considerar nuestros propios pensamientos es el comienzo de la libertad y la responsabilidad.

Nuestras capacidades

Otro aspecto importante de nuestra identidad son nuestros talentos y capacidades. Dios nos ha dado a cada uno determinados talentos y capacidades, y nos hace responsables de desarrollarlos. Muchas veces las personas no exploran sus propios talentos. Aceptan las definiciones de otros acerca de ellos, sin ver si esas consideraciones encajan. A veces niegan sus propios dones y viven indirectamente a través de los dones de los demás.

Muchas personas frustradas intentan vivir sus vidas como los demás las han definido. Recuerdo a un adolescente extremadamente artístico y creativo, cuyos padres, ambos médicos, decidieron que siguiera con la tradición médica. Intentó luchar contra este rótulo sin mucho éxito; no podía percibir sus talentos fuera de los deseos de sus padres para él. Intentaba ser un doctor, pero la carrera de medicina le era muy difícil porque no tenía el talento. Finalmente terminó la carrera, pero tuvo serios problemas en la etapa de la residencia.

Solo luego de fracasar en la residencia, finalmente se separó lo suficiente de sus padres para averiguar dónde residían sus verdaderos dones. Pudo apropiarse de sus propios talentos y abandonar el sentimiento de que «debía» tener los talentos que sus padres querían que tuviera. Se labró una carrera satisfactoria en artes creativas. Pero tuvo que atravesar la ardua tarea de «descubrirse» separado de aquellos a los que amaba.

Perdemos nuestro verdadero yo cuando nos conformamos tanto a los demás que perdemos nuestra propia separación e identidad. Pablo habla de este tipo de fusión de nosotros con los demás:

«No se amolden al mundo actual, sino sean transformados mediante la renovación de su mente. Así podrán comprobar cuál es la voluntad de Dios, buena, agradable y perfecta.

Por la gracia que se me ha dado, les digo a todos ustedes: Nadie tenga un concepto de sí más alto que el que debe tener, sino más bien piense de sí mismo con moderación, según la medida de fe que Dios le haya dado. Pues así como cada uno de nosotros tiene un solo cuerpo con muchos miembros, y no todos estos miembros desempeñan la misma función, también nosotros, siendo muchos, formamos un solo cuerpo en Cristo, y cada miembro está unido a todos los demás. Tenemos dones diferentes, según la gracia que se nos ha dado. Si el don de alguien es el de profecía, que lo use en proporción con su fe;

si es el de prestar un servicio, que lo preste; si es el de enseñar, que enseñe; si es el de animar a otros, que los anime; si es el de socorrer a los necesitados, que dé con generosidad; si es el de dirigir, que dirija con esmero; si es el de mostrar compasión, que lo haga con alegría» (Ro 12:2-8).

Somos personas separadas, con identidades separadas, no debemos conformarnos con los deseos de alguna otra persona que puedan interferir con lo que Dios ha diseñado para nosotros. Debemos apropiarnos de lo que es nuestro verdadero yo y explorarlo con la gracia y la verdad de Dios.

Pedro lo dijo de este modo: «Cada uno ponga al servicio de los demás el don que haya recibido, administrando fielmente la gracia de Dios en sus diversas formas» (1 P 4:10). Jesús lo dijo de esta manera: «A uno le dio cinco mil monedas de oro, a otro dos mil y a otro solo mil, a cada uno según su capacidad» (Mt 25:15). Dios nos ha hecho a cada uno de nosotros diferentes, y somos responsables de descubrir nuestros talentos y de desarrollarlos.

Nuestros deseos

Nuestros deseos son un importante aspecto de lo que reside dentro de nuestras fronteras y cercas. Cada persona tiene deseos diferentes, ansias y sueños, metas y planes, apetitos y sed. Y, al igual que los otros aspectos de los que debemos apropiarnos, nuestros deseos claramente residen dentro de nuestro propio jardín.

Ellos conforman una parte importante de lo que significa ser creado a semejanza de Dios. Él nos ha dado muchos deseos; otros los hemos elegido. Ambos pueden ser buenos, pero algunos de ellos no lo son. En cualquiera de los casos, debemos aprender a apropiarnos de ellos para dictaminar qué está bien y qué está mal, así como para elegir entre lo bueno y lo mejor.

Cuando no reconocemos nuestros deseos, nos alejamos de lo que somos y limitamos nuestra satisfacción futura, nuestro servicio futuro a Dios y a los demás, nuestra motivación y nuestra santificación. Dios usa nuestros deseos para satisfacer sus propósitos, así como para satisfacerse a sí mismo como un dador. Piense en cuan frustrante debe ser para el mayor dador del universo, no poder darle a uno de sus hijos porque ellos no se dan cuenta que desean lo que él tiene para dar. Dios se atascaría con sus dones y perdería el gozo de dar.

Solo cuando admitimos nuestros deseos Dios puede obrar con nosotros para satisfacerlos, demorarlos, alentarnos a dejarlos de lado, o cualquier cosa que pudiera ser útil. Pero tenemos que apropiarnos de ellos antes de que él pueda hacer algo al respecto.

Santiago nombra algunas de las consecuencias de no hacernos responsables de nuestros deseos: «Desean algo y no lo consiguen. Matan y sienten envidia, y no pueden obtener lo que quieren. Riñen y se hacen la guerra. No tienen, porque no piden. Y cuando piden, no reciben porque piden con malas intenciones, para satisfacer sus propias pasiones» (Stg 4:2-3). Mezclado con muchas luchas y peleas, dice Santiago, hay dos tipos de deseos no satisfechos: los que no fueron pedidos y los que fueron pedidos por motivos incorrectos.

Un ejemplo del primero sería las personas que envidia los talentos de los demás, pero no le pide a Dios que las ayude a ir a la universidad para desarrollar los suyos propios. No tienen porque no piden. Un ejemplo del segundo tipo sería la gente que va a la universidad, no para desarrollar sus dones para el servicio sino para obtener una graduación a modo de ostentación. Un deseo de ir a la universidad es bueno, el otro no lo es. Pero de cualquiera forma, debemos apropiamos del deseo y dárselo a Dios para que obre en él.

Por un lado, Dios se deleita dándonos cosas buenas, si encajan con quien realmente somos. Un ansia satisfecha puede ser «dulce para el alma» (Pr 13:19). Ya sea que seamos arquitectos, ministros, operarios, figuras del deporte, o estemos en cualquier otra posición, podemos enorgullecemos por nosotros y por nuestra obra (Gá 6:4). Por otra parte, Dios no se deleita en ayudarnos a inflar nuestro ego. Dios satisfará nuestros deseos para avanzar en nuestro desarrollo y en su obra. Pero se necesita una relación entre nosotros y Dios para determinar qué es un buen deseo y qué es uno malo.

Por lo tanto, debemos apropiarnos de nuestros propios deseos y llevárselos a él. Esta relación es ejemplificada en muchos lugares, pero uno de mis favoritos es Filipenses 2:12-13: «Lleven a cabo su salvación con temor y temblor, pues Dios es quien produce en ustedes tanto el querer como el hacer para que se cumpla su buena voluntad». Dios obra en nuestros deseos, y necesitamos llevarlos a él a través de nuestra relación personal.

Del mismo modo, debemos apropiarnos de nuestros propios deseos en nuestra relación con otras personas. La mayoría de nosotros ha pasado por la frustrante experiencia de estar con gente que no nos dice lo que realmente quiere. Sabemos que tienen deseos y ansias, pero es difícil para ellos apropiarse de los mismos. Si les preguntamos dónde quieren comer o qué película quieren ver, por ejemplo, dicen: «No importa. Lo que tú elijas está bien». Si les preguntamos qué trozo de pastel quieren, dicen: «Elige tú». Es fácil ver su descontento cuando elegimos el restaurante, la película o el pastel «equivocado», pero ellos no se apropian de sus deseos. Nos hace sentir muy incómodos. Tememos que se resientan con nosotros por salirnos siempre con la nuestra. Para que toda relación sea fructífera, dos personas separadas deben trabajar sobre lo que les gusta y lo que nos les gusta en forma particular, dando y recibiendo. Este dar y recibir construye el amor y la intimidad, y un conocimiento de la persona real que somos en una relación. Si una persona nunca se «apropia» de sus deseos, entonces la intimidad y el conocimiento de esa persona se ven limitados. Aquellos que no se definen a sí mismos permanecen como «no personas».

Apropiarnos de nuestros deseos también nos da un sentido más fuerte de dónde estamos con respecto a las cosas y a otras personas. Cuando estamos con gente que es clara acerca de lo que desea, obtenemos una forma de ser con entidades sólidas. Su personalidad tiene definición y bordes. Estos bordes no tienen por qué ser ásperos o dolorosos, pero deben estar presentes de todos modos. Si las personas no se definen acerca de sí mismas, tenemos poco sentimiento de haber estado con ellas.

Además, apropiarnos de nuestros deseos nos ayuda a alcanzar nuestras metas en la vida. «Al que trabaja, el hambre lo obliga a trabajar, pues su propio apetito lo estimula» (Pr 16:26). Advertir nuestros deseos nos motiva hacia cualquier meta. Las personas en todas las épocas han perseguido sus sueños y han seguido sus deseos, y esto ha conducido a una vida mejor para todos nosotros. El autor de Eclesiastés lo dice de este modo: «Sigue los impulsos de tu corazón y responde al estímulo de tus ojos, pero toma en cuenta que Dios te juzgará por todo esto» (11:9). Se nos convoca a ser conscientes de nuestros deseos, y al mismo tiempo incluir a Dios al programar nuestros planes y metas.

Nuestras opciones

El siguiente aspecto de la identidad del cual debemos ser conscientes y adueñarnos como parte de nuestra propiedad son nuestras opciones. Solo porque esta característica figure muy por debajo en la lista no significa que es menos importante que las demás. Nada más lejos de la verdad. Las opciones son los cimientos sobre los cuales se construyen los límites. Pero nuestras opciones no son opciones verdaderas a no ser que seamos conscientes de todos los aspectos de nuestra identidad que ellas comprenden: nuestros sentimientos, actitudes, conductas, deseos y pensamientos. Para tener y apropiarnos de las opciones, debemos darnos cuenta de todos los aspectos de nosotros mismos que forman parte de una decisión. Además, debemos ser conscientes de que estamos optando acerca de casi todo lo que hacemos.

Tomemos a Sandy, por ejemplo. Si quiere celebrar el día de acción de gracias con sus amigos, pero siente que su madre «la está haciendo» ir a su casa, podría no sentirse responsable por no pasar ese día con sus amigos. Puede sentir que su madre fue la responsable por hacer que ella se lo perdiera. En realidad, la madre de Sandy no tenía un arma apuntándole en la cabeza «obligándola» a ir a su casa. Sandy eligió complacer a su madre en lugar de a sí misma, pero como ella no se da cuenta de que tiene una opción, culpa a su madre y está resentida con ella por su propia elección. Sandy eligió ceder su libertad; necesita hacerse responsable de los sentimientos que su opción le han dejando.

Pablo es muy claro acerca de esta dinámica: «Cada uno debe dar según lo que haya decidido en su corazón, no de mala gana ni por obligación, porque Dios ama al que da con alegría» (2 Co 9:7). Cada vez que damos algo, ya sea dinero, tiempo, energía, talentos o posesiones, debemos dar solo lo que hemos decidido en nuestro corazón. Somos los que deciden dar, y debemos pensar y apropiarnos de esa decisión. Para decirlo de otro modo, debemos darnos cuenta que hemos dado «con voluntad». Si no lo hacemos, entonces estamos dando con un sentido de obligación o compulsión, porque sentimos que «debemos hacerlo».

Pocas dinámicas en la vida tienen más potencial para arruinar a las personas que esta. Solo la supera el aislamiento. Si no sentimos que tenemos una opción, percibimos que no tenemos el control de nuestra vida, y nos resentimos con quienes percibimos que tienen control sobre nosotros. Es lo opuesto a la libertad y lo opuesto al amor.

Las opciones tienen dos direcciones: sí y no. Podemos optar por hacer algo o podemos optar por no hacerlo. Podemos optar por darle a alguien o podemos optar por no dar. En cualquiera de los casos, somos responsables de las consecuencias. Esta es la esencia de tener un sentido de límites y la piedra angular del amor.

Muchas personas dan por obligación y compulsión, lo que conduce al resentimiento. Van a almuerzos a los que no pueden decir que «no»; dedican fines de semana a cosa que no desean; dan a los demás tiempo y energía motivados por la culpa y no por el amor.

Estas acciones pueden conducir al síndrome del mártir, en el que las personas sacrifican sus propios deseos para despertar sentimientos de lástima o culpa en los demás. Los padres sacrifican tiempo y dinero por sus hijos, y luego intentan hacerlos sentir culpables: «Bueno, si no fuera por el pago de tus estudios, podríamos haber viajado más o pudiéramos haber tenido una casa o un automóvil más lindo». Esto hace a los hijos sentirse culpables por su mera existencia, como si de alguna manera tuvieran el poder de arruinar la vida de sus padres aceptando el «regalo» de su educación.

Recuerdo a una mujer que su madre casi siempre le rogaba que pudiera cuidar a sus hijos y luego se quejaba por el inconveniente durante las semanas venideras. No podía reconocer que ella había optado por ocuparse de los niños y que su hija no la había «obligado» a hacerlo.

Además, negamos que tenemos opciones acerca de cómo dedicamos nuestra vida y nuestro tiempo. Podemos quejarnos acerca de cuan aburridos estamos, pero no aceptamos la responsabilidad de aprender una nueva habilidad o un pasatiempo. Podemos enfadarnos con nuestro pastor, pero no nos hacemos responsables de escribirle una carta, formar parte de la junta de la iglesia o de buscar otra iglesia.

En efecto, hay algunas cosas en la vida sobre las cuales no tenemos control, pero siempre tenemos una opción acerca de cómo vamos a responder a esas cosas. Nuestras opciones determinan nuestro rumbo en la vida, pero si no nos apropiamos de este hecho no sabemos a dónde nos dirigimos, y nos molestamos al ver dónde terminamos como si fuera la falla de otra persona.

En la historia de los trabajadores contratados en diferentes horarios, el enojado intentó negar la opción que había tomado para trabajar por determinado monto. El dueño del viñedo responde a su queja: «Amigo, no estoy cometiendo ninguna injusticia contigo. ¿Acaso no aceptaste trabajar por esa paga?» (Mt 20:13). En otras palabras: «¿No elegiste trabajar por ese salario? Esa opción es tu responsabilidad. Aprópiate de ella». Quejarse y acongojarse sin intentar hacer nada con respecto a una situación es la esencia de la opción negadora, y nos hace impotentes y resentidos.

Dios quiere que nos apropiemos de nuestras opciones y que así nos demos cuenta de quiénes somos. Josué lo dijo claramente:

> «Pero si a ustedes les parece mal servir al Señor, elijan ustedes mismos a quiénes van a servir: a los dioses que sirvieron sus antepasados al otro lado del río Éufrates, o a los dioses de los amorreos, en cuya tierra ustedes ahora habitan. Por mi parte, mi familia y yo serviremos al Señor» (Jos 24:15)

Luego continúa describiendo qué opción significativa es esta y cuáles serían las consecuencias de cada opción.

No hacer una opción es hacer una opción. Dios nos hará responsables por cada opción que hagamos, incluso cuando no pensamos que la estamos haciendo.

«Pero yo les digo que en el día del juicio todos tendrán que dar cuenta de toda palabra ociosa que hayan pronunciado» (Mt 12:36). Podemos pensar que alguna acción o palabra es insignificante, pero todo lo que hacemos tiene significado, todo lo que hacemos o no hacemos, da sus frutos. Tenemos una opción: «Si tienen un buen árbol, su fruto es bueno; si tienen un mal árbol, su fruto es malo. Al árbol se le reconoce por su fruto» (v. 33). Nuestra vida tiene fruto; no tenemos opción acerca de eso. No obstante, tenemos una opción acerca de la naturaleza de los frutos que damos al optar por apropiarnos de nuestro «árbol», nuestro corazón, y permitir que Dios obre en él.

Nuestros límites

Cuando examinamos nuestras fronteras, descubrimos nuestros límites. Así como nuestro jardín tiene fronteras físicas, nuestra vida (emocional, sicológica y espiritual) también tiene límites. Dios nos ha diseñado a su semejanza con una excepción: él es infinito y nosotros somos finitos. Esta verdad tiene serias implicancias para nuestra idea de fronteras.

Todos poseemos una cantidad finita de capacidad, tiempo, dinero, energía y demás. No obstante, las cantidades no son estáticas. Podemos obtener más o menos a medida que transcurre el tiempo, pero sigue siendo cierto que, en un momento dado, tenemos cantidades fijas. Los límites salariales que podemos gastar. Los límites del nivel de energía acerca de cuáles proyectos podemos emprender.

Muchas personas no se hacen responsables de sus límites y se extienden demasiado. Lleva tiempo aprender nuestras limitaciones en las diversas áreas de la vida, pero pueden aprenderse si somos conscientes de nuestros sentimientos, actitudes y conductas. Si nos sentimos con demasiado peso, debemos darnos cuenta dónde hemos excedido nuestros límites y decir que no. A veces, no conocemos los límites de nuestro amor, y amamos mucho más de lo que deberíamos.

Otras personas tienen límites demasiado estrechos. «Siembran escasamente» como dice Pablo en 2 Corintios 9:6. No extienden sus fronteras lo suficiente como para dar lo que pueden dar. Restringen muy apretadamente sus sentimientos, actitudes, conductas, pensamientos y opciones. Estrechan su percepción de lo que pueden hacer. Muchos cristianos no aprovechan la cantidad de espacio que Dios les ha dado para experimentar todo lo que está dentro de ellos. Piensan, como oí decir a un hombre con antecedentes legalistas, que «toda sensación más fuerte que la picazón es pecaminosa». No extienden los límites de sus sentimientos, así estrechan su experiencia de la «semejanza de Dios».

Podemos errar en cualquiera de las direcciones. En los primeros dos capítulos comprendimos que se necesita mucha gracia, verdad y práctica en el tiempo con los demás para descubrir nuestros límites y para hacernos responsables de ellos. Esta es la vida equilibrada. No debemos extendernos mucho ni demasiado poco. Si estamos atravesando una etapa de depresión, por ejemplo, debemos darnos cuenta que tenemos cantidades limitadas para dar, y recortar de acuerdo a esto. Si estamos en una temporada de «riqueza de amor», tenemos mucho para dar. Se necesita una evaluación responsable ante Dios para determinar nuestras limitaciones.

Un aspecto importante de advertir nuestras fronteras es limitar los efectos que producen los demás sobre nosotros. Si alguien pide demasiado de nosotros, debemos trazar la línea en cuanto a lo que damos y lo que no ciamos. Si alguien es abusivo con nosotros, debemos fijar un límite. El experto en familia, Dr. James Dobson, en su libro *Love must be Tough* [*El amor debe ser fuerte*], denomina a esto una «línea de respeto». Básicamente significa: «No me permitiré a mí mismo ser tratado de este modo».

Si nuestro vecino arrojara basura en nuestro jardín, lo enfrentaríamos o llamaríamos a la policía. Debemos hacer lo mismo si alguien cruza nuestros límites de tiempo y energía.

Afirmaciones negativas

Gran parte de nuestra identidad proviene de las afirmaciones positivas de quiénes somos. Cuando decimos cosas como: «Amo los deportes» o «Creo que Jesús es el Señor», estamos afirmando verdades positivas acerca de quiénes somos. Somos amantes del deporte y cristianos.

También hemos visto cómo Dios afirma su identidad diciendo quién es él y quién no es. Así como Dios describe sus fronteras con enunciaciones negativas, también lo hacemos nosotros. Cuando digo: «Odio la injusticia», estoy diciendo en contra de qué estoy, y es una enunciación importante de la identidad. Si digo: «No me gusta la ciencia», estoy haciendo una enunciación de identidad tan importante como cuando digo: «Amo la filosofía».

Muchas personas no están en contacto con sus experiencias «yo no». El muchacho que no tenía talento para la medicina no afirmó con la suficiente firmeza lo que no era. Debía gritar con todos sus pulmones: «Odio la medicina», hasta que alguien finalmente lo oyera. Las afirmaciones negativas siempre vienen en una forma u otra. Esta vino en su mala actuación en la universidad y en su fracaso en la residencia. Las afirmaciones negativas son una realidad. Así como debemos ser responsables por lo que reside dentro de nuestras fronteras, debemos admitir lo que reside afuera.

Un bello ejemplo de afirmación negativa se encuentra en la historia que Jesús contó acerca de dos hijos que trabajaban para su padre:

«¿Qué les parece? —continuó Jesús—. Había un hombre que tenía dos hijos. Se dirigió al primero y le pidió: "Hijo, ve a trabajar hoy en el viñedo". "No quiero", contestó, pero después se arrepintió y fue. Luego el padre se dirigió al otro hijo y le pidió lo mismo. Éste contestó: "Sí, señor"; pero no fue. ¿Cuál de los dos hizo lo que su padre quería?

—El primero —contestaron ellos. Jesús les dijo:

—Les aseguro que los recaudadores de impuestos y las prostitutas van delante de ustedes hacia el reino de Dios» (Mt 21:28-31).

En efecto, el segundo hijo no sabía realmente quién era. No quería trabajar en el viñedo, pero no podía decir «no voy a ir». Entonces, estaba fuera de contacto consigo mismo. El primero, por decir que «no» estaba lo suficientemente en contacto para decir «sí» más tarde. Este tipo de persona puede decir que «no», y luego su «sí» significa algo. Debemos estar en contacto con nuestro «no» y controlarlo, o él nos controlará a nosotros. El segundo hijo no pudo apropiarse de su «no», entonces este se apropió de él. Los «no» siempre salen en alguna forma o de alguna manera. En su caso fue en su dilación.

Algunas afirmaciones negativas serían: «No, no me gusta hablar ante el público». «No, no me gusta cuando me haces bromas frente a otras personas».

«No, no trabajaré por esa cantidad». «No, no permitiré que se digan palabrotas en esta casa». «No, no me gusta la cocaína». «No, no quiero que me toques ahí».

«No, no estoy de acuerdo con su teología». «No, no me gusta esa película, o restaurante o lo que sea».

Al estar en contacto con nuestra experiencia «yo no», nos definimos más ante los demás y el mundo. Si no podemos decir lo que no somos, no tenemos esperanza de santidad, porque no podemos odiar el mal y separarnos de él. Las personas con fronteras débiles no pueden rechazar lo que no es de ellos. Sería como una piel que no rechazara los cuerpos extraños: la sangre estaría infectada para siempre. Si no podemos decir «no nosotros» con relación a todos los elementos anteriormente mencionados: nuestro cuerpo, sentimientos, actitudes, comportamientos, pensamientos, capacidades, opciones, deseos y límites, no podemos mantener lo malo fuera de nuestra alma. Poseemos cosas que no pertenecen a nuestras fronteras, algunas cosas buenas que no pertenecen allí y algunas cosas malas que no pertenecen a ningún lado. En cualquiera de los casos, estas cosas «no son yo».

Para Sandy, una enunciación «no soy yo» sería: «Madre, te quiero, pero no deseo pasar este día de acción de gracias en casa. Quiero estar con mis amigos». Si su madre se enojara, Sandy podría afirmar: «Lamento que te enojes conmigo, pero eso es algo que tendrás que manejar. Deberás hacer otros planes para ese día. Yo no estaré allí».

Esto suena cruel, pero esta afirmación directa puede ser necesaria con personas controladoras que no se hacen responsables de sus propias desilusiones. En realidad esta enunciación ayuda a Sandy más que a su madre. La ayuda a darse cuenta de quién es responsable de qué. Si su madre es tan controla dora que culpa a su hija por sus desilusiones, probablemente no oiría de todos modos.

Es sumamente importante poder hacer afirmaciones negativas. Debemos poder decir qué «no soy yo» a fin de tener un «yo». Lo que nos gusta no tiene significado a no ser que conozcamos qué no nos gusta. Nuestro sí no tiene significado si nunca decimos que no. La profesión elegida no tendría pasión si «cualquier otra sirviera». Nuestras opiniones y pensamientos significan muy poco si no hay nada con lo que estemos en desacuerdo.

CAPÍTULO SIETE

Cómo desarrollar los límites

Jane vino a la terapia debido a sus «ataques de pánico». El creciente hábito de beber de su esposo ocasionaba problemas en el hogar. Ella intentaba ser amorosa y brindarle apoyo, pero no servía de nada; solo empeoraba las cosas.

Había comenzado a leer algunos libros sobre cómo fijar límites al comportamiento abusivo y cómo no ser permisiva. Se dio cuenta que tenía que decir que no al comportamiento de su esposo y a veces esto significaba dejarlo solo cuando se iba de parranda.

Sin embargo, cuando empezó a poner límites a la conducta de él, experimentó un severo pánico. Se sentía como si se «estuviera cayendo en un agujero». Temblaba y sentía terror. Se sentía como si una soledad terrible la fuera a «tragar».

Cuando comenzó a comprenderse mejor descubrió que no tenía un muy buen vínculo dentro de ella. Estaba aislada internamente; no tenía la capacidad de mantener conexiones emocionales con otras personas en ausencia de su esposo, lo que anteriormente denominamos «constancia emocional del objeto». Si no estaba en presencia de la persona querida, se sentía horriblemente sola.

Si se separaba de su esposo, sentía pánico. Pero si se quedaba con él, permitía su conducta abusiva. Se encontraba en una encrucijada que muchas personas abusadas experimentan.

Literalmente «no pueden vivir con él, y no pueden vivir sin él». No pueden vivir con él por el abuso y no pueden vivir sin él por el aislamiento.

Jane aprendió una lección crucial: *debe haber un vínculo interno para que uno sea capaz de establecer límites.* Sin él, los límites, según fueron definidos, no pueden existir. Son límites sin amor, y eso es el infierno.

A medida que Jane comenzó a entender por qué no podía fijar ni mantener límites sobre la conducta de su esposo, comenzó a trabajar en su falta de apego a los demás. Se unió a un grupo de Alcohólicos Anónimos y estableció relaciones de apoyo con otras personas que reforzarían su fijación de los límites en cuanto a su exposición a la conducta de su esposo. Descubrió que podía tener un sentido de separación sin aislamiento y que, porque fijara límites, no significaba que tenía que vivir sin amor. Su grupo de apoyo estuvo con ella en su separación.

Jane ya no permitió el comportamiento abusivo de su esposo. Antes, debido a su falta de vínculos con los demás, hacía casi todo lo que él quería, y lo llevaba hasta las últimas consecuencias. Cuando obtuvo apoyo de afuera, ella pudo detener su abuso y él se vio obligado a arreglárselas por su cuenta. Tuvo que darse cuenta de que su comportamiento estaba ocasionando que estuviera solo, y por primera vez, tuvo que sufrir las consecuencias de su propia conducta. Las consecuencias son las que cambian la conducta, y antes, Jane no podía dejarlo sufrir las consecuencias de ese momento.

Gradualmente, comenzó a estar sobrio y pudieron tratar sus problemas. Pero sin la intervención de un grupo que le manifestara sus necesidades de vinculación, Jane no hubiera podido establecer la separación ante el mal comportamiento de su esposo. La vinculación siempre debe preceder a la separación.

Vinculación

La vinculación es la primera etapa y la más importante pan el crecimiento. Debemos estar relacionados con los demás pan estar vivos. Esta es la unidad que sirve de base al aspecto relacional de la imagen de Dios.

Si alguien no puede apegarse, entonces la separación no tiene significado. Es un no sin un sí. Debemos poder ser «una parte» de alguien o de algo antes de que podamos «apartarnos». El apego nos da la seguridad y la fortaleza para separarnos.

La reconciliación con la relación es el primer paso para establecer intimidad con Dios. «Les escribo a ustedes, queridos hijos, porque sus pecados han sido perdonados por el nombre de Cristo» (1 Jn 2:12). El primer paso es el perdón, que nos conduce a la vinculación.

Al observar cómo se desarrolla una persona, vemos que el primer año es de vinculación. Durante ese tiempo hay muy poca separación y alegación. Ese año coloca el cimiento para estar «arraigados y cimentados en el amor» (Ef 3:17), y nos dará la seguridad y el sentido de conexión necesarios para atreverse a la separación. Nunca podremos separarnos verdaderamente de alguien si primero no estuvimos vinculados.

Separándonos

Luego de un año de vínculo y apego, el proceso de separación se inicia. El niño desarrolla nuevas habilidades maravillosas, llamadas procesos secundarios porque se desarrollan en forma secundaria a los procesos primarios de sentimiento y amor.

Los procesos secundarios promueven la separación y la identidad; se basan en la movilidad, el desarrollo del lenguaje, el desarrollo del pensamiento y el pensamiento basado en el lenguaje, la consciencia de las consecuencias y la ley de causa y efecto, una mayor gama de conductas, conciencia de una separación física y emocional creciente y los inicios del proceso de la «voluntad». Puesto que estas parecen ser cosas maravillosas, ¡es extraño que alguien denomine a esto los «terribles dos»! (Oí a una amiga denominar a esta época los «terribles dos». Ella disfrutó el proceso de desarrollo de la autonomía y separación de su hijo. Fue un comentario refrescante para oír.)

A medida que se desenvuelven estos procesos, todo el mundo gira alrededor del niño y la madre. Lo que antes era en gran parte una unidad se vuelve una relación entre dos personas separadas. Piense en la forma maravillosa en que Dios ha diseñado el proceso: se establece confianza y relación en un período inicial de vinculación, y a partir de esta confianza se empieza a elaborar la separación que no aterroriza debido al vínculo. Es la base para lo que Dios llama vínculo de servidumbre en el Nuevo Testamento. Debido a nuestro amor por Dios, él puede darnos la libertad de nuestra separación. La relación nos mantiene «a raya». El amor nos contiene.

Al establecerse el amor entre un niño y su madre, el niño comienza lentamente a elaborar su sentido de separación de ella. Comienza a darse cuenta de sus límites y de un sentido de separación de la madre.

Empieza a descubrir qué es «yo» y qué es la madre. A medida que el niño obtiene la capacidad de movilizarse, comienza a alejarse de la madre. Está aprendiendo a tener una vida propia, aunque pequeña. Está explorando el mundo «alejado» del que una vez «formó parte». Las facultades de desarrollo ayudarán en este proceso. Al ganar movilidad, puede alejarse de su madre por sus propios medios. Puede aventurarse, y toda la separación, por primera vez, no es ocasionada por ella. Es causada por sus deseos de alejarse y explorar por sí mismo.

A medida que crece su capacidad de pensar, puede manejar mejor el mundo que está explorando y hasta puede empezar a ponerle nombre a las cosas. Comienza a ordenar su mundo. Se da cuenta de cómo son las cosas y de qué manera usarlas para lograr sus metas. Puede hablar acerca de ellas, pedirlas, exigirlas, gritar cuando no las obtiene. Está aprendiendo a pensar y a hablar en un mundo apartado de su madre.

Al mismo tiempo, está aprendiendo una mayor separación de su madre en otras formas. Aprende que cuando camina, a veces se cae como resultado de sus acciones, no de las de ella. Cuando tropieza o descubre cosas, siente el dolor de caerse o la alegría del descubrimiento; mientras la madre comparte estas experiencias con él, el niño aprende a valorarlas y a apropiarse de ellas.

Del mismo modo, aprende que tiene ciertas capacidades para hacer las cosas. Este es el inicio de la aptitud y de la búsqueda de metas. Junto con eso, aprende que hay limitaciones en lo que puede hacer y que a veces necesita ayuda. Un aspecto importante de los límites es sentir el enorgullecimiento y el logro de su conducta separada, así como sus consecuencias. Debe aprender que hay límites con respecto a lo que le será permitido, y que hay consecuencias de su omnipotencia. Gradualmente está aprendiendo a interactuar con el mundo.

El niño aprende que puede querer algunas cosas y obtenerlas, ya sea por sus propios esfuerzos o a través de la ayuda de alguien, pero que no obtendrá todo lo que quiere. Se están creando fronteras internas sobre los deseos.

Se da cuenta de que es responsable de sus opciones. Si elige golpear a su hermana, por ejemplo, hay consecuencias. Si opta por cruzar la calle, hay consecuencias. (Esta es una descripción de un proceso de separación, no de la disciplina del niño. Por lo tanto, no me detendré en las consecuencias específicas para las conductas en las diversas edades.) Si camina hacia la ventana, experimenta la buena consecuencia de ver una hermosa flor. Descubre la ley de causa y efecto: «Mis opciones de moverme me pueden dar placer». Al mismo tiempo, las opciones pueden acarrear dolor: «Cuando elijo tocar la estufa, duele».

A través de toda acción, sentimiento y opción, el niño llega a una conciencia creciente de que él, no su madre, es responsable de estas cosas. También aprende que sus pensamientos y sentimientos no son siempre los mismos que los de su madre. Puede pensar que es una gran idea permanecer más tiempo jugando, pero ella piensa que ha llegado la hora de la siesta. Tal vez no quiera bañarse, pero su madre quiere hacerlo. Si se le permite tener sus pensamientos y deseos sin que todos ellos sean gratificados, aprende a apropiarse de lo que piensa, siente y elige, sin estar fuera de control. Este es el delicado equilibrio entre que le permitan «ser todo lo que es» y no poder ser «todo lo que se puede ser». Este es el equilibrio de poder tener un yo sin estar centrado en sí mismo.

Los fracasos en el desarrollo de los límites se producen en ambos extremos. Los límites de algunas personas son confusos porque no se les permite apropiarse de sus sentimientos, pensamientos y conductas, de manera que nunca se apropian de quiénes son. No saben cómo tratar más tarde con estas cosas; no tienen ningún mapa. Otras personas, no suficientemente limitadas en sus sentimientos, pensamientos y conductas, piensan que son los únicos que importan. Estos dos últimos tipos de personas se convierten, los unos en demasiado responsables, y los otros en demasiado poco responsables. (¡Por lo general se encuentran y se casan!)

Incremento de la separación

A partir del segundo año de vida en adelante, los vínculos y la separación deben ir de la mano. Cuando los niños llegan a los cuatro o cinco años de edad, incrementan la separación para incluir cada vez más personas en su mundo. Aprenden a relacionarse con dos personas por vez en lugar de solamente una. Tienen compañeros de juego y amigos del jardín de infantes, así como cada vez más experiencias. Su mundo fuera de los apegos primarios está creciendo y puede soportar estar lejos de ellos durante más de veinte minutos. Pueden pasar todo un medio día en el jardín de infantes y disfrutarlo, en lugar de parecerles abrumador.

A medida que se desarrollan las capacidades, las conductas y los sentimientos, la separación se extiende al mundo de la escuela. Tienen cada vez más responsabilidad al apropiarse de más cosas dentro de sus fronteras. Más adelante, se van de la casa y consiguen un trabajo o van a la universidad. Los que van a la universidad finalmente salen de la seguridad de la misma para pasar al «mundo real». Todo el tiempo aprenden cómo mantenerse en una relación, pero aumentan la capacidad de ser una persona separada de los que se vinculan con ellos. Esto les permite tener vidas plenas y productivas y ser personas relaciónales. El amor y el trabajo se unen a través del equilibrio del vínculo y la separación.

Cuando fallamos en el desarrollo de los límites

La posesión es crucial para crear límites. Por un lado, las personas a las que no se les permiten adueñarse de sus propios pensamientos, sentimientos, actitudes, conductas, deseos y opciones nunca desarrollan un verdadero sentido de la responsabilidad. Continúan teniendo conflictos entre los vínculos y la separación. No saben cómo tener una relación y al mismo tiempo estar separadas. No saben que cada persona es responsable de cada uno de los elementos que están dentro de sus fronteras.

Por otra parte, las personas que se apropian de los pensamientos, sentimientos, actitudes, conductas, deseos y opciones de otras personas, extienden demasiado lejos sus límites invadiendo la propiedad de otras personas. Esto es lo que sucedía con Sandy y su madre. El tiempo de Sandy le pertenece a ella; el tiempo de su madre le pertenece a su madre. Sin embargo, Sandy nunca aprendió a limitar a su madre. Durante años le permitió a su madre pensar que ella también era dueña de su tiempo. Sandy no era libre de darle tiempo a su madre como ella se «proponía» en su corazón; estaba «obligada e impelida» a darle a la madre lo que ella sentía que de todas maneras era suyo: la vida de Sandy. El deseo de controlar la vida de otra persona y no permitir su separación es un grave destructor de la relación. Es la fuente de la mayoría de las peleas entre padres e hijos, peleas entre amigos, rupturas matrimoniales, conflictos laborales y peleas con Dios que cualquier otra dinámica.

En la caída, nuestras fronteras fueron destruidas. Puesto que ya no tuvimos gracia, no pudimos decir la verdad acerca de quién era dueño de qué. Adán dijo que era culpa de la mujer, no de él. Ella «causó» que él lo hiciera. Eva dijo que fue culpa de la serpiente, no de ella, puesto que la serpiente «la obligó a hacerlo». No pudieron admitir que sus propios deseos, actitudes y conductas condujeron a sus opciones. No se hicieron responsables de sí mismos. Quisieron comer la fruta y parecerse a Dios. Pensaron que tenían que tener lo que quisieran y que Dios realmente no sabía qué era bueno para ellos. Eligieron llegar más allá de sus fronteras asignadas. Y Dios los hizo responsables por todas estas opciones.

A partir de la caída, todos hemos tenido dificultades en apropiarnos de lo que es nuestro. Dejamos de poseer lo que es nuestro e intentamos poseer lo que le pertenece a los demás. La madre de Sandy no reconoció como propia su responsabilidad de criar a una hija que crecería y abandonaría a sus padres, adhiriéndose a otros en la adultez. No reconoció como suya la responsabilidad por su desilusión si Sandy no fuera a su casa el día de acción de gracias. Así como el niño de dos años debe tratar con su desilusión por no poder estar despierto toda la noche con mamá, la madre de Sandy debía tratar con su desilusión de no pasar un día de acción de gracias como ella quería. La madre de Sandy también trató de apropiarse de cosas que no eran de ella, como el tiempo y el curso de la vida de Sandy.

Los padres, los niños, los amigos y los cónyuges con frecuencia tienen problemas para resolver esto. Hay dos voluntades en cualquier relación, de manera que hay que hacer concesiones si se busca el amor y la responsabilidad. Vi una etiqueta adhesiva que decía: «Si amas algo, déjalo libre. Si realmente te ama, regresará. Si no, ¡CÁZALO Y MÁTALO!» Todos nos sentimos de esta forma en diversos grados. Tal vez deseamos que aquellos que amamos puedan hacer sus propias opciones, pero muchas de ellas nos limitarán de alguna manera. Y cuando lo hacen, naturalmente no queremos tratar con esas limitaciones en forma responsable. Preferimos culpar.

Si Sandy elige pasar el día de acción de gracias con sus amigos, su madre tendrá que elegir tratar con sus deseos limitados por las opciones de Sandy. Lo sano sería lamentarse por este deseo y planear algún tipo de festividad satisfactoria alejada de su hija. En cambio, probablemente culpe a Sandy y se haga la víctima, llorando acerca de cómo su hija le arruinó el día.

Es fácil decir que amamos a los demás, pero es difícil permitirles la libertad inherente al amor. Cuando ellos no quieren hacer lo que nosotros queremos que hagamos, entonces «los cazamos y los matamos» en diversas formas. Lloramos, gritamos enojados, enviamos mensajes culposos e intentamos controlarlos. Estas acciones matan la libertad y la voluntad, y finalmente, matarán el amor. El amor no puede existir sin libertad, y la libertad no puede existir sin responsabilidad. Debemos apropiarnos y hacernos responsables por lo que es nuestro y eso incluye nuestra desilusión por no obtener lo que queremos de otra persona. La desilusión que proviene de nuestros seres queridos que ejercen su libertad es responsabilidad nuestra. Debemos tratarla. Es la única forma de mantener vivo el amor.

Esto se aplica incluso cuando la libertad de los demás los lleva a pecar en contra de nosotros. El dolor que sentimos no es nuestra culpa, pero es nuestra responsabilidad tratarlo. Sandy no estaba pecando contra su madre. Su madre estaba pecando contra ella, puesto que estaba envidiando la vida de Sandy. Pero, muchas veces las personas sí pecan contra nosotros cuando ejercen su libertad, y somos responsables de tratar con el dolor. Si no lo hacemos, nos atascaremos en una postura de culpa, impotentes contra su pecado. Esta mentalidad de «víctima» hace que muchas personas queden atascadas en su dolor.

El esposo de Jane estaba pecando contra ella al beber hasta un límite que afectaba a la familia. El pecado era su responsabilidad; el dolor que ella sentía era culpa de él. Pero ella era responsable por tratar con el dolor que él le estaba causando, e hizo un trabajo maravilloso. Por cierto, ella dijo: «No puedo controlar su comportamiento, pero puedo hacerme responsable por la forma en que me afecta a mí y a esta familia. Puedo apropiarme del dolor y la pena, y usarlos para motivarme a cambiar la manera en que trato con él. De esta forma, puedo limitar los efectos de su conducta sobre mí».

Ella trató con su dolor y enojo. Cuando se sentía aislada, se hacía responsable de eso. Al hacerlo, ya no estaba bajo el control y el poder de su esposo; encontró la felicidad en un grupo de apoyo fuera de él. Porque se hizo responsable de su dolor, encontró la libertad. Y un efecto colateral favorable fue que su esposo cambió su comportamiento. Sin embargo, muchos no asumen la responsabilidad por sus vidas. (Nuevamente, no estoy diciendo «culpa», estoy diciendo responsabilidad. No es mi culpa si me choca un camión, pero es mi responsabilidad volver a aprender a caminar. Nadie puede hacerlo por mí, pero me pueden ayudar. Debo apropiarme de mis piernas lastimadas y comenzar a ejercitarlas). Permanecen atascados porque quieren que los demás cambien. Quieren que los demás hagan mejor las cosas, y con frecuencia esas personas no lo harán. Como resultado de ello, son esclavos de los demás. La libertad proviene de hacerse responsable; la esclavitud proviene de dejarla a un lado. Muchas esposas de alcohólicos no harán lo que hizo Jane, sino que continuarán culpando a alguien más por su desgracia. Esta es la esencia de la impotencia.

Recuerdo a una mujer cuyo esposo la dejó de un día para otro con cuatro niños pequeños. Lo que él hizo fue horrible; ella tenía todas las razones del mundo para sentirse traicionada, enojada, abandonada, deprimida y abrumada. Mientras ella expresaba esos sentimientos de «mira lo que él me ha hecho», no había movimiento. Estos son sentimientos naturales cuando alguien ha pecado en contra de uno, pero deben gradualmente conducirnos a un sentido de apropiación de la situación y a liberar el dolor por la pérdida. Esto no sucedía. Ella no oía ninguna sugerencia acerca de que debería hacer algunas cosas para salir de la situación en que él la había dejado. Se enojaba conmigo por sugerirle que tenía el poder para optar por algunas elecciones que la ayudaran. En cambio, todo lo que quería era apropiarse del derecho a culparlo por la situación. Durante mucho tiempo continuó culpando, y finalmente dejó la terapia. Mucho después me enteré que seguía culpando... y que seguía sintiéndose desgraciada.

Estaba en la misma situación en que otros se encuentran, pero con resultados muy diferentes. Estas personas atraviesan también la etapa de culpar a otros, porque eso es necesario. Parte del proceso del perdón consiste en llamar pecado al pecado. Debemos confesar cómo han pecado en nuestra contra para poder perdonar. No obstante, luego de un período apropiado de culpa, debemos comenzar a hacernos responsables del lío en que nos dejó el pecado de la otra persona. Nuestra situación es parte de nuestra propiedad; debemos hacerla nuestra y tratar con nuestros sentimientos, actitudes y conductas para salimos del problema aunque no lo hayamos causado.

El esposo de Bobbie «la dejó por su secretaria». Fue abandonada con tres niños pequeños y sin sostén para sus hijos ni muchas habilidades comerciales. Virtualmente él le robó todo en el divorcio. Ella fue verdaderamente victimizada y maltratada. Hizo todos los intentos por reconciliarse y por trabajar en la relación, sin efecto alguno.

Cuando quedó claro que el matrimonio se había terminado, ella se sintió devastada. Veinte años de matrimonio habían terminado del día a la noche, y Bobbie se encontraba en circunstancias penosas. No había ido a la universidad durante dos décadas y había hecho mayormente trabajos de voluntaria, con algún otro empleo mínimo. Su depresión era grave, y sus necesidades financieras, peores.

Pero luego de reconocer la realidad del pecado que se cometió en su contra y de procesar sus sentimientos, comenzó a apropiarse de su compromiso. Aunque no lo había ocasionado, era responsable de tratar con ello. Salió de la etapa de culpa y empezó a ocuparse. Hizo arreglos para tomar algunos cursos por la noche mientas trabajaba de día. Se conectó con otros padres y madres solteros en su iglesia para compartir las cargas de cada uno. Hizo algunos trabajos creativos de tiempo parcial que no la alejaban de sus hijos.

Luego de un buen tiempo, termino sus clases y pudo volver a tener una buena situación financiera. Había creado un nuevo círculo de amistades y había desarrollado varios vínculos de apoyo con las personas. Asistió a talleres sobre la recuperación del divorcio y el trato de las emociones dolorosas; aprendió acerca de los patrones que la habían llevado a elegir a alguien como su esposo, y también las maneras que lentamente le había permitido a él para aislarla emocionalmente y dejarla impotente.

En breve, aunque el divorcio y el abandono no fueron su «culpa», se hizo responsable de su situación. Se apropió de lo que estaba dentro de su línea de propiedad, dentro de sus fronteras. Asumió responsabilidad por sus sentimientos, actitudes y conductas, y los desarrolló. Además, persiguió algunos deseos e hizo opciones responsables que la condujeron a un mayor grado de felicidad para ella y sus hijos. Cuando se encontró sola y aislada, se hizo responsable de ello, creó apoyo y volvió a obtener su capacidad para confiar en la gente. Al atravesar todo esto, encontró que Dios era fiel a sus promesas para sostenerla.

CAPÍTULO OCHO

El cruce de los límites

La esencia de las fronteras y los límites es saber qué poseemos y qué no poseemos. Esto lleva a la responsabilidad y al amor. Sin embargo, ¿qué sucede cuando no poseemos las cosas que deberíamos poseer? Cuando no nos poseemos a nosotros mismos como personas separadas de quienes nos vinculamos, desarrollamos fronteras borrosas, y permitirnos que las personas las crucen cuando deberíamos decir que no.

Cuerpo

Nuestra frontera más básica es nuestro cuerpo. La Biblia llama a nuestro cuerpo «vasija», diciendo que debemos poseer nuestro propio cuerpo «de una manera santa y honrosa» (1 Ts 4:4). Poseer es una bella palabra para apropiarnos de lo que está dentro de nuestros límites. Cuando poseemos nuestro cuerpo, sabemos que nos pertenece. Podemos sentirlo, podemos apropiarnos del placer que nos trae a través de nuestros sentidos, y estamos en contacto con él.

Invadir el cuerpo de otra persona, cruzar sus límites, es el acto más básico de abuso. El primer efecto del cruce de los límites del cuerpo es que la persona cuyos límites son cruzados se siente una cosa y no una persona. Por ejemplo, el usar el cuerpo de una muchacha por la fuerza, en contra de su voluntad, quita ese sentimiento básico de ser dueña de su propia vida.

El *abuso sexual* es uno de los ejemplos más crudos del cruce de las fronteras, porque alguien toma lo que no es de ellos. Nuestro funcionamiento sexual fue diseñado para ser compartido libremente con una persona de nuestra elección, no robado en contra de nuestra voluntad. Las personas que han sido abusadas sexualmente pueden desposeer su cuerpo. Pueden sentir que su cuerpo no le pertenece: que le pertenece a los abusadores. Cualquiera cuyo cuerpo haya sido violado siente que sus límites personales han sido dañados horriblemente.

El abuso sexual se puede producir en matrimonios donde los cónyuges son tratados como cosas, no como personas. Un cónyuge utiliza el cuerpo del otro para su propia satisfacción y no le importa lo que le gusta o no le gusta al otro. Esto es invasión, no respeto.

En este mundo algunas personas toman lo que no es de ellos y utilizan el cuerpo de otro en lugar de respetar la propiedad individual del otro. Muchas mujeres sienten que perdieron su cuerpo en su adolescencia o en sus primeros años de juventud, cuando fueron usadas físicamente. Deben trabajar duro para volver a obtener su cuerpo y declarar dominio y autoridad sobre lo que es de ellas.

En el *abuso físico* se produce el mismo tipo de violación. Un esposo puede cruzar la frontera corporal de su esposa empujándola al piso o dándole un cachetazo. Un padre puede cruzar la frontera corporal de su hijo al golpearlo. Las personas que han sido abusadas físicamente con frecuencia pierden el contacto con su cuerpo y no pueden sentirlo y experimentarlo de maneras significativas. Aprenden que los demás pueden hacer lo que quieren con ellos.

En un cruce de límites menos serio, los padres a veces hacen que los cuerpos de sus hijos sean extensiones de su propio narcisismo y no permiten que sus hijos se expresen como personas separadas. No les permiten a sus hijos tomar decisiones sobre sus propios cuerpos, tener algo que decir respecto a lo que van a vestir o comer. Por cierto, hay límites, pero los niños deben tener algunas opciones acerca de lo que sucede en o dentro de sus cuerpos.

Algunas personas no pueden sentirse personas sexuales por una enseñanza rígida. Sienten tanta culpa acerca de sus sentimientos sexuales que dejan de poseer esa parte de su cuerpo. En lugar de haberles enseñado cómo poseer y hasta disfrutar los sentimientos sexuales, se les enseñó que esos sentimientos debían reprimirse.

Algunas personas aprenden que está mal admitir el dolor. Se les enseñó que debían aguantar cuando sintieran dolor. Como resultado de ello, perdieron contacto con la capacidad de sentir su cuerpo. En consecuencia, tanto el placer como el dolor tienen poco significado para ellos.

Los problemas surgen cuando la gente no se apropia de su cuerpo. Con frecuencia, para ser seres humanos en pleno funcionamiento, deben trabajar en reclamar lo que han perdido. Por ejemplo, tal vez sea necesario asistir a un consejero sexual para que la persona vuelva a aprender a sentir placer; tienen que volver a apropiarse de lo que es suyo por derecho.

Sentimientos

Nuestros sentimientos, sean buenos o malos, son de nuestra propiedad. Están dentro de nuestras fronteras. Nuestros sentimientos son nuestra responsabilidad; los sentimientos de los demás son responsabilidad de ellos. Si otras personas se sienten tristes, es su tristeza. Esto no significa que no necesiten a otra persona que los acompañe en su tristeza y que se identifique con ellos. Significa que la persona que se está sintiendo triste debe hacerse responsable de ese sentimiento.

Sandy estaba confundida acerca de sus límites porque se sentía responsable de los sentimientos de su madre. Sentía que debía cambiar el enojo de su madre por alegría al cambiar su propio comportamiento, es decir, yendo a su casa para el día de acción de gracias. Esto coloca al enojo de la madre de Sandy en control de la vida de Sandy. Un día, Sandy deberá dar cuenta de su vida. Jesús dirá: «¿Por qué no fuiste a la universidad a la que te dije que fueras?». Y Sandy podrá responder: «Porque mi madre se hubiera enojado». Jesús podría decir: «¿Por qué no te sublevaste al abuso que tu esposo estaba haciendo de tus hijos?». Ella podría responder: «Lo hubiera hecho enojar». La respuesta de Jesús sería más o menos como esta: «Enfrentaré a tu madre sobre su temperamento, a tu esposo por su enojo, y a tus hijos por su irresponsabilidad, pero quiero saber por qué tú no te hiciste responsable de tu vida». Y Sandy solo podrá responder: «Los hubiera hecho enojar».

Si nos sentimos responsables de los sentimientos de otras personas, ya no podemos tomar decisiones acerca de qué es lo correcto;

tomaremos decisiones basados en cómo se sienten los demás acerca de nuestras opciones. Jesús dijo: «¡Ay de ustedes cuando todos los elogien!» (Lc 6:26). Si siempre estamos intentando que todos sean felices, entonces no podemos hacer las elecciones requeridas para vivir correcta y libremente.

No podemos determinar cuan exitosamente estamos viviendo la vida cristiana por quién está infeliz con nosotros. Si nos sentimos responsables por la desdicha de otras personas, estamos siendo controlados por ellas, y no por Dios. Este es el principal problema de los límites.

Si Jesús hubiera intentado hacer feliz a todo el mundo, todos estaríamos perdidos. Si las personas centradas en sí mismas se enojan con usted, significa que está aprendiendo a decir que no al mal. Si las personas crueles no están complacidas con usted, significa que se está sublevando al abuso. Si los cristianos fariseos lo juzgan, significa que usted se está volviendo como su Salvador. Si sus padres no aprueban las decisiones que usted como adulto siente que Dios le ha llevado a tomar, significa que está creciendo. «Dichosos ustedes cuando los odien, cuando los discriminen, los insulten y los desprestigien por causa del Hijo del hombre. Alégrense en aquel día y salten de gozo, pues miren que les espera una gran recompensa en el cielo» (Lc 6:22-23).

Cada vez que hablo ante un grupo de cristianos, puedo decir cómo me está yendo por las diversas reacciones. Si las personas que sufren se sienten comprendidas y si las personas no compasivas, las críticas, me odian, sé que he hecho mi trabajo. Si las personas que sufren me odian, he perdido el corazón de Dios y debo volver a evaluarme. He fracasado en tener empatía y en dar gracia y verdad. Cada vez que las personas nos odian por ser compasivos y ofrecer perdón y verdad, sabemos que estamos en el camino correcto. Si nos hacemos responsables por sus sentimientos, estado del lado de la maldad. Dios está en contra de las personas arrogantes y orgullosas que no tienen compasión por quienes sufren.

Jesús dijo que él no vino a traer paz, sino una espada, y que las familias pueden dividirse cuando alguien sigue sus caminos (Mt 10:34-36). La división en la familia no solo sucede cuando un miembro se convierte al cristianismo, es mucho más profundo que eso. Seguir a Cristo, en todas sus maneras, puede dejar a otros miembros de la familia con sentimientos negativos. A continuación presento algunos ejemplos.

Dios dice que un hombre debe «dejar a su padre y a su madre y unirse a su esposa», pero ¿cómo se sienten algunos padres acerca de la separación de su hijo y su pasaje a la adultez? Si el joven se hace responsable por el nido vacío de sus padres, no puede convertirse en adulto y seguir las directivas de Dios.

Dios dice que digamos la verdad, pero ¿cómo se siente un alcohólico cuando su esposa deja de mentirle al jefe por él? Si su esposa se hace responsable de los sentimientos de él, no puede obedecer a Dios.

Dios dice que si una persona no trabaja, no hay que darle de comer. ¿Cómo se siente un irresponsable de veinticinco años cuando sus padres dejan de pasarle dinero? Si sus padres se hacen responsables del momento duro que pasará, no le están permitiendo crecer y sufrir las consecuencias naturales de sus actos.

Dios dice que demos de corazón y no por compulsión. ¿Cómo se siente una esposa controladora cuando su esposo decide que el próximo fin de semana se va a ir de cacería con sus amigos? Si él se siente responsable por el enojo de su esposa por ser abandonada, se quedará en casa por compulsión y será culpable del pecado de resentimiento.

Dios dice que toda la gente debe usar sus talentos. ¿Cómo se siente un esposo controlador cuando su esposa toma un cargo que hace uso de sus talentos pero que la aleja mucho tiempo del hogar? Si ella se siente responsable por la inmadurez de él, no puede desarrollarse como Dios le ha indicado que lo hiciera.

Muchas personas controladoras están atascadas en la etapa del desarrollo donde piensan que pueden controlar a los demás enojándose o entristeciéndose. Esta táctica con frecuencia funciona con personas que no tienen límites, y refuerza la inmadurez de la persona controladora. Cuando nos hacemos responsables de nuestras propias desilusiones, estamos fijando límites claros. Cuando nos hacemos responsables por los sentimientos de los demás estamos cruzando sus fronteras.

Algunos de ustedes pueden pensar que este enfoque es cruel e insensible. Por favor oigan fuerte y claro. Siempre debemos *ser sensibles* a los sentimientos de los demás por nuestras opciones. Pero nunca debemos *hacernos responsables* por cómo se sienten. Hacerse responsable del sentimiento de otra persona es en realidad la cosa más insensible que podemos hacer porque estamos cruzando al territorio del otro. Las otras personas deben hacerse responsables de sus propios sentimientos. Si son maduros, procesarán su propia desilusión y la poseerán. Si no lo son, nos culparán por su desilusión. Pero tratar con la desilusión y la culpa es responsabilidad de ellos. Ninguno de nosotros obtiene todo lo que quiere. Eche una ojeada al ejemplo de alguien que no tenía fronteras con su esposa.

El caso de Jim

Jim vino a la terapia por su incapacidad de hacer que las cosas se realizaran en la casa.

—Yo soy irresponsable y mi esposa está muy molesta conmigo. Parecería que no puedo hacer nada —dijo.

—¿Qué tipo de cosas no puedes hacer? —pregunté.

—Bueno, Jean quiere que quite las hojas del jardín, plante flores, arregle el patio, remodele la cocina, lleve a los niños al cine, gane más dinero, planifique un tiempo de devoción familiar. ..

La lista seguía y seguía.

—¿Prometiste hacer todas esas cosas? —pregunté.

—Realmente no, pero debo hacerlas —respondió.

—¿Qué quieres decir con que «tienes que hacerlas»? —seguí preguntando.

—Bueno, si no las hago, Jean se enojará y dirá que no la amo. Empezaba a tener un panorama.

—¿Quieres decir que prometes hacer cualquier cosa que Jean desee?

¿Cómo puede ser que ganes dinero, y al mismo tiempo pases tiempo trabajando en la casa?

—Bueno, no puedo —dijo Jim—. Realmente intento hacerlo cuando lo prometo. Pero no parece salirme bien.

—¿Has pensado alguna vez en qué sería razonable prometerle y qué no? — pregunté.

—¿Qué me quiere decir?

—Bueno, parece que para que Jean esté contenta, va a necesitar tres o cuatro maridos. Tú eres solo uno.

Como Jim parecía confuso, le expliqué que tal vez la infelicidad de Jean era su problema. Tal vez ella era infeliz por tener un solo marido, que tenía montos limitados de tiempo.

—Si yo fuera tú, le daría una opción —dije—. Le diría: "cariño, te amo y quiero trabajar duro para tu felicidad. Tengo diez horas este mes para trabajar en la casa. ¿Cómo quieres que las dedique?

—¡Saltaría hasta el cielo raso si le dijera eso! Pensaría que diez horas no es suficiente.

—Eso es precisamente lo que quiero decir —le dije—. Ella se enoja porque no puede tener todo lo que quiere y tú te sientes responsable por su enojo. Si no cambias tu sentimiento de ser responsable por su enojo, nunca cumplirás con lo que prometes, porque nunca podrás decir que no sinceramente.

Le expliqué que, en realidad, ya estaba diciendo que no en su comportamiento. Con la boca decía que sí, con sus actos decía que no. El problema no era la irresponsabilidad de Jim; el problema era que mentía. Estaba diciendo que sí cuando en realidad significaba no.

Cada vez que se cruzan los límites, cuando una persona se hace responsable de los sentimientos de otra y de su felicidad, esta persona no puede liberarse de la otra, y como resultado, es incapaz de amarla. El cumplimiento por culpa no es nunca amor, es esclavitud.

En el corazón de muchos de los problemas por los cuales la gente acude a un consejero está el cruce de los límites. La caída torció tanto nuestro sentido de la responsabilidad que todos estamos confusos sobre quién es responsable de qué. Intentamos hacer que los demás sean responsables por nosotros, y nos hacemos responsables de ellos. La Biblia envía un mensaje claro de que debemos ser responsables *con* los demás, no *por* ellos. Esta es una importante diferencia.

Si Jim fuera responsable *con* su esposa, se sentaría con ella y diría algo así como: «Cariño, veamos nuestras metas como una pareja, como una familia, y como individuos, y veamos cómo podemos ayudarnos unos a otros a cumplir esas metas. Veamos nuestro tiempo y recursos, y tratemos de ver cómo los vamos a dedicar». Esto aclararía que los deseos de ella tenían pocos límites y que él tenía pocos deseos.

Si continuara siendo responsable con ella, no dilataría las cosas, pero diría a cambio: «Comprendo que quieras todas estas cosas ahora mismo, pero no puedo hacer todo eso. Los niños y yo no obtendríamos ninguna de las cosas que queremos. Lamento que estés molesta, pero quiero que todos trabajemos juntos». Si ella tiene conciencia de sí misma, podrá ver que está centrada en sí misma y podrá advertir que ha estado controlando a la familia con su enojo. Si no la tiene, puede enojarse aún más, y Jim deberá ser muy firme acerca de que ella sea responsable de su propio enojo. Si ella llora, él debe aprender a decir cosas como:

«Jean, te amo, pero no quiero estar contigo cuando lloras. Ven a la sala cuando te sientas mejor».

En cierta forma es como tratar con un niño de dos años. Las personas que controlan a los demás con su enojo, tristeza o depresión son muy inmaduras.

El caso de Peter

Peter había tomado una sobredosis de drogas. Con veinticuatro años, había dejado la universidad y estaba viviendo en casa. Puesto que sus padres eran «buenos cristianos», su comportamiento les era muy molesto. Manchaba la imagen de ellos en la iglesia, así que lo trajeron a terapia.

Cuando Peter y yo comenzamos a explorar por qué razón sufría de depresión y había tenido varios intentos de suicidio, descubrimos que sus padres estaban atravesando graves problemas maritales. Tenían peleas a los gritos y luego no se hablaban durante días. Ellos hacían que Peter participara del conflicto. Lo utilizaban de mensajero. El padre le pedía que le dijera algo a la madre y viceversa.

En otros momentos, los padres de Peter confiaban en él acerca de la otra persona, en lugar de enfrentarse directamente. La madre de Peter le dijo que no podía soportar estar a solas con su padre. Si Peter se iba de casa, se divorciarían. Si eso sucedía, decía ella, se suicidaría, implicando que sería la «culpa de Peter».

Peter quería mudarse de la casa de sus padres y continuar con su vida, pero tenía miedo de que al mudarse sus padres se divorciaran y su madre se suicidara. Sentía que no tenía opción.

Luego de meses de arduo trabajo en terapia, Peter comprendió que tenía otra opción. Aprendió que no era responsable de los sentimientos de los padres entre sí, ni que era responsable de la depresión de su madre si se divorciaba.

Nunca olvidaré el día en una sesión familiar en que Peter juntó fuerzas para enfrentar a su madre:

—Mamá, he estado pensando. Creo que ha llegado el momento de que termine la universidad. Quiero conseguir un empleo.

—Pero la familia te necesita aquí. Tu padre y yo seguimos...

—No, mamá —interrumpió—. Lo que hagan tú y papá es cuestión de ustedes. Tengo veinticuatro años, y voy a continuar con mi vida.

De repente ella se puso a llorar.

—Mamá puedes dejar de llorar porque ya no funcionará más. Cada vez que he intentado hacer algo por mí, tú lloras, y yo cambio de parecer. No lo voy a hacer más. Si estás triste porque me vaya de casa y porque tú y papá pelearán, ese es tu problema.

Peter había aprendido lo que su madre nunca aprendió: cada uno de nosotros es responsable por sus propios sentimientos.

Intentar cambiar la forma en que otro siente es como perder la capacidad de conducir nuestro automóvil. Es como permitir que el carro del siguiente carril nos maneje tocando la bocina. Estamos fuera de control.

El sendero para solucionar los problemas

Si nos hacemos responsables de nuestros sentimientos, podemos utilizarlos para resolver los problemas. Recuerde a la mujer que se hizo responsable de su depresión cuando su esposo la abandonó. Ella resolvió sus problemas y volvió a tener una vida.

Si nos hacemos responsables de nuestros sentimientos, podemos utilizarlos para mejorar nuestras relaciones. Nuestro enojo es con frecuencia una señal de que alguien ha pecado contra nosotros. Si sentimos que la persona que ha pecado contra nosotros es responsable de nuestro enojo, estamos en problemas. Seguiremos estando enojados hasta que la otra persona decida mejorar las cosas, y eso podría llevar mucho tiempo.

No obstante, si nos damos cuenta de que nuestro enojo es nuestro problema, podemos hacernos responsables de él. Podemos utilizarlo para comenzar a resolver el problema. Jesús nos dijo cómo: «Si tu hermano peca contra ti, ve a solas con él y hazle ver su falta. Si te hace caso, has ganado a tu hermano» (Mt 18:15). O escuche el mandamiento de Moisés: «No alimentes odios secretos contra tu hermano, sino reprende con franqueza a tu prójimo para que no sufras las consecuencias de su pecado» (Lv 19:17).

En estos dos ejemplos, la responsabilidad por tratar con los sentimientos reside en el que los tiene. Moisés señala que tenemos dos opciones: o bien condenamos a la persona con la que estamos enojados, o este enojo se vuelve resentimiento y odio. Cuando acudimos al que nos ha enojado y resolvemos el problema, entonces se va el enojo y la relación puede mejorarse, puesto que «el hierro con hierro se aguza». Cada persona se siente mejor por ello. Pero si no tratamos con nuestros sentimientos luego de que han pecado contra nosotros, se pueden tornar en odio y continuarán fermentando.

El tema del enfrentamiento puede ser confuso cuando la gente contra la que no se ha pecado se enoja. Puedo ver a la esposa de Jim «enfrentándolo» con su enojo por «todo lo que él no está haciendo». No se da cuenta que al no obedecer a sus deseos, no está pecando contra ella, y ella no tiene derecho a consuelo. Si no tuviera esos deseos, no estaría enojada. Cuando realmente alguien peca contra nosotros, hay una ofensa concreta por la otra parte, fuera de nuestros deseos y sentimientos.

Jesús aclara esto en la historia del jefe que paga a los trabajadores exactamente lo que ha acordado pagar. Algunos trabajadores estaban enojados porque querían más (Mt 20:1-15). Jesús aclaró la confusión de fronteras sobre quién era responsable del enojo. Le dijo al trabajador que lo enfrentó que no le había hecho ningún daño y que él debía tratar con su corazón envidioso. Si el jefe no hubiera pagado a los trabajadores lo que acordaron, estaría pecando contra ellos, y ellos tendrían un pesar justo.

Este asunto de hacerse responsable de los sentimientos de uno y no de los de los demás es una clave para la vida responsable. Si podemos enojarnos y luego tratar nuestro enojo ya sea (1) enfrentando al que ha pecado contra nosotros y perdonándolo o (2) dejando de lado nuestras propias expectativas que están ocasionando el enojo, entonces claramente nos comunicaríamos con los demás, y dejaríamos de intentar controlar sus vidas.

Actitudes

Cuando miramos más allá de cruzar los límites vemos que con frecuencia no nos apropiamos de nuestras propias actitudes; en cambio, nos hacemos responsables de las actitudes de los demás.

Con frecuencia la gente se queja de cómo esta o esa persona «coloca expectativas» sobre ellos, como si una expectativa fuera algo que uno pudiera colocar en el cerebro de alguien. Mientras interiorizamos las expectativas de nuestros padres, volverse adulto implica separarse de nuestros padres, ver cómo nuestras actitudes y expectativas difieren de la de ellos. Cuando comenzamos a hacernos responsables de nuestras propias actitudes, podemos liberarnos de las expectativas que los demás colocan sobre nosotros.

Cada vez que nos sentimos «victimizados» por las expectativas de otra persona, debemos encontrar la actitud que permite que nos sintamos presionados por esa expectativa. En el caso de Jim, las expectativas de su esposa acerca de lo que él «debía» hacer era el problema de ella, no de él. El problema de él era su actitud de: «Debo hacer lo que ella desea». Si esta actitud fuera algo así como:

«Debo tomar en cuenta lo que ella quiere y luego elegir qué quiero dar», Jim sería más directo con Jean, y por primera vez, ella podría hacerse responsable de su vida. Sin embargo, mientras él continuara permitiéndole mantener sus actitudes haciéndose responsable de ellas, se mantenían atascados.

Sin embargo, Jim sí cambió sus actitudes, y dejó de permitir las de ella. Gradualmente, Jean comenzó a darse cuenta de que sus actitudes hacia lo que debería ser un esposo no estaban de acuerdo con la realidad. Se vio obligada a cambiarlas o bien a frustrarse. Esto es precisamente lo que hace la realidad por nosotros. Se pone en contacto con nuestras formas confusas de ver el mundo y nos obliga a tratar con ellas. Si alguien nos está protegiendo de nuestras actitudes haciéndose responsable de ellas, nunca creceremos. Esta es la esencia de cruzar los límites: poseer lo que no es nuestro y no poseer lo que es nuestro.

Cada vez que nos sentimos presionados por alguien a hacer algo, es nuestro problema y no el problema del que nos coloca la presión.

En realidad nuestro «sentimiento de presión» es nuestra tendencia a estar de acuerdo con la actitud del que presiona en lugar de establecer la nuestra. Debemos contactarnos con cómo nos involucramos a decir que sí y no culpar a la otra persona.

El caso de Donna

Donna era una de las mujeres más enojadas que jamás he visto. Estaba enojada por las excesivas expectativas que tenía su familia con respecto a ella. Su madre esperaba que la llamara todas las semanas y que la acompañara a hacer las compras. Su padre esperaba que fuera a casa los domingos a cenar. Sus hermanas esperaban que ella comprara regalos de cumpleaños y de Navidad para todos sus hijos. Sus hermanos esperaban que cuidara a los niños cada vez que no podían planificar con tiempo para tomar a una niñera.

Estuve de acuerdo con Donna en que las expectativas de su familia eran demasiadas. Pero cuando le sugerí que su familia no iba a cambiar y que ella debía liberarse de sus expectativas cambiando de actitud, se enojó conmigo. Sentía como que no la veía como una víctima, que a mí no me importaba. Le aseguré que por supuesto había sido victimizada al crecer, pero que debía dejar de permitir el ser victimizada liberándose tanto de las expectativas de su familia como de las expectativas que tenía de ellos.

—Yo no tengo expectativas con respecto a ellos —respondió—. Ellos son los que tienen los "deberías".

—Por el contrario —dije—usted es tal como ellos. Ellos dicen que *debe* ir los domingos a cenar y usted dice que ellos *deben* dejar de presionarla para ir. En otras palabras, su expectativa era que ellos no debían tener expectativas.

Con el transcurso de muchas sesiones intenté ayudarla a ver que hasta que se hiciera responsable de su propia actitud de que su familia «debía» cambiar, nunca se sentiría libre. Puesto que no estaba de acuerdo con ella en que su familia debía cambiar para que ella se pusiera bien (lo que estaba fuera de su control), llegamos a un estancamiento.

Ella podía sentir que yo estaba de su lado si acordaba con ella de que su desgracia era culpa de ellos y no de ella. Yo *podía* estar de acuerdo con ella en que la habían lastimado profundamente y que eran la *fuente* de gran parte de su dolor, pero ellos no eran los que lo estaban continuando en el presente. Ahora era una adulta que tenía control sobre lo que hacía cuando permitía que los demás le hicieran lo que le hacían. Pero, puesto que sentía que estaba *del lado de ellos*, dejó la terapia.

Cuando la vi tres años después, seguía atascada, aún culpando a su familia por sus actitudes y expectativas hacia ella.

El caso de Robert

Robert llegó a la terapia porque no podía mantenerse en un empleo. Sumamente talentoso e inteligente, había sido criado por una madre excesivamente afectuosa y por un padre crítico y duro. Cada tarea que su padre requería de él, le resultaba muy difícil de terminar. Su madre, queriendo protegerlo, hacía el trabajo por él.

Llevó su afecto excesivo aún más lejos, requiriendo muy poco de él mientras crecía. Con los años ella lo educó para pensar que el mundo iba a ocuparse de él porque era «especial». Le dijo que determinados trabajos eran para personas menos dotadas que él; él tenía derecho a mucho más. Robert adoptó la actitud de su madre hacia él: «Soy especial y por ende tengo derecho a un tratamiento especial. El mundo me debe consideraciones que otros no obtienen».

Cuando ingresó al mundo de los negocios descubrió que su jefe no compartía su actitud. La actitud del jefe era: «Espero trabajo de alguien a quien le pago». Puede adivinar cuál fue el impacto de Robert cuando estas actitudes chocaron.

La situación se complicaba más por la esposa de Robert. Ella reforzaba su forma de pensar, es decir, hasta que los acreedores comenzaron a golpear la puerta.

En terapia, Robert debía darse cuenta de que eran sus actitudes las que ocasionaban los problemas, y no las actitudes de los «cretinos» del trabajo. Debía hacerse responsable por su errada visión del trabajo y del mundo. Además, su esposa debía aprender que le estaba permitiendo mantener esas visiones.

Lentamente, comenzó a cambiar la forma de ver las cosas. Como resultado, se empezó a llevar mejor con la gente y en realidad hasta

pudo mantener un empleo. Si no se hubiera hecho responsable de
sus actitudes, nunca hubiera cambiado. Hubiera seguido saltando
de empleo en empleo. Como dice Jesús:

«Saca primero la viga de tu propio ojo, y entonces verás con claridad para sacar la astilla del ojo de tu hermano» (Mt 7:5). Robert no
podía ver claramente a los demás porque los culpaba de los problemas
que estaban causando sus propias actitudes. Al quitar la viga, pudo
verlos claramente.

Conductas

Nuestro sentido de poder apropiarnos de nuestra propia conducta es
crítico para tener un sentido de poder y de control sobre nuestra vida.
La ley de sembrar y cosechar es la ley más confiable del comportamiento. Podemos confiar en que nos traerá satisfacción o desgracia.

Sin embargo, la ley de sembrar y cosechar es como la ley de gravedad: puede ser suspendida. En otras palabras, un amortiguador
nos puede proteger de ciertas consecuencias. Si arrojo un vaso, la
ley de gravedad lo impulsará al piso y lo romperá. Si ato una cuerda
alrededor del vaso y lo suspendo del cielo raso, he quitado las consecuencias de la gravedad.

La ley de sembrar y cosechar también puede suspenderse si alguien
se hace responsable de la conducta de otra persona. La ley dice que
si las personas no trabajan, no comen. Pero esta ley puede ser suspendida por alguien «que le dé una mano» a la gente. Estas personas
no sembraron nada y sin embargo están cosechando comida. Han
perdido la seguridad de saber que sus acciones tienen consecuencias.
Comienzan a sentirse impotentes por completo y dependientes del
«facilitador», o de la persona que los cubre.

Un hogar alcohólico es un ejemplo clásico de esto. El esposo bebe
y se comporta de una manera que tiene consecuencias naturales,
pero la facilitadora, con frecuencia la esposa, lo protege de las consecuencias de su conducta. Llama al trabajo y dice que está enfermo.
Le dice a los vecinos que su hija se cayó jugando, en lugar de que su
esposo la empujó mientras estaba ebrio. Como resultado de ello, la
realidad no lo obliga a cambiar y a crecer. Proteger a las personas

de las consecuencias de su conducta no es bíblico. Dios nos dio la gravedad para que podamos aprender a caminar. Nos dio salarios para que podamos aprender a trabajar. Si no se colocan límites y consecuencias en nuestra conducta, estamos fuera de control.

A algunos niños se les enseña que pueden hacer casi todo lo que les plazca, y que alguien lo rescatará si se meten en problemas. Piensan que esto continuará en la vida adulta, que en general encontrarán alguien que continúe con la tradición, pero a expensas de esa persona y de todos los demás. Este es el clásico síndrome del facilitador: tú te conduces de cierta manera y yo pago el precio.

El caso de Harold

Harold vino a verme para «enderezar» a su hija de treinta y cinco años, Stacey. Él me dijo que Stacey, quien se negó a venir con él a la cita, no trabajaba y que ingería enormes cantidades de droga.

—¿Qué hace con su tiempo? —pregunté.

—Bueno, la mayor parte del tiempo lo pasa en el club, jugando al tenis —dijo con irritación—. No puedo entender cómo alguien tan inteligente como ella desperdicia el tiempo así.

—¿Cómo hace para pagarlo? —pregunté—. Ese es un lugar caro. Si no trabaja y gasta dinero en drogas, debe tener un suministro de dinero que proviene de otro lado.

—Vive de un fondo de pensión que establecí para ella. Tiene mucho dinero.

El dinero no es el problema. Lo que me molesta es cómo pierde el tiempo.

—Creo que el dinero es parte del problema.

—¿De qué manera?

—Usted es un hombre inteligente, Harold —dije—. ¿Qué harían sus clientes si usted no entregara la mercadería?

—Irían a otra empresa —dijo—. Y yo no tendría más trabajo. ¿Pero qué tiene que ver eso con Stacey?

—A Stacey le están pagando bastante bien por no trabajar como debiera — dije—. Por cierto, a mí no me molestaría tener su trabajo. Usted le está permitiendo que gaste su vida. No hay posibilidades para ella hasta que le ponga límites.

Mientras continuamos hablando, me enteré de que Harold siempre había tenido un afecto especial por su hija, que era la hija de su primera mujer, quien había fallecido. Siempre se había mantenido muy cerca de Stacey como una forma de estar cerca de su primera esposa. Nunca se hubiera permitido dejarla sufrir las consecuencias de sus actos, por temor a que ella lo abandonara. La estaba sacando de apuros desde la universidad. Ella podía sobrepasar su presupuesto y arruinar su carro, y al poco tiempo tendría un cheque en el correo para cubrir los gastos o comprar un nuevo automóvil. No habiendo aprendido nunca la ley de causa y efecto, estaba fuera de control.

—¿Qué haría ella si no le diera el dinero? —preguntó Harold—. Tengo miedo de que se muera de hambre.

—Esa sería una opción que ella debe elegir —respondí—. Si ella decidiera usar su educación bastante cara, le iría bastante bien. También debería asistir a un tratamiento contra las drogas. Pero, por la forma en que está establecido ahora, no tiene que hacer nada. Tiene el mejor de dos mundos. Puede ser perezosa y tener mucho dinero. Exactamente lo que yo siempre he querido, ¿y usted?

Harold sonrió. Vio cuan ridícula era toda la situación. Era un hombre muy brillante que había hecho una fortuna requiriendo una conducta responsable de sí y de los demás. Pero el amor por su hija y su pena por la pérdida de su primera esposa hicieron que «cruzara» las fronteras de su hija. Cuando comenzó a «adueñarse» del comportamiento de ella se volvió completamente ciego a la verdad. El cruce de los límites obró así: ella haraganeaba, él pagaba. Ella bebía, él pagaba. Ella dormía, él pagaba. No funcionaba así en ningún otra área de la vida, pero en la relación que más le importaba, permitía una conducta irresponsable, con gran detrimento para su hija. Proverbios dice que: «No corregir al hijo es no quererlo; amarlo es disciplinarlo» (13:24). Si ella hubiera tenido la disciplina de las consecuencias antes, probablemente no estaría en el lío en que estaba ahora. Puesto que él no trataba con su pena dentro de sus límites, cruzó los límites de ella.

Muchas veces el amor de alguien por otro dificulta permitir que esa persona sufra las consecuencias de su conducta. Esto es particularmente cierto en los matrimonios abusivos. El abusador siempre debe sufrir consecuencias. El cónyuge debe decir: «Yo no permitiré este comportamiento, y hasta que no puedas controlarlo, me quedaré en casa de mi madre». Pero, puesto que las personas no han fijado fronteras firmes, con frecuencia le permiten al abusador que siga cruzando los límites durante años, sin consecuencias, y ellos pagan el precio. El cónyuge paga por la conducta con depresión, o los hijos con temor y aislamiento. El abusador nunca se hace responsable de su conducta pero alguien más lo hace. El cónyuge puede negarse a participar de tal maldad si hay esperanza de cambio.

Pensamientos

Al igual que con los sentimientos y las actitudes, debemos adueñarnos de nuestros propios pensamientos. Nuestros pensamientos tienen mucho peso en nuestro crecimiento emocional. No todos los problemas emocionales provienen del pensamiento, pero juega una parte vital. (En realidad, nuestras emociones afectan nuestro pensamiento más que al revés porque el sentimiento es primario y el pensamiento es secundario. Pero este no es un libro sobre teorías de la sicología. Digamos que las emociones y los pensamientos se afectan unos a los otros y que debemos adueñarnos de ambos.)

Nuestro pensamiento afecta cómo respondemos a las personas y a las situaciones. En la sección sobre los vínculos, advertimos que podemos tener pensamientos que nos hacen alejarnos de la relación. Podemos pensar: *De cualquier modo no les gustaría, así que no voy a llamar.* Este es un ejemplo de pensamiento que conduce al aislamiento. Debemos apropiarnos de todo pensamiento que evite la relación interpersonal. Los pensamientos condenatorios acerca de los demás siempre nos lastiman. Debemos apropiarnos de nuestro pensamiento crítico y confesarlo, permitiendo que Dios cambie la manera en que pensamos.

Al mismo tiempo, no podemos ser responsables de los pensamientos de los demás. Si alguien piensa bien o mal sobre nosotros, debemos aceptarlo. Podemos intentar influir en ellos, pero no podemos controlarlos. Debemos darle a la gente la libertad de pensar lo que quieran. Pregúntele a Jesús. La gente tenía ideas bastante locas sobre él, algo que él permitió.

Cuando elegimos seguir a Dios, algunos pensarán que estamos equivocados. Siempre debemos escuchar lo que está diciendo la gente y evaluarlo. Pero, si estamos convencidos en nuestro corazón de que estamos haciendo lo correcto, debemos permitirles pensar lo que quieran pensar.

Cuando Harold le quitó a su hija el fondo de pensión, ella pensó que él era cruel. Cuando la esposa del alcohólico se negó a tolerar su conducta de embriaguez, él pensó que ella era una traidora. Cuando el padre castigó a su hija adolescente, ella pensó que él era un viejo quisquilloso. Cada vez que hacemos algo, la gente tendrá una opinión sobre ello. Debemos permitirles apoderarse de sus opiniones y no intentar cruzar sus fronteras para cambiarlos.

Cuando Jim comenzó a fijar límites sobre cuánto tiempo dedicaría a hacer las tareas del hogar, su esposa, Jean, pensó que él era egoísta porque ya no intentaba hacer todo lo que ella quería. Le dijo que era un adolescente inmaduro, que se escapaba de la responsabilidad. No se dio cuenta de que, por primera vez, se hacía responsable de lo que podía y no podía hacer. Él tuvo que permitirle pensar que no intentaba cambiarle sus pensamientos, ya sea convenciéndola de ellos o cambiando la conducta de él. Tuvo que aceptarlos.

Si tememos la condena de la gente, estamos en serios problemas. Muchas personas no se hacen responsables de su propia vida y piensan que somos malos por no cuidarlos. Debemos permitirles que piensen en forma negativa sobre nosotros y que se hagan responsables de sus propias opiniones. Recuerde lo que pensaban los judíos de Juan y Jesús: «Porque vino Juan, que no comía ni bebía, y ellos dicen: "Tiene un demonio". Vino el Hijo del hombre, que come y bebe, y dicen: "Éste es un glotón y un borracho, amigo de recaudadores de impuestos y de pecadores"» (Mt 11:18-19). Algunas personas serán críticas hagamos lo que hagamos.

No debemos preocuparnos por lo que otras personas dicen de nosotros, pero debemos prestar mucha atención a lo que pensamos sobre nosotros mismos. Los pensamientos auto condenatorios claramente no son bíblicos. «Por lo tanto, ya no hay ninguna condenación para los que están unidos a Cristo Jesús» (Ro 8:1). Debemos tener dominio y responsabilidad sobre tales pensamientos. No tienen un lugar adecuado en nuestra propiedad.

Todas las distorsiones, los prejuicios y las generalizaciones no hallan un hogar dentro de nuestra propiedad. Algunas personas enseñan «los preceptos de los hombres» como si fueran una doctrina (Mt 15:9). Estos pensamientos esclavizan el alma de la gente. Si las personas tienen una necesidad real, tal como el amor, la libertad, la responsabilidad, y su teología no lo permite, debe cambiarse la teología. Se cruzan los límites del pensamiento cuando la gente trata de colocar sus interpretaciones en los demás, poniéndolos en prisión. Como lo dijo Jesús (Mt 23:4). Este tipo de cruce de límites puede arruinar la vida espiritual y emocional de alguien. Trataremos esto con más detalle en la sección sobre cómo hacerse cargo de su propia vida.

Capacidades

Antes analizamos el hecho de aceptar y poseer nuestras capacidades y dimos algunos ejemplos de cruzar los límites. Básicamente esto se produce en dos formas: una, intentando poseer lo que es la propiedad de otra persona; la otra, permitiendo a alguien que posea lo que es nuestro. Nunca debemos compararnos con los demás, porque Dios ha hecho que cada uno de nosotros sea único. «Tenemos dones diferentes, según la gracia que se nos ha dado» (Ro 12:6).

Debemos permanecer dentro de nuestras fronteras, concretando nuestras propias capacidades. Las personas que cruzan los límites en esta área están en peligro de sentir ya sea falso orgullo o falsa culpa. Un ojo puede mirar una mano y decir: «¡Yo puedo ver mucho más que esa mano! ¿No soy genial?» o «No puedo levantar nada como lo puede esa mano. ¡Soy tan estúpido!» Ambas apreciaciones son inapropiadas.

Además, no debemos permitir que alguien cruce nuestros límites e intente decirnos cuáles son nuestras capacidades. Los padres con frecuencia son culpables de este tipo de cruce de fronteras. Por ejemplo, los padres pueden querer que su hijo sea un intelectual cuando es un atleta, o un atleta cuando es un intelectual. Se produce un enorme dolor por no poder ser nuestro verdadero yo con los que más amamos. Si los seres queridos no pueden apreciar ni valorar nuestros verdaderos talentos, con frecuencia nos conformamos con sus expectativas y negamos nuestras capacidades reales.

Opciones

Probablemente, ningún área del cruce de los límites sea tan importante como esta. La esencia de los límites es hacerse responsable y el eje de la responsabilidad es la opción. Dios le ha dado a cada ser humano la capacidad de optar. Cuando no se cuenta con ella, algo menos que humano permanece, algo menos que la «semejanza de Dios».

Aquí se cruzan los límites cada vez que hacemos las opciones por los demás, o cada vez que pensamos que otros son responsables de hacer nuestras opciones.

Hacer las opciones de otros por ellos

Nada golpea tanto en el corazón de Dios como el hecho de que tomemos las opciones de otros por ellos mismos. El Antiguo Testamento está lleno de situaciones en las que el pueblo de Dios vio robada su libertad. Su grito siempre fue: «Deja ir a mi pueblo» (Éx 5:1) o «El ayuno que he escogido, ¿no es más bien romper las cadenas de injusticia y desatar las correas del yugo, poner en libertad a los oprimidos y romper toda atadura?» (Is 58:6). Dios quiere que su pueblo sea libre para poder tomar opciones de amarlo como lo hará. Él está en contra de la gente que los esclaviza y del pecado que los esclaviza. Él siempre ha sido un liberador de los cautivos.

Cada vez que intentamos «atar» a los demás quitándoles sus opciones, los hemos reducido a la esclavitud. Arrogantemente decimos: «Mi voluntad es la única que cuenta aquí» e intentamos obligarlos, ya sea activa o pasivamente, a hacer lo que queremos que hagan. Esta es una maldad terrible.

— MENSAJES DE CULPA —

Una de las formas más comunes de quitarle a la gente sus opciones es a través de mensajes de culpa. Cada vez que las personas dicen: «¿Cómo pudiste hacerme esto?», están intentando hacer sentir culpable a la otra persona por una opción que tomó. En realidad, la persona no les ha hecho nada. Simplemente ha ejercido su libertad de opción.

Sandy era un buen ejemplo de esto. Suponga que ella elige pasar el día de acción de gracias «con sus amigos. Si su madre dice: «¿Cómo puedes dejarme sola en este día?», ella está utilizando la culpa para esclavizar las opciones de Sandy. Esta es una muy buena manera de producir una persona indecisa. Si el músculo de la opción de uno está atado a la culpa, no funciona muy bien.

Burt era un hijo de veinticinco años de padres cristianos. Desde la niñez, sus padres hicieron la mayoría de las opciones espirituales por él. No se le permitía cuestionar, dudar o pensar por sí mismo acerca de Dios. Le decían cuándo ir a la Escuela Dominical, a los grupos de jóvenes y al catecismo. Le decían cuándo hacer profesión de su fe y cuándo tomar la comunión. Además, tomaron otras opciones por él, y criticaban las que él había hecho: la forma en que se vestía, las muchachas con las que salía y los amigos que llevaba a la casa.

Cuando Burt se fue de casa, se volvió un salvaje. Comenzó a beber y a parrandear hasta el punto de sentir que estaba logrando más «control» sobre su vida, a través de «perder el control». Esto es exactamente lo que Pablo quiere significar cuando dice que la ley incrementa el pecado.

Pero sus padres no comprendieron. No podían tomar la posición del padre del hijo pródigo, que en efecto dijo: «Te amo y no estoy de acuerdo con tus valores; pero son tus opciones libres, y yo te liberaré para que vayas tras esas opciones. Pero, recuerda esto: te amo mucho y siempre eres libre de volver. Nunca te diré "te lo dije". Solo te daré la bienvenida y me regocijaré porque hayas elegido lo bueno».

Tuvimos una sesión familiar con los hermanos, hermanas, padres y abuelos de Burt. Les dije que Burt era un adulto, y que podía tomar las opciones que quisiera. Dios le había permitido la libertad de elegir el mal, y ellos también debían hacerlo. Era la única forma en que podía elegir libremente los caminos de Dios.

No oyeron lo que dije. Continuaron intentando hacer que fuera como ellos y hacerlo sentir culpable cuando no lo era. El ciclo seguía. Él continuaba alejándose de su control para tomar sus propias opciones. Tengo la intuición de que algún día se alejará lo suficiente como para experimentar lo que vivió el hijo pródigo. Aprenderá que el chiquero no es un lindo lugar para dormir, y elegirá el camino de Dios. Pero, probablemente, no lo haga hasta que la opción pueda ser suya.

— MANIPULACIÓN —

La manipulación es otra forma común de intentar quitar el poder de opción de las personas. Observen a Jim. Cada vez que él elegía pasar algún tiempo sin hacer las cosas que su esposa le pedía, ella le retiraba su amor. Estaba intentando usar el amor para manipular a Jim y que de esa manera hiciera lo que ella quería. Intentaba esclavizar sus opciones. La intimidad no prospera cuando alguien no es libre de elegir la separación sin culpa.

Miren el dilema de Peter. Si elegía ser un adulto y dejar su casa, su madre lo amenazaba con suicidarse. Esto no era darle una opción a Peter. Habían cruzado sus fronteras al tratar de controlar sus opciones a través de la manipulación. Él no tenía a dónde ir y sentirse libre y amado al mismo tiempo.

Hay innumerables maneras en que la gente intenta apropiarse de las opciones de los demás. Piense cuando le decimos que no a la solicitud de alguien y nos dan el tratamiento del silencio. Tenemos una opción, pero no nos aman. Nos volvemos «malos».

O piense en las veces que hemos oído: «Si me amas, harás esto o lo otro». Jesús es el único que puede decir esto, y nunca lo usa como un manejo de poder. Lo utiliza descriptivamente: «Si ustedes me aman, obedecerán mis mandamientos» (Jn 14:15). La obediencia le sigue naturalmente al amor. Jesús no nos manipula; simplemente está enunciando un hecho.

No obstante, cuando la gente dice: «Si me amas, harás...», con frecuencia están cruzando fronteras para quitarle a alguien su opción libre de cómo amará. Decir: «Si me amas, no irás a los bolos» es un intento de decir: «Si me amas, harás todo lo que yo quiera y no tendrás opciones propias a no ser que a mí me gusten». Este tipo de frases siempre deben enfrentarse con una clarificación de los límites: «Eso no es verdad. Yo te amo, y voy a escoger cómo paso la noche. Tú no puedes decidir si te amo o no. Esa es mi opción».

Está dinámica puede estar detrás de la enunciación de Jesús: «No pongas a prueba al Señor tu Dios» (Le 4:12). Cuando alguien dice, por ejemplo: «Si Dios realmente me amara, me enviaría un esposo», estamos negando la libertad de Dios de ser su propia persona y de amarnos en la forma en que nos quiere amar. A este tipo de retos, responderemos: «Te amo, pero no te enviaré un esposo ahora mismo». Él no puede ser manipulado. Somos libres de pedirle, pero algunas cosas optará por dárnoslas y otras no. Esta es una relación real.

Esto no significa que no podamos enojarnos por sus opciones. Significa que debemos darnos cuenta de que el enojo es problema nuestro y no de él. Piense en la diferencia que haría para Sandy si su madre le dijera: «No me gusta que no vengas a casa para el día de acción de gracias. Estoy enojada por eso, no porque eres mala, sino porque no obtengo lo que deseo. No quiero negar el hecho de que estoy enojada, pero tampoco quiero culparte».

Este apropiamiento de la responsabilidad es la esencia de permitirle a alguien ser libre para que tome sus propias opciones. Dice, en efecto: «No quiero que vayas a los bolos esta noche. Me enoja y me entristece que me dejes, pero realmente es tu opción hacerlo y no te culpo por eso. Mis sentimientos son mi problema». Esto le permite a cada persona identificarse con las pérdidas que acarrean las opciones, y al mismo tiempo tener sus opciones. Así es como funciona una buena relación: «Ah, lamento que no vengas a cenar. Te extrañaré», en lugar de: «Ya me lo veía venir. ¡Siempre haces lo que quieres de todas maneras!».

Invariablemente, las personas que cruzan los límites y que intentan tomar las opciones de otras, llaman a estas últimas «egoístas» cuando intentan retomar su poder de opción. Por ejemplo, la esposa de Jim, Jean, diría que él es egoísta por decir que no va a hacer el trabajo que ella solicitó hacer en el jardín. Ella no puede ver cuán egoísta es por determinar lo que Jim debe hacer. Lo llama egoísta por hacer algo por sí mismo, y sin embargo, quiere tener el control de su vida como el suyo propio. Jean quería que su vida girara alrededor de la de ella. Este es el verdadero egoísmo: estar centrado en uno mismo.

La Biblia nunca dice que hacer cosas por nosotros mismos es malo; supone que necesitamos hacerlo. Sin embargo, habla duramente en contra de que nos volvamos el centro del universo, viviendo solo para nosotros mismos. Esta postura es mala. Debemos ir por los intereses de los demás así como por los propios (Fil 2:4). La madre de Sandy, la esposa de Jim y la esposa del que juega a los bolos estaban muy conscientes de sus propios intereses. No hay nada malo en ello. Lo malo viene cuando no miran los intereses de los demás. Este es el verdadero egoísmo, cuando ningún deseo importa salvo los nuestros.

Esclavizar las opciones de otros mediante la culpa o la manipulación no es amor; es esclavitud. Recuerde, cada vez que ata una cadena alrededor del tobillo de una persona, invariablemente terminará alrededor de su propio cuello.

Hacer responsables a los demás por nuestras opciones

La segunda manera en que cruzamos las fronteras es cuando hacemos a otros responsables por nuestras opciones.

Si Sandy, por ejemplo, permitió ser manipulada por su madre y fue a su casa para el día de acción de gracias, ella debe haber hecho una elección. Una opción otorgada, no dada libremente, pero una opción al fin. Estaría dándole tiempo a su madre de su propio libre albedrío. Sandy podría, sin embargo, estar tentada a decirle a su madre: «Me hiciste venir». Su madre actuó en forma manipuladora, pero nosotros nunca podemos ser manipulados sin nuestro permiso. Ir a casa de su madre para el día festivo es una opción de Sandy; si no le gusta, es su problema, no el de su madre.

Invariablemente, este es el fruto de las personas pasivas-agresivas. Estas personas se resisten a las exigencias por tácticas indirectas. No se hacen responsables de sus propias opciones. En cambio, se dan vuelta y culpan a alguien por obligarlas a hacerlas. O acordarán hacer cosas que realmente no querrán hacer, y luego se quejarán acerca de la persona a sus espaldas: «¡Estoy harta de todo lo que me hace hacer!». La respuesta debería ser: «¿Entonces por qué no le dices cuando no quieres hacerlo?» Algunas personas son tan lastimadas por los «dadores» pasivos-agresivos que tienen miedo de hacer un pedido a alguien por temor a que se resienta. Es muy difícil para una persona aceptar algo después de que alguien les ha dado resintiéndolo de verdad.

Como adultos, nunca podemos culpar a nadie por lo que elegimos hacer. Si otros intentan hacernos sentir culpables por una opción que tomamos, debemos elegir nuestras propias actitudes con respecto a ello. Debemos darnos cuenta de que elegimos las actitudes que nos hacen sentir culpables. Si alguien intenta manipularme, y sé que la manipulación es mala, entonces no me sentiré culpable por decir no. En cambio pensaré: «Vaya, ¿no me están controlando?». Pero si creo que debo mantenerlos felices, pensaré: «Debo hacer lo que ellos quieren, y soy culpable si no lo hago». El asunto es que puedo elegir si continúo o no en las actitudes que me hacen sentir culpable. O si puedo optar por desarrollar nuevas actitudes que no permitirán la manipulación por la culpa.

Si no nos hacemos responsables por nuestras opciones, las personas controladoras pueden hacerse una fiesta con nosotros. Pueden fijar nuestro rumbo por un día, una noche, un fin de semana o hasta una vida. Nuestra acción de dar y nuestro rumbo debe estar determinado por nosotros y por Dios, mientras elaboramos nuestra salvación con él. Debemos dejar que los demás tengan sus opciones, y debemos hacernos responsables de las nuestras.

Deseos

Básicamente, los deseos son como los sentimientos y cualquier otro elemento que reside dentro de nuestras fronteras. Debemos apropiarnos de los nuestros y solo de los nuestros. Son nuestra responsabilidad y no la de alguien más.

La esposa de Jim, Jean, tenía el deseo de tener un bonito jardín. Ese era su deseo, no el de él, por lo tanto, ella era responsable de eso. Por cierto le puede pedir ayuda a Jim, y él puede dársela. Pero ella sigue siendo responsable de obtenerlo. Si él no se la da y ella sigue queriéndolo, ella debe tomar la responsabilidad por obtenerlo. Si ella no lo obtiene, también es su problema.

Si no vemos nuestros deseos como nuestra responsabilidad, culpamos a los demás por nuestra privación. Recuerde a la mujer que fue abandonada por su esposo y se hizo responsable de sus deseos. Obtuvo una educación y logró sus metas. Si no los hubiera visto como su responsabilidad, estaría culpando a la vida por engañarla. Las víctimas dicen: «El mundo es responsable de mí» y nunca hacen nada para mejorar su calidad de vida.

Pablo escribe: «Que cada uno cargue con su propia responsabilidad» (Gá 6:5). Unos pocos versículos antes, dice: «Ayúdense unos a otros a llevar sus cargas, y así cumplirán la ley de Cristo» (6:2). Aquí es donde se unen el individuo y la responsabilidad corporativa. Ambos están siempre presentes en la Biblia. En el Antiguo Testamento, se les ordenó a las personas que dejaran comida para los pobres, pero se les solicitó a los pobres que la recogieran.

Así como debemos apropiarnos de nuestros deseos, no debemos apropiarnos de los deseos de los demás. Jim no debe apropiarse del deseo de su esposa. Debe darse cuenta de que un jardín inmaculado es el deseo de ella, no el de él. Luego puede optar por cumplir con su solicitud, o no, pero él no es responsable de ello.

Él podrá optar por lo que quiere dar y lo que no quiere dar si comprende que ella es responsable de lo que quiere. Él puede decidir si hacer o no el trabajo del jardín es una manera en que desea mostrar su amor por ella. Entonces, no se siente controlado ni se resiste.

Apropiarnos de nuestros deseos alimenta la responsabilidad y el amor. Podemos dar amorosamente a otros según sus pedidos, puesto que sabemos que no debemos hacerlo para que nos amen. Podemos estar motivados para obtener lo que queremos si no esperamos que el mundo caiga a nuestros pies. Entonces no estamos resentidos por lo que no tenemos; nos sentimos curiosos acerca de cómo podemos lograrlo.

Esto vuelve a centrar nuestra atención fuera de la obligación y la culpa, en el amor y el compartir. Si no creemos que debemos escaparle a la obligación, por ejemplo, podemos acercarnos a otros y encontrar necesidades que queremos satisfacer. Siempre que tengamos una opción, estaremos más aptos para dar. Darse cuenta de la libertad que Dios nos da nos motiva a dar por libertad y gratitud.

Límites

El cruce de las fronteras opera del mismo modo con los límites. Debemos apropiarnos de los nuestros y no de los de los demás. Decidimos qué límites vamos a fijar para nosotros mismos y dejamos que los demás sean responsables de los límites que se fijan para sí. Si tenemos limitaciones de tiempo, dinero o energía, debemos fijarlos. Si los extendemos demasiado lejos, es culpa nuestra. Al mismo tiempo no podemos decidir dónde están los límites de otra persona.

Fijar límites al mal comportamiento

En el hogar alcohólico, si una esposa opta por no limitar la bebida, es su responsabilidad. Sin embargo, otros miembros de la familia pueden fijar límites acerca de cómo se verán afectados por ello. Si una alcohólica continúa bebiendo, el esposo solo puede limitarse a sí mismo, no a ella. Puede decir: «Limitaré mi exposición a tu conducta. Si sigues bebiendo, los niños y yo nos iremos de casa hasta que estés sobria». No puede evitar que ella beba, pero puede detenerse a sí mismos de ser afectado por ello.

Lo mismo se aplica al abuso. No podemos evitar que alguien sea abusivo; pero podemos evitar exponernos a nosotros mismo o a nuestros hijos al abuso. Podemos llamar a la policía, y ellos limitarán nuestra exposición. Podemos decirles a los ancianos de la iglesia, y ellos vendrán cuando la persona se ponga abusiva. Podemos ir a casa de un amigo o a un refugio para mujeres golpeadas. Cuando comenzamos a trazar nuestra propia línea contra el mal comportamiento en lugar de esperar que otro lo haga, las cosas empiezan a cambiar.

Si no podemos fijar los límites por nuestra cuenta, debemos recurrir a la ayuda de los demás. Esto es tomar responsabilidad. Si llamamos a la policía y les pedimos que nos ayuden a limitar nuestra exposición, estamos tomando responsabilidad. Si llamamos a un amigo cada vez que nos sentimos fuera de control en algún área y le pedimos que ore o que nos aconseje, estamos tomando responsabilidad por nuestra propia falta de límites. Esta táctica ha funcionado en gente con conductas compulsivas durante años. Se encuentran que no tienen límites, entonces deben tomar la responsabilidad de pedir ayuda para fijarlos.

Nuestros límites son nuestra cerca alrededor de nuestra línea de propiedad. Ellos definen por nosotros lo que permitiremos y lo que no permitiremos en nuestro jardín. La cerca que rodea a nuestro jardín tiene una función importante: mantiene adentro las cosas buenas y afuera las cosas malas.

Todos debemos ser pacientes y perdonar en las relaciones, pero, en algún punto, la paciencia permite que continúe el mal comportamiento y deben fijarse límites. Todos nosotros tenemos límites diferentes en áreas diferentes y debemos hacernos responsables de ellos en forma individual. Estos son algunos límites aceptables para fijar:

«Ya no me permitiré estar contigo cuando estás borracho. Si eliges beber, te dejaré hasta que ya no lo hagas».

«Ya no te permitiré que abuses de los niños. Si los vuelves a golpear, nos mudaremos».

«Ya no permitiré que me hablen de ese modo. Me voy ir a la otra habitación hasta que dejes de gritarme y podamos entablar una conversación».

«Ya no volveré a sacarte de tu situación financiera. Si eliges volver a gastar demasiado otra vez, pagarás las consecuencias».

«No volveré a prestarte mi escalera. Cada vez que la usas, se rompe. Por favor cómprate una».

Estos ejemplos ilustran formas de establecer los propios límites sobre lo que uno va a permitir y lo que no va a permitir. Establecer límites es fundamental en toda relación y es la base del amor y respeto mutuos. Esto no significa que no perdonaremos, o que no seguiremos amando y trabajando en el conflicto. Significa que requerimos un comportamiento responsable de la otra parte, puesto que solo entonces puede resolverse el conflicto.

No estoy diciendo que requiramos la perfección. Debemos ignorar muchas cosas, como las Escrituras afirman en muchos lugares (1 P 4:8). Pero los límites se deben fijar en modelos peligrosos y repetitivos de maldad. Una cosa es que no nos guste una característica o un hábito de un amigo o de un cónyuge. Pero, algunas cosas son muy destructivas, y permitir que sigan no ayuda a la persona o al amor que hay entre ambos. El mal comportamiento debe ser limitado.

Este es un tema coherente dentro de la Biblia. Se nos ordena fijar límites sobre lo que vamos a tolerar:

«Si tu hermano peca contra ti, ve a solas con él y hazle ver su falta. Si te hace caso, has ganado a tu hermano. Pero si no, lleva contigo a uno o dos más, para que "todo asunto se resuelva mediante el testimonio de dos o tres testigos". Si se niega a hacerles caso a ellos, díselo a la iglesia; y si incluso a la iglesia no le hace caso, trátalo como si fuera un incrédulo o un renegado. Les aseguro que todo lo que ustedes aten en la tierra quedará atado en el cielo, y todo lo que desaten en la tierra quedará desatado en el cielo» (Mt 18:15-18).

En este pasaje, Jesús nos dice que limitemos la maldad. «Atamos» el mal al no permitirle dominar nuestros hogares y relaciones. Si estamos tratando con gente responsable, los «ganaremos». Pero a veces debemos fijar límites más firmes para atar el mal, específicamente al tratar con el abuso. Si se le permite continuar, el abuso tiene efectos a largo plazo sobre la familia. Muchos adultos dolidos han expresado el deseo de que alguno de sus padres hubiera puesto límites sobre la madre o el padre abusador en la casa. Sus vidas habrían sido muy diferentes. En cambio, observaron el comportamiento abusivo dominar durante años y años. La maldad desenfrenada no solo no cede por sí misma, sino que crece.

Establecer límites para nosotros mismos

De la misma manera en que debemos fijar límites sobre lo que les permitimos a los demás que nos hagan, también debemos establecer límites para nosotros mismos de modo que podamos vivir en forma responsable. Debemos limitar nuestro cuerpo, nuestros sentimientos, actitudes, comportamientos, pensamientos, capacidades, opciones y deseos en forma apropiada.

Puesto que algunas personas tienen límites demasiado estrictos sobre estas cosas, nunca encuentran sus verdaderas capacidades. Otros tienen muy pocos límites, y se sobrepasan. La madurez es el proceso de darse cuenta adecuadamente de cuáles son nuestros límites reales. Por ejemplo, algunas personas nunca admiten que están enojadas, pasando por alto el mensaje que su enojo está intentando transmitir. Otros están enojadas todo el tiempo, sin descubrir nunca el porqué.

No debemos limitar nuestros deseos hasta el punto de la desgracia (Col 2:20-23). Nuestros límites deben ser lo suficientemente amplios como para gozar de las bendiciones de Dios. Pero si no hay límites, nuestros deseos controlan la vida y la realidad.

Las cercas, además de mantener adentro lo bueno y afuera lo malo, permiten el intercambio de lo bueno y lo malo. Si yo tuviera una granja, tendría un portón en la cerca que permitiera al camión entrar las provisiones y las verduras, y al camión de la basura sacar los desperdicios. Por un lado, las fronteras espirituales flexibles, o las cercas con portones, dejan entrar las cosas buenas; permiten que otros ingresen a nuestro espacio y corazón por amor. Por otra lado, este tipo de fronteras dejan fuera las cosas malas; nos permiten confesar nuestros pecados y hallar el perdón. Los portones espirituales permiten un intercambio del bien y del mal dentro del alma.

Levítico 19:17 habla de este intercambio cuando dice: «No alimentes odios secretos contra tu hermano, sino reprende con franqueza a tu prójimo para que no sufras las consecuencias de su pecado». Cuando reprobamos a los que amamos, estamos «sacando la basura afuera», no dejando que se vuelva odio o resentimiento.

Del mismo modo, el portón nos permite tomar algo de lo bueno que tenemos en nuestra granja y dárselo a los demás. Podemos cargar nuestro camión y llevarle algo de leche y verduras a nuestro vecino. El portón nos permite abrirnos al mundo y compartir lo que tenemos de una manera amorosa. Muchas personas están tan cerradas con puertas con cerrojo que no hay forma de darles amor o de que lo reciban. Tienen el «amor oculto».

Nuestros límites nos dicen mucho acerca de dónde terminamos nosotros y empieza el otro. Con límites, podemos saber lo que queremos en contraposición a lo que quiere otra persona, y quién es responsable de qué. Podemos establecer qué permitiremos en nuestra propiedad y qué no, de modo que la maldad no controle nuestra casa. Además, podemos entrar y sacar comida, así como también sacar la basura en confesión. Darnos cuenta de nuestra propiedad espiritual y emocional es la clave para la responsabilidad, la libertad y el amor.

CAPÍTULO NUEVE

Cuando fallamos en desarrollar los límites

Muchos problemas surgen cuando no podemos fijar buenos límites y mantenerlos. Si no nos damos cuenta de qué somos responsables y de qué *no*, podemos sufrir de los síntomas siguientes. Los síntomas, recordará, apuntan a la existencia de un problema subyacente. Nadie ha venido nunca a mi consultorio y ha dicho: «Dr. Cloud, tengo problemas para fijar los límites, y necesito su ayuda para aprender a fijar buenos límites». Pero la gente sí busca ayuda para los siguientes síntomas, cuando su problema real es con frecuencia la confusión sobre dónde y cómo fijar límites.

Síntomas de la falla para fijar límites

Depresión

Muchas personas experimentan depresión porque no fijan buenos límites. La falta de establecimiento de fronteras los pone en una posición de maltrato, y a eso le sigue mucho dolor.

Otros están deprimidos porque guardan interiormente su enojo con personas que los controlan. Si no están en contacto con sus opciones, piensan que no las tienen, que otras personas tienen control sobre sus opciones. Se vuelven resentidos, tal vez hasta amargados.

Pánico

Los desórdenes de pánico (ataques de terror repentinos, abrumadores) caen con mucha frecuencia en esta categoría. Muchas personas sienten pánico porque piensan que no tienen control sobre lo que les sucede. Piensan que deben hacer cualquier cosa que la gente quiera que hagan, y se sienten fuera de control. Tener a otras personas en el control de la vida de uno y de las opciones puede ser muy atemorizador. Esto es una fórmula para un desorden de pánico.

Resentimiento

Muchas personas resienten las cosas que están haciendo porque las hacen «a disgusto o bajo compulsión» (2 Co 9:7). Con demasiada frecuencia, cumplen los deseos de los demás y hacen lo que en realidad no quieren hacer, por esa razón se resienten más tarde. Los mártires (las personas que asumen una actitud de sacrificio propio o de sufrimiento para despertar sentimientos de lástima o culpa en los demás) con frecuencia muestran este síntoma. Su manera de dar no es realmente dar porque tiene cuerdas anexadas.

Conducta pasiva-agresiva

La conducta pasiva-agresiva está caracterizada por una resistencia indirecta a las exigencias de una actuación adecuada en escenarios sociales o laborales. Por ejemplo, si una mujer se ve presionada para trabajar en el comité de artes culturales de la universidad, puede que diga que sí y luego se resista pasivamente olvidándose de las citas, dilatando proyectos o perdiendo materiales importantes. Ella no tuvo el valor de fijar fronteras adecuadas y simplemente decir que no a la solicitud de estar en el comité.

Cuando no fijamos límites y dejamos que «nuestro sí sea sí y nuestro no, no», podemos fijar esos límites pasivamente. Muchos de los que luchan con promesas incompletas hacia los demás son realmente pasivos-agresivos. Expresan la agresión de decir que no de una manera pasiva.

Co-dependencia

La co-dependencia es un patrón aprendido de actitudes, sentimientos y conductas en las que la gente deja de lado seriamente su propia salud y bienestar por los deseos de los demás. Las personas co-dependientes siempre colocan en primer lugar a la otra persona, con frecuencia para detrimento suyo. No ven quién es responsable de qué y con frecuencia permiten el mal. Estas personas siempre están confundidas con respecto a los límites. Al tomar responsabilidad «por» los demás, no actúan responsablemente «con» ellas mismas.

Confusión de identidad

La identidad proviene de apropiarnos de quiénes somos y de darnos cuenta de todos nuestros atributos. Las personas que no se hacen responsables de lo que recae dentro de sus límites, y se separan de los demás, son incapaces de decir qué es de ellos y qué es otra persona. Debemos conocer quiénes somos fuera de los demás.

Dificultades para estar solos

Algunas personas no han establecido límites lo suficientemente buenos para que les permitan tener un yo separado de los demás. Temen estar solas, porque no estarán con nadie; no hay nadie dentro de ellos. No obtienen la estructura interna para contener el amor que tienen para y de los demás. Siempre tienen que estar con alguien para sobrevivir.

Estas personas no han fracasado en el vínculo, pero han fracasado en desarrollar una estructura interna que mantenga dentro el vínculo. Es como verter agua en una taza que no tiene fondo. Cuanto más amor obtienen, más necesitan. No tienen la capacidad de aferrarse a él. Necesitan límites (fronteras) que los ayuden a formar alguna estructura interna.

Masoquismo

Los masoquistas son las personas que obtienen placer de sufrir dolor físico o sicológico infligido por los demás o por sí mismos. Los masoquistas no pueden fijar límites sobre el comportamiento abusivo de los demás. Obtienen un placer perverso por ser sometidos al dolor o a la humillación. El dolor hace que necesiten más y más, lo que dificulta mucho fijar límites en la otra persona. Necesitan a alguien tanto, que no pueden limitarlo. Los masoquistas necesitan establecer una red de apoyo para aprender a fijar límites sobre el abuso.

Mentalidad de víctima

Las personas que sufren de una mentalidad de víctima se ven a sí mismos como víctimas de las circunstancias y de otras personas. Nunca se hacen responsables por sí mismas. Usan palabras como «tuve que» y «no tuve opción». Todo les sucede a ellos. Niegan todo tipo de responsabilidad, especialmente en las áreas de las opciones. Piensan que no tienen opciones.

Echar las culpas

Echar las culpas es similar al pensamiento de víctima; los que culpan siempre dirigen la responsabilidad del dolor y del cambio hacia otra persona. Sin duda los demás nos hacen daño, pero cuando ingresamos en el «juego de las culpas», hacemos a los demás responsables de tratar con nuestro dolor, y eso nos mantiene atorados. Las personas que permanecen en la etapa de la culpa nunca cambian, puesto que no se hacen responsables de sus propias actitudes, sentimientos o conductas.

Exceso de responsabilidad y culpa

Las personas que no tienen límites claros se sienten responsables por cosas que no deberían sentirse responsables, como los sentimientos, desilusiones y acciones de los demás. Se sienten culpables por no ser lo que los demás quieren que sean y por no hacer lo que los demás quieren que hagan. Se sienten malos por no cargar con «su» responsabilidad: hacer felices a los demás.

Poca responsabilidad

Las personas que se sienten demasiado responsables por los demás con frecuencia niegan su propio jardín. No cargan con su propio peso (Gá 6:5), puesto que están demasiado ocupados cargando el peso de los demás. En esta conducta típicamente co-dependiente, la gente se siente tan responsable por los demás que no trata con su propio dolor y vida.

Sentimientos de obligación

Pablo menciona en 2 Corintios 9:7 que las personas tienen estos sentimientos cuando no están eligiendo qué darán y qué no darán.

Se sienten obligados a dar a los demás; no son libres ni tienen control sobre sí mismos.

Sentimientos de ser desilusionado

Puesto que muchos son tan buenos al ocuparse de los demás, sienten que los demás están obligados a ocuparse de ellos. Se sienten desilusionados cuando esto no sucede. Perciben a los demás como que no los quieren ni se preocupan si ellos no se hacen responsables. Sienten que son los «dadores» y los demás, los «tomadores».

Aislamiento

Las personas que experimentan confusión de límites, pensamiento distorsionado y una falta de libertad, con frecuencia evitan relacionarse para sentir la sensación de tener frontera Para ellos, acercarse significa perder sus límites y la propiedad de ellos mismos. Es tan atemorizador y potencialmente conflictivo que eliminan la relación como una opción y eligen u mundo de aislamiento. Estar solo significa que no serán invadidos ni controlados.

Dependencia extrema

Las personas que nunca han tenido un sentimiento de propiedad sobre su vida, creen que no pueden funcionar en forma responsable por su cuenta. Con frecuencia dependerán de otra persona para que les negocie el mundo por ellos, y tenderán a fundir su identidad con este negociador. Son muy temerosos de la separación.

Desorganización y falta de rumbo

Las personas que no tienen una clara definición de sí mismos con frecuencia carecen de rumbo y propósito. No pueden elegir sus propias metas, gustos y disgustos. Se dejan influir fácilmente por lo que le digan los demás, de modo que se dispersan.

Abuso de substancias y desórdenes del apetito

Muchas personas que se sienten fuera del control de si vida se vuelcan a los alimentos, las drogas o el alcohol para aplacar el dolor o para poder tomar cierto control sobre algo Esto se aplica especialmente a las personas que sufren de anorexia o bulimia. Los límites son casi siempre un asunto importante en estos desórdenes.

Con más frecuencia de lo pensado, los límites son un tema fuerte en la resolución de las adicciones. Por lo general, cuando se aclaran los conflictos de fronteras, cuando las personas con adicción a la comida o a las drogas comienzan a tener un sentido más claro de su propia persona, empiezan a ejercer el autocontrol. Los bulímicos especialmente, necesitan resolver los asuntos de la separación. La ambivalencia expresada en la comida se resuelve al aclararse la ambivalencia de la relación a través de la definición de fronteras. Ya no expresan el sentimiento de «lo quiero, no lo quiero» yéndose de parranda o purgándose.

Dilación

La dilación, o posponer tareas desagradables hasta un momento en el futuro, con frecuencia proviene de la falta de límites claros. Los dilatadores no sienten que realmente están eligiendo; no hay un no real. Dicen que sí cuando quieren decir que no; luego expresan su no al no continuar adelante. Es un sentido de control distorsionado.

Esta es la dinámica que funcionaba en la parábola de los dos hijos (Mt 21:28-31). El hijo dilatador no era sincero con su no. Recuerde que dijo sí a trabajar en el viñedo de su padre, y luego no fue. El otro hijo le dijo primero que no a su padre, y luego cambió de parecer y fue a trabajar. Este hijo pudo ser sincero sobre su no, de modo que también pudo ser sincero sobre su sí.

Impulsividad

Las personas impulsivas invariablemente tienen un problema de límites. Carecen de una estructura interior. Cualquier cosa que piensan, la hacen; tienen una capacidad limitada para decir no a sí mismos. Al aclarar sus límites y aprender suficiente autocontrol como para decir que no, comienzan a ganar control sobre sus impulsos.

Ansiedad generalizada

Algunas personas luchan con una vaga tensión y ansiedad que a veces está relacionada con la falta de límites. Su carencia interna de estructura les imposibilita procesar y contener todos los sentimientos que tienen, así como manejar todas las demandas externas. Si bien estas personas con frecuencia no pueden apuntar hacia un conflicto o problema en particular, siguen sintiéndose ansiosas. En lugar de trabajar sobre un «tema» en particular, estas personas a veces necesitan afirmar su sentido de quiénes son creando límites más fuertes. Esto les da un mayor sentido de autocontrol, una mayor capacidad para procesar sentimientos y, como resultado, menos ansiedad.

Conducta obsesivo-compulsiva

Las personas obsesivas están preocupadas con ideas o sentimientos irracionales; las personas compulsivas tienen impulsos irresistibles para realizar actos irracionales. Las personas obsesivas-compulsivas luchan con ambos, las preocupaciones persistentes y los impulsos irresistibles. Por ejemplo, un hombre que se ve impelido a lavarse las manos a cada hora estaría mostrando una conducta obsesivo-compulsiva. Este hombre está obsesionado con la idea de atrapar un resfrío y se siente obligado a lavarse las manos para evitarlo.

La fijación de límites es un comportamiento agresivo o valiente. Las personas que no pueden fijar fronteras claras vuelcan esta agresión contra sí mismas en la forma de penosas obsesiones o compulsiones, que deben realizar para estar seguras. Las personas con frecuencia pueden resolver estas penosas realidades fortaleciendo su capacidad para fijar y mantener sus fronteras. Fijar límites proporciona la estructura interna que puede decir que no a los pensamientos que atacan y a las compulsiones. Devuelven el autocontrol que las compulsiones intentaban brindar.

Por su propia naturaleza, las compulsiones indican una falta de libertad. El desarrollo de límites y la capacidad de decir que no a los demás crea la libertad necesaria para elaborar los problemas compulsivos.

Barreras para crear límites

El dolor y el pensamiento distorsionado pueden ponerse en el camino de nuestra creación de límites. A continuación hay algunos ejemplos que ilustran cómo sucede esto.

Dolor del pasado

Todos hemos crecido en un mundo que está gravemente mezclado con respecto a dónde termina una persona y dónde empieza otra. Como resultado de ello, crecemos sin comprender qué es nuestro y qué no, de qué somos responsables y de qué no.

Hasta el punto en que no se nos ha permitido adueñarnos de nuestros cuerpos, sentimientos, actitudes, conductas, pensamientos, capacidades, opciones, deseos y límites, somos lastimados y tendremos problemas de límites. Además, nosotros mismos deseamos evitar hacernos responsables de nosotros. Naturalmente nos resistimos a hacernos responsables, entonces, cuando nos lastiman, resulta mucho más difícil hacernos responsables.

Habitualmente las lastimaduras se producen cuando los demás se niegan a permitirnos hacernos responsables de nuestra propia vida. Si, por ejemplo, nuestros padres no nos permitieron adueñarnos de nuestras propias opciones y nos hicieron sentirnos responsables de sus opciones o de las de otros, ese sería un daño específico a nuestra capacidad de fijar límites. Por ejemplo, Sandy había crecido con una madre que interfería en su capacidad de fijar límites. Sandy tuvo que atravesar un proceso de reclamar lo que le pertenecía, o sea sus opciones, y devolverle a su madre lo que era de ella, es decir, las opciones y responsabilidades de su madre.

Cada persona tiene que observar la forma específica en que no se les permitió crecer a sus fronteras. El abuso, el control, y la manipulación con la culpa, evitaron el crecimiento de los límites. Además, si nuestras fronteras no se desarrollaron plenamente por un daño del pasado, nos vemos dañados aún más. No es de extrañar que al ver la multitud, Jesús «tuvo compasión de ellas, porque estaban agobiadas y desamparadas, como ovejas sin pastor» (Mt 9:36). Dios advierte cuan perdidos realmente estamos, y desea ayudarnos a reconstruir nuestras fronteras y el sentido de identidad que perdimos en la caída.

Pensamiento distorsionado

Como resultado de las lastimaduras y de la caída, distorsionamos la realidad de Dios. Así como necesitamos aclarar e pensamiento distorsionado en el área de los vínculos, debemos aclararlo en el área de la responsabilidad. Nuevamente, el pensamiento distorsionado se divide en tres categorías. Esta es solo una lista parcial de cómo las personas pueden distorsionarse a sí mismas, a los demás y a Dios.

— NUESTRA VISIÓN DE NOSOTROS MISMOS —

«Soy malo por tener límites»

Probablemente el mayor problema para resolver en términos de límites es la culpa que podemos sentir al advertir la libertad para adueñarnos de nuestra vida. A muchas personas les han enseñado que son egoístas y malas por no ser responsables de los sentimientos, las conductas y las opciones de los demás. Esta enseñanza hace que continúe la conducta co-dependiente. Las personas con problemas de límites invariablemente se sienten malas cuando son sinceras con respecto a sus límites y deseos, porque tienen un sentido de responsabilidad desordenado para con los demás. Su falta de libertad conduce a sentimientos de maldad, y viceversa.

«Soy egoísta por adueñarme de mi vida»

A las personas que dicen esto les han dicho: «Eres egoísta si no me das lo que es tuyo». Cuando la gente es vulnerable al control, sienten que son egoístas por decidir qué hacer con su propiedad. En realidad, decidir por nosotros mismos es la única manera en que tendremos verdadero amor, puesto que entonces estamos dando libremente.

«Mis deseos no son importantes»

Esta enunciación niega la vida de uno en una manera no bíblica. Se nos dice en la Biblia que debemos negarnos, pero solo podemos hacer esto si primero nos adueñamos de nosotros mismos. Las personas que no son dueñas de su propia vida no la pueden dar, porque no les pertenece. Debemos ser buenos administradores de nuestra vida antes de poder dar a los demás.

«Mis deseos son los únicos que importan»

Esta es la distorsión en la dirección opuesta. Cuando no tenemos límites en nosotros, solemos tomar la vida de los demás y no verlos como gente separada. El verdadero significado del egoísmo es negar las necesidades y los sentimientos de los demás.

«Debo tener todo lo que quiero»

Esta distorsión del yo es muy destructiva, puesto que nos coloca fuera de control. Establecer límites sobre nuestros deseos nos permite dar a los demás, así como también tolerar la privación. No obtener las cosas a veces es bueno para nosotros; construye fronteras. Decir que no a determinadas exigencias de los niños los ayuda a aprender a contenerse.

«Soy responsable por los demás»

Esta creencia deja a los demás en una posición de inmadurez. La verdad es que debemos ser responsables con los demás, no por ellos. Tenemos una responsabilidad real con aquellos que necesitan, sin embargo, debemos requerir responsabilidad de los que pueden. No hacerlo es permitirles permanecer inmaduros.

«Debo hacer todo lo que los demás quieran de mí»

Este sentimiento proviene de estar esclavizado o poseído por otro. Si nos sentimos de este modo, no podemos decidir dar, y estamos siendo irresponsables. Dios nos ha dado una cantidad finita de lo que tenemos para dar, y debemos tener una intención cuando damos. Si dejamos que otros dicten lo que daremos, no estamos respondiendo a Dios.

«Todo lo que ande mal es mi culpa»

Las personas con problemas de límites tienen un sentido de culpa desordenado. Por ejemplo, se sienten responsables si alguien está conduciendo hacia su casa y se descompone su automóvil. Se sienten responsables si pueden generar cualquier conexión entre ellos y la conducta de los demás. Luego se culpan a sí mismos por la conducta de los demás.

Los padres también pueden culparse completamente a sí mismos por los fracasos de sus hijos. Niegan la responsabilidad de otros y dejan a sus hijos en estado de impotencia. Están diciendo que sus hijos no tienen poder sobre su propia vida; los padres lo tienen por completo.

«Nada es culpa mía»

Esta frase indica el fallo en adueñarse de la responsabilidad en cualquier cosa que hagamos. Es no darse cuenta de qué está dentro de nuestra línea de propiedad y no hacernos responsables por nuestros actos. Culpar a otros es un ejemplo clásico de esto, así como también no adueñarnos de nuestra parte en el dolor de otra persona. Algunos padres no se adueñan de su parte en las luchas de sus hijos, lo que está tan mal como culparse de todo. Así es posible causar que la otra persona peque (Mt 18:6).

— NUESTRA VISIÓN DE LOS DEMÁS —

«Me odiarán por decir que no»

Si hemos aprendido que somos responsables de las desilusiones de los demás, temeremos el resentimiento y el odio por apropiarnos de lo que es nuestro. Nos imaginaremos que otras personas siempre nos rechazarán por fijar límites en lo que haremos y no haremos por ellos. En realidad, la investigación y la experiencia de la vida demuestran que las personas que pueden decir que no, son, ampliamente, las más apreciadas.

«La gente me abandonará por tener mis propios límites»

A veces se retira el amor cuando los niños comienzan a adueñarse de su propia vida y a crear un yo separado. Aprenden de esto que siempre serán abandonados si se adueñan de sí. Nuevamente, esto es lo opuesto a la verdad. La gente sin límites es abandonada con mayor frecuencia.

«La gente me controla y quiere manipularme»

Las personas que no tienen un fuerte sentido de la voluntad le temen a la manipulación y al control. Siempre están alertas acerca de cómo van a controlarlos los demás, y temen involucrarse. Las buenas fronteras le dan a uno un sentido de no poder ser manipulado ni controlado.

«Los demás resentirán mi firmeza y mis pedidos»

Algunas personas han sido criadas en escenarios en donde se resentía o se consideraba egoísta la expresión directa de los deseos. Han aprendido a ser pasivos acerca de sus deseos por temor al resentimiento y al juicio de los demás. Temen ser vistos como insistentes por sus seres queridos. Por el contrario, la gente directa tiene las relaciones más claras. Es difícil sentirse cerca de las personas pasivas, porque siempre se debe adivinar qué quieren.

«Me abandonarán si no los hago felices»

Las personas que han aprendido que ellas son responsables de los sentimientos de los demás, temen perder a esa persona si no se hacen responsables de su felicidad. Puede que hayan perdido a alguien de este modo, pero la distorsión real viene cuando llegan a una conclusión general basada en esa experiencia.

«Los demás son responsables de mí»

Del mismo modo en que otros se sienten de esa forma hacia nosotros, muchas veces nosotros también cruzamos sus límites. Solemos ver a los demás como responsables de nuestros sentimientos, actitudes y opciones, no como personas libres con su propia vida.

«Las personas son egoístas si no hacen lo que yo quiero»

Tal vez no nos demos cuenta de que nuestro sentido de límites cruzados se proyecta en los demás, y de que los juzgamos por su libertad. Resentimos su no.

«Las personas no me quieren si me dicen que no»

Con frecuencia, si tenemos una división entre amor y límite, tomamos el no de los demás como un rechazo y nos sentimos no amados. Esta es una distorsión de ellos y una falta de respeto por cómo eligen amarnos. Solemos verlos como crueles si tienen límites.

«La gente espera de mí que cumpla con sus deseos»

Con frecuencia no nos damos cuenta de cuánta libertad nos dan los demás para adueñarnos de nuestra vida.

Si crecimos en una situación controladora, esperamos que los demás no nos den libertad personal.

«Los otros son responsables de mis conductas»

Si la gente siempre se ha responsabilizado por nosotros, la continuaremos viendo como responsable de nuestra propia conducta y consecuencias. Así, tal vez no advirtamos la ley de causa y efecto en nuestra vida, deseando siempre que nos saquen de apuros. Una secretaria que conozco tiene un cartel en su escritorio que dice: «Una mala planificación de su parte no constituye una emergencia de mi parte». En esencia, ella está diciendo que no es responsable de la conducta de otra persona.

— NUESTRA VISIÓN DE DIOS —

«Dios no quiere que me adueñe de mi vida»

Muchas personas con problemas de límites piensan que los mandamientos de Dios de negarnos a nosotros mismos y de dar nuestra vida a él significan que no poseamos nuestra propia vida. Esto no es cierto. *Debemos* adueñarnos de ella antes de poder entregársela a Dios, o bien no es nuestra para entregarla. La Biblia y la experiencia demuestran que debemos darnos cuenta de todos los componentes de ser una persona explicados anteriormente para poder libremente someternos a Dios como siervos. Los siervos son esclavos liberados que, teniendo control de su propia vida, pueden voluntariamente dársela a su amo.

Dios quiere una relación con nosotros, y la relación requiere dos personas libres. Cuando Jesús estaba en el huerto de Getsemaní, sometió su voluntad al Padre, pero estaba plenamente consciente de sus propios deseos. «Pasa de mí esta copa», expresó su propio deseo, el cual luego sometió al Padre. Él estaba en posesión y expresando sus deseos. Todos los grandes santos de la Biblia, incluyendo a Job, David y Pablo tuvieron una relación similar con Dios. Expresaron libremente sus deseos a Dios. Dios quiere que seamos personas reales y que poseamos lo que es nuestro. Solo entonces podremos optar libremente por entregarlo.

«Dios no quiere que yo tenga nada propio»

Las personas con problemas de límites se sienten culpables por tener deseos. La Biblia está llena de ejemplos de Dios diciéndonos que pidamos para que nos pueda bendecir y podamos compartir lo que tenemos. Algunos creen que Dios frunce el ceño ante la posibilidad de que ellos cumplan sus deseos. Esto es lo opuesto de lo que Dios quiere. Él quiere bendecirnos, pero también quiere que lo veamos como la fuente de nuestras bendiciones: «A los ricos de este mundo, mándales que no sean arrogantes ni pongan su esperanza en las riquezas, que son tan inseguras, sino en Dios, que nos provee de todo en abundancia para que lo disfrutemos. Mándales que hagan el bien, que sean ricos en buenas obras, y generosos, dispuestos a compartir lo que tienen» (1 Ti 6:17-18).

Dios nos ha enriquecido con bendiciones para gozar y compartir. Un ascetismo culpable no es bíblico. Es una visión distorsionada de Dios, el dador de las bendiciones.

«Dios quiere que tenga todo lo que quiero»

Otras personas suponen que su deseo es el mandamiento de Dios y que él no tiene límites para dar. Esta idea es igualmente no bíblica, puesto que Dios con frecuencia nos dice que no, y no nos debe ninguna explicación. En la parábola de los trabajadores en el viñedo, el dueño de la tierra era libre de hacer lo que quería con lo que era suyo (Mt 20:15). El evangelio «nómbralo y reclámalo» convierte a Dios en nuestro siervo y niega sus límites y opciones. Con frecuencia Dios dice que no por motivos que tal vez no comprendamos; su negación a cumplir nuestro deseo no significa que no tengamos suficiente fe. Pregúntele a Jesús en el huerto.

«Dios piensa que soy egoísta cuando les digo a los demás que no»

Dios nos ama para que compartamos y demos en libertad, no por compulsión. El otro lado de dar libremente es decir que no cuando no elegimos dar. Él apoya nuestro sentido de los límites, puesto que él los creó. Como resultado, podemos ser dadores intencionales, no cumplidores.

Además, ayudamos a Dios a acercar a la gente a la madurez cuando decimos que no a su irresponsabilidad. Pablo dice: «Si alguno no obedece las instrucciones que les damos en esta carta, denúncienlo públicamente y no se relacionen con él, para que se avergüence. Sin embargo, no lo tengan por enemigo, sino amonéstenlo como a hermano» (2 Ts 3:14-15). Cuando decimos que no a un comportamiento abusivo o permisivo, estamos sirviendo como la mano de disciplina de Dios en la vida de alguien. Estamos ayudándolos a darse cuenta de sus propios límites.

«Dios quiere que les permita a los demás hacer lo que quieran de mí o de otros»

Esta es una distorsión similar. Dios nos dice muchas veces que reprendamos a los demás (Mt 18:15-18; Lv 19:17; Pr 27:5-6; Ef 4:25-26; 1 Co 5:9; Gá 6:1; 2 Co 2:5-11; 1 Co 5:1-5). No hacerlo es darle a la gente gracia sin verdad. Permite que las personas permanezcan inmaduras. Dios es muy serio acerca de su pueblo cuando crece en él. No quiere que ayudemos a los demás a permanecer inmaduros.

«Dios no quiere que persiga lo que deseo»

Muchas personas se sienten culpables acerca de apropiarse de sus talentos y metas. Dios nos ha creado con talentos y quiere que trabajemos con él en cómo utilizarlos mejor. Debemos hacer planes, pero siempre debemos estar conscientes de que Dios puede revisarlos. «El corazón del hombre traza su rumbo, pero sus pasos los dirige el Señor» (Pr 16:9). «Deléitate en el Señor, y él te concederá los deseos de tu corazón. Encomienda al Señor tu camino; confía en él, y él actuará. Hará que tu justicia resplandezca como el alba; tu justa causa, como el sol de mediodía» (Sal 37:4-6).

«Dios es totalmente soberano y está en control, por lo tanto, yo no tengo responsabilidad»

Este problema de límites niega nuestra posición en la vida. Dios nos da mucha responsabilidad y libertad para manejar nuestra vida; hasta restringe sus límites para que podamos tener nuestra propia voluntad y opciones. No creó robots que cumplirán con cada uno de sus mandamientos. Somos responsables de nuestras opciones y algún día deberemos dar cuenta de ello. Como resultado, tenemos mucho para decir con respecto al rumbo que toma nuestra vida.

«Dios es un Dios "lejano" y no está involucrado en mi vida»

Este problema de límites niega la apropiación de nuestra vida por parte de Dios. Él es muy activo en hacernos crecer. Tanto Dios como nosotros tenemos responsabilidad en nuestro crecimiento. «Lleven a cabo su salvación con temor y temblor, pues Dios es quien produce en ustedes tanto el querer como el hacer para que se cumpla su buena voluntad» (Fil 2:12-13). Trabajamos junto con Dios.

«Si Dios me dice que no, él no me ama»

Dios es libre de limitar su entrega debido a sus propósitos y los nuestros. No es falta de amor que Dios diga que no, incluso a nuestra sanidad. Él sabe que a veces debemos elaborar nuestra sanidad en lugar de que él lo haga por nosotros. Por ejemplo, si estoy deprimido porque no me vinculo con los demás, el que Dios «sane» mi depresión me prohibiría que aprendiera a vincularme y a ser amado. Él podría entonces decir que no a mi oración para sanarme de la depresión por mi beneficio. Nosotros, al igual que Job, debemos confiar en el no de Dios y en sus tiempos. Puede significar que él quiera algo mejor para nosotros.

«Dios perdona y no me disciplinará por mi pecado»

Esta frase niega los límites. Él no permitirá que la maldad tome el control. Quiere una casa limpia, y puesto que nos ha invitado a vivir con él, quiere que nos quitemos los zapatos si hay barro en ellos. Nos disciplinará por nuestro propio bien. Él está interesado en el desarrollo de nuestra justicia porque no es bueno para nosotros permanecer inmaduros.

«Dios es todo límite y nada de amor»

Dios tiene muchos sentimientos de compasión y mucho perdón, y debemos permitirle que los posea. Verlo como el gran disciplinador sin compasión es negar su naturaleza (Sal 103).

CAPÍTULO DIEZ

Aprendamos a fijar los límites

Hemos visto la importancia de fijar límites en nuestra vida. Hemos observado a una cantidad de personas que sufrieron porque no aprendieron a fijar límites cuando estaban creciendo.

Stephen estaba agotado y al borde de perder su empleo porque nunca decía que no a los pedidos de ayuda de la gente. Sandy era infeliz y estaba fuera del control de su vida porque no le podía decir que no a su madre. Jane sufría de ataques de pánico porque no le podía decir que no a la embriaguez de su esposo. Jim era infeliz porque nunca podía decirle que no a las solicitudes de su esposa de que trabajara en la casa. Peter era suicida porque no podía decirle que no a los pedidos de su madre de que se quedara en la casa por el resto de su vida. Donna estaba enojada porque no podía decirle que no a las expectativas excesivas que tenía su familia de ella. Robert no tenía trabajo porque no se hacía responsable de sus actitudes equivocadas acerca de cómo funcionaba el mundo. Harold estaba enojado porque no podía decirle que no a su hija. Todas estas personas podrían emplear algunas lecciones acerca de cómo fijar límites y cómo evitar que la gente los cruce.

Veamos algunas de las habilidades necesarias para fijar límites y aprender a decir que no cuando alguien intenta cruzarlos.

Habilidades para fijar límites

Obtenga conciencia

Debido a que fijar los límites es simplemente apropiarse de lo que es suyo, su primer paso debe ser obtener conciencia de quién es. Debe darse cuenta de su cuerpo, sentimientos, actitudes, conductas, pensamientos, habilidades, opciones, deseos y límites. Haga un inventario sobre de dónde vino, dónde está ahora y a dónde se dirige. La guía de estudio para fijar límites al final de libro lo ayudará.

Aliste a otros a tomar el inventario. Necesita retroalimentación de los demás porque con frecuencia no ve lo que ha desposeído. Incluso puede beneficiarse de la ayuda profesional. Proverbios 15:22 dice: «Cuando falta el consejo, fracasan los planes; cuando abunda el consejo, prosperan».

Defina quién es usted

Así como Dios se define a sí mismo, usted necesita afirmarse a usted mismo. Comience por decir qué siente, qué le gusta, qué quiere, que piensa y qué hará. Grábese una identidad y diga: «Este es el que soy».

Defina quién no es usted

También debe decir quién no es usted. Diga lo que «usted no es», así como también lo que usted es. Diga con qué no está de acuerdo, qué no le gusta, qué no haría y demás. Las personas con problemas de límites con frecuencia no están en contra de nada. Aceptan todo. Esto es muy destructivo. En Proverbios 6, Dios nos llama a estar en contra y a odiar ciertas cosas.

Desarrolle el músculo del «no»

Un niño aprende a fijar límites diciendo que no. Muchos de nosotros hemos eliminado esta palabra de nuestro vocabulario y debemos volver a descubrirla. Fortalezca su músculo del no.

Comience con pequeños ejercicios, tales como decir que no a cenar en determinado restaurante al que no quiere ir, y trabaje ascendiendo a cosas más exigentes, como decir que no a hacer el amor cuando no quiera hacerlo. Aprender a decir que no probablemente sea la tarea más importante y difícil al crear fronteras, especialmente decirle que no a los padres.

Deje de culpar a los demás

Hacerse responsable de su propio dolor y no culpar a los demás es un movimiento importante que nos aleja de la esclavitud y nos acerca a la salud. Deje de culpar a los demás por sus problemas, trátelos. Esto no significa que los demás no los ocasionaron, simplemente que usted tiene que tratar con ellos. Culpar a los demás es un callejón sin salida.

Deje de hacerse la víctima

Como adulto, usted tiene opciones. Comience a hacerse responsable de esas opciones y aduéñese de ellas. Si da algo, está optando por dar y debe dejar de actuar como si alguien lo obligara a hacerlo. Como adulto, usted está optando. Si está trabajando en algún lado que no le gusta, hágase responsable por encontrar alguna otra cosa. Si un amigo lo critica una y otra vez, hágase responsable y arregle un encuentro con él o ella. Usted es responsable de lo que elige hacer. Hacerse responsable cambiará su vida.

Perseverar

Dios nos manda a perseverar, a que continuemos a pesar de las dificultades o la oposición .«Corramos con perseverancia la carrera que tenemos por delante. Fijemos la mirada en Jesús, el iniciador y perfeccionador de nuestra fe, quien por el gozo que le esperaba, soportó la cruz, menospreciando la vergüenza que ella significaba, y ahora está sentado a la derecha del trono de Dios» (Heb 12:1-3). Cree metas para usted mismo y dispóngase a lograrlas con un esfuerzo continuo y paciente.

La perseverancia crea disciplina y responsabilidad. La perseverancia crea carácter. «El sufrimiento produce perseverancia; la perseverancia, entereza de carácter; la entereza de carácter, esperanza» (Ro 5:3-4).

Vuélvase activo, no reactivo

Las personas con problemas de límites con frecuencia se ven a sí mismas no como iniciadores, sino como reactores. Toman opciones reaccionando pasivamente ante los demás. Elija amar y dar, no solo ame y dé cuando le sea requerido. Elija trabajar y lograr, no solo hacerlo cuando se le requiera. Esto desarrolla el carácter. Desarrolla un sentido de «lo haré».

Fije límites

Una de las tareas más importantes es fijar límites a la conducta abusiva de otros. No debemos permitir que los otros se centren en sí mismos ni sean irresponsables.

Ponga límites a la forma en que el abuso de sustancias de los demás o el abuso físico lo afectan a usted. Además, coloque límites sobre un abuso emocional más sutil, tal como la crítica y la culpa.

Comience a darse cuenta de sus límites de tiempo, dinero y energía. Si ha sembrado con moderación, cosechará con moderación; pero si siembra más de lo que tiene, se irá a la quiebra. Encuéntrese con Dios y con los demás para hallar qué es razonable para usted en este momento.

Escoja valores

Defina qué quiere ser y a dónde quiere dirigirse. Como Josué, elija este día a quién va a servir. Decida cuáles van a ser sus valores y trabaje hacia sus metas. Otros cristianos tal vez le digan cuáles deberían ser sus valores, pero ellos no son perfectos. Usted debe hacerse responsable por sus propias opciones.

Practique el autocontrol

Fije límites sobre sus deseos. Usted no puede tener todo lo que quiere. Tenga cuidado de no irse al otro extremo y colocar demasiados límites en sus deseos, de modo que se controle a sí mismo sin tener un «yo». Llegue a un equilibrio entre satisfacer sus deseos y controlarlos.

Acepte a los demás

Aprenda a amar y aceptar a los demás por lo que son. Si no lo hace, está invadiendo sus límites y tomando el control de algo que no es suyo: su persona. Si quiere sentirse aceptado, acepte. Si quiere que los demás acepten su no, acepte el no de ellos. Si se resiente con los demás porque le dicen que no, estará confundido acerca de su propio no e intentará controlarlos. Ame a las personas cuando dicen que no, y libérelos. Solo entonces usted mismo será libre.

Advierta su separación

Desarrolle tiempo e intereses fuera del tiempo e intereses de aquellos a los que ama. Advierta que la separación es algo bueno y que enriquecerá su relación. El tiempo separado mejora la relación al crear ansias. De otro modo, somos clones. El contar las formas en que usted es diferente, así como igual, de aquellos a quien ama, ayudará a su sentido de identidad.

Sea sincero

Sea honesto con los demás. Muchas personas no son honestas porque temen perder la intimidad y el estar juntos. En realidad, la sinceridad acerca a las personas, puesto que fortalece sus identidades. Cuando más advierta sus identidades separadas, más cerca estará. Decirle a los seres queridos lo que realmente está en su mente, y decirles a los demás qué piensa realmente, es la base del amor.

Desafíe al pensamiento distorsionado

Jesús enseñó que la verdad nos libera. Identifique sus distorsiones y actúe en concordancia con la verdad. Aprenderá nuevas maneras de ser y producirá un fruto diferente. Esta es una tarea ardua y requiere de la ayuda de los amigos y del Espíritu de Dios para que lo conduzcan a la verdad acerca de sí mismo y acerca de su mundo.

Al examinar las límites no podemos dejar de lado algo fundamental: la responsabilidad. Nuestras fronteras básicamente definen nuestro sentido de responsabilidad. Nos dicen en qué consiste nuestra vida y de qué somos responsables. Debemos adueñarnos de nuestro propio cuerpo, sentimientos, actitudes, conductas, pensamientos, capacidades, opciones y límites.

Si nos detuviéramos detrás de cercas cuidadosamente guardadas, viviríamos una vida muy segura, pero sería una existencia no bíblica. Esto nos alejaría del amor, la meta de la vida. El concepto bíblico del amor implica amar y dar nuestra vida a los demás. Sin embargo, es imposible que demos lo que no tenemos, y los límites son nuestra manera de «tener» el yo que nos permita luego optar por dar.

Adueñarnos de nuestra propia vida es la esencia de la libertad, y no hay amor sin libertad. La libertad nos realiza y el amor nos motiva a dar ese yo a otros. Cuando damos antes de ser libres y de adueñarnos por completo de nosotros mismos, caemos en la servidumbre y en la esclavitud. Advierta lo que tiene y luego compártalo con los demás. Esto significa cumplir con la ley de Cristo.

Stephen

La historia de Stephen al comienzo de esta sección ilustra qué sucede cuando una persona tiene problemas con su sentido de los límites. Se había extendido tanto, que le resultaba difícil hacer que algo se realizara. Resentía a los demás, era irresponsable y estaba agotado.

Me dijo: «Sé que todo el mundo está enojado conmigo. Siempre desilusiono a mi esposa y a la iglesia. ¡Pero no puedo seguirles el ritmo! Cuanto más hago, más me exigen. He intentado hacer felices a todos, pero todo lo que obtengo es pena».

Stephen creía que era responsable de la vida y los sentimientos de los demás. Puesto que su padre había muerto a una edad temprana, aprendió a hacerse responsable de su madre, una persona controladora y centrada en sí misma. Como resultado, se olvidó de cómo cuidar sus propios asuntos.

Cuando le presenté a Stephen el concepto de límites, vio de inmediato cuál era su problema. Le enseñé a reconocer cuándo estaba dando «por compulsión y obligación» y cómo discernir el «propósito de su corazón». A medida que fue ganando control de sí mismo, dejó de darles a los demás solo porque se sentía responsable de ellos.

«Simplemente decir no» fue la lección más dura de aprender para Stephen. Odiaba las miradas de desilusión y de acusación cuando tenía que pasar por alto una oportunidad para ayudar a alguien. Con frecuencia se sentía tentado a dar de mala gana. Pero, a medida que transcurrió el tiempo, aprendió a darles a los demás solo cuando elegía hacerlo.

La esposa de Stephen, que estaba acostumbrada a controlarlo, peleó con uñas y dientes contra su nueva resolución. Sin embargo, él le hizo frente, se hizo cargo de su propia vida y como resultado de ello, se volvió una persona más definida, que podía hacerse cargo de sí mismo. Con el tiempo, ella llegó a aceptarlo cuando vio que podía confiar en que él cumpliría sus promesas. Se estaba volviendo confiable.

En su ministerio, Stephen también comenzó a decir que no. Aprendió a ofrecer sus pensamientos y opiniones al descubrir cómo lo había creado Dios. Hubo algunos momentos difíciles, pero su sentido de propósito regresó, y su iglesia sintió que estaba trabajando con una persona de carácter y compromiso.

Stephen también aprendió a fijar límites para sí mismo. En lugar de siempre responder a los hechos, comenzó a dar inicio a las cosas y a seguirlas hasta completarlas. Alentado por sus éxitos, descubrió cada vez más lo que disfrutaba hacer, y le dijo que no a todo lo demás.

Viendo el árbol, el fruto de Stephen cambió. Si se hubiera concentrado solo en los frutos malos (los síntomas de agotamiento, fatiga y victimización) nunca se hubiera curado. Pero cuando se centró en el tema del desarrollo de los límites pudo crecer a la imagen de Dios, convirtiéndose en una persona claramente definida y responsable.

PARTE IV

Clasifiquemos lo bueno y lo malo

CAPÍTULO ONCE

¿Cuál es el problema?

Ted siempre tuvo el toque de Midas, todo lo que tocaba se convertía en oro. Cuando era adolescente era la excelencia en todos los ámbitos: académico, atlético y social. Incluso sus años de universidad, pagados por una beca de prestigio, estuvieron inmaculados de fracasos.

Luego de la universidad continuó gozando de éxito tras éxito. A los treinta años ya era millonario. Respetado en su comunidad, se había casado con «la muchacha más bella del mundo» y tenía dos hijos «perfectos». Parecía tener el mundo en sus manos.

Luego, poco a poco, su éxito comenzó a menguar. Los juicios legales plagaron a sus subsidiarias. Su popularidad comenzó a desvanecerse. Al cabo de unos pocos años, prácticamente había perdido su fama y su familia. Lleno de desesperación e incapaz de soportar la situación, Ted intentó suicidarse.

En el hospital, atravesó días de estupor, casi sin poder hablar. Se negó a ver a ninguno de sus viejos amigos. No quería que vieran a su «héroe» en una unidad de salud mental.

A medida que Ted comenzó a abrirse en su dolor, resultó claro que no podía manejar ningún fracaso o pérdida. Cualquier amenaza a su imagen ideal de sí mismo lo llevaba a mayores logros, construyendo así una casa de espejos que cubría su desilusión y su dolor. Y tenía mucho dolor por cubrir, un dolor que se remontaba a su juventud en un hogar roto. Ted manejó lo malo en sí mismo, en su familia o en su entorno, trabajando para crear más bienes. Incapaz de tratar con un mundo imperfecto, se convirtió en una bomba de tiempo. Y a los treinta y ocho años, explotó.

Ted había intentado construir una imagen y una vida que era plenamente bueno. Cuando vino lo malo, la caída fue terrible. Se derribó de inmediato y todo le fue mal. El mundo que nos rodea es bueno y malo. La gente que nos rodea es buena y mala. Nosotros somos buenos y malos.

Nuestra tendencia natural es intentar resolver el problema del bien y del mal *manteniendo separados al bien del mal* Por naturaleza, queremos experimentar el buen yo, el buen otro y el buen mundo como «todo bueno». Para hacerlo, vemos al mal yo, al mal otro y al mal mundo como «todo malo». Esto crea una división entre nuestra experiencia de nosotros mismos, de los demás y del mundo que nos rodea, una división que no se basa en la realidad y que no puede soportar la prueba del tiempo y de la vida real.

Esta división ocasiona una incapacidad para tolerar lo malo, la debilidad y la falla en nosotros mismos y en los demás. Conduce a dos problemas básicos: a veces negamos la existencia de lo malo; otras veces, negamos la existencia de lo bueno. Nos sentimos que somos totalmente malos cuando fracasamos, o bien pensamos que somos totalmente buenos cuando las cosas nos van bien.

Además, culpamos y castigamos a los demás por no ser las personas totalmente buenas que queremos que sean. En otras ocasiones, negamos la maldad real que ellos exhiben y terminamos en una relación con ellos que finalmente fracasa.

En el mundo que nos rodea requerimos la perfección y desvalorizamos toda iglesia, grupo o trabajo que no cumpla con nuestras expectativas. O bien nos retiramos de la iglesia, el grupo o el trabajo para trasladarnos a otra situación imperfecta y que nos trae desilusión, o idealizamos una situación de un modo que nos ciega ante los aspectos malos. En pocas palabras, *si no tenemos la capacidad de tolerar y tratar con la existencia simultánea del bien y del mal, no podemos tratarlos exitosamente y vivir en este mundo, porque el mundo y nosotros somos precisamente eso: buenos y malos.*

Una perspectiva bíblica del bien y del mal

No siempre fue así. Hubo un momento en el planeta Tierra en que todo era «todo bueno». Dios había pintado un cuadro en la tela de la realidad y la realidad del cuadro era la perfección. La creación, incluyendo a los seres humanos, no tenía mácula. No teníamos pecado. A veces nos podemos acercar a ver la perfección. Podemos verla cuando miramos una puesta de sol hermosa. Es evidente en la belleza física de algunas personas. Algunas actuaciones musicales nos retan a encontrar un error. Algunos atletas nos sorprenden con actuaciones perfectas de gracia y belleza. Los momentos de intimidad entre los amantes traen el cielo cerca de la tierra.

Es en momentos como esos que tenemos pocos problemas en imaginarnos un mundo ideal. Podemos perdernos en la fantasía de cómo fue la creación sin maldad. Fue para este mundo que fuimos creados. Nunca fuimos hechos para vivir donde vivimos ahora; eso fue un error. Hemos sido enviados al domicilio equivocado. Dios nos creó para la perfección y nos encontramos viviendo en otro lado.

No fuimos preparados para vivir en un mundo imperfecto. No fuimos hechos para tratar con los efectos de la caída. No debían haber caries en nuestros dientes ni espinas o cardos pinchando nuestros suaves pies. No fuimos hechos para defendernos unos de los otros; nuestros espíritus son demasiado tiernos como para vivir en un mundo de personas que lastiman. Fuimos hechos para una relación perfecta con personas perfectas; en cambio, la gente con la que nos encontramos invariablemente nos lastima. Mienten o son desleales; a veces son simplemente crueles.

No fuimos preparados para ser imperfectos. No tenemos la suficiente gracia dentro de nosotros como para anestesiarnos en contra del dolor de nuestra maldad. Es bastante horrible sentir el pecado; pero la culpa del pecado es aún peor. Sentimos odio y separación en vez de amor y conexión; sentimos la envidia de los otros en lugar de su aprecio y gratitud; nos sentimos tristes y enojados en vez de gozosos; sentimos pánico y preocupaciones en lugar de sentirnos seguros; sentimos vergüenza odio contra nosotros mismos en vez de amor y confianza propia; y finalmente sentimos un temor total y terror de Dios, en ligar de un asombro abrumador y amor. Todos estos sentimientos tocan temas del bien y del mal. Para ser exitosos emocional y espiritualmente debemos poder tratar con ellos. Si no podemos coexistir con el bien y el mal nos será muy difícil vivir en este mundo.

Cuando vamos y venimos viendo las cosas como todas buenas o todas malas, no podemos tener una relación coherente con nosotros mismos, con los demás o con el mundo que nos rodea. A veces, la gente va de amigo a amigo, de cónyuge a cónyuge, de iglesia a iglesia o de trabajo en trabajo. Piensan por un tiempo que todo está bien, pero tan pronto como aparece la maldad, no pueden tratar con ella. Exigen perfección; lo que no es perfecto está «todo mal» y por lo tanto es rechazado. Están viajando en una montaña rusa.

Tal vez tenga una relación en la que pensó que todo estaba bien, y luego no llamó a su casa para avisar que llegaba tarde. Su cónyuge lo trató como si tuviera lepra. Este es un ejemplo de los que no pueden tratar con la maldad o la imperfección en los demás.

O tal vez pensó que le iba muy bien en el golf, y luego jugó mal y sintió mucho odio contra sí mismo. Sintió que era un verdadero fracaso, todo malo. O tal vez estaba entusiasmado por comprar el carro de sus sueños. Y luego se abolló y perdió su perfección. Si no es perfecto, está todo mal. O estaba preparando esa comida especial de bienvenida para sus nuevos vecinos. El pastel se cae, y «arruina toda la noche».

Estos son todos problemas de clasificar temas del bien y del mal. Si vamos a negociar muy bien la vida, debemos encontrar la manera de vivir en un mundo que contenga a ambos.

El yo ideal

Todos tenemos un recuerdo lejano de qué debíamos ser. Todos podemos imaginarnos cómo sería un «yo» perfecto. Piense un segundo acerca de su yo perfecto. Piense en la posibilidad de hacer perfectamente todo lo que puede hacer. Cuando se obliga a pensar en eso, puede comenzar a ver la tensión entre lo que usted imagina y lo que es real.

Bien adentro, todos vemos las diferencias entre nuestro yo ideal, la perfección imaginada y nuestro yo real, el que verdaderamente somos. Si estos luchan entre sí, estaremos en conflicto constante. Lo que quisiéramos que fuera verdad y lo que es realmente cierto librarán una batalla uno contra el otro.

El yo ideal es el que podemos imaginar y el que queremos ser. Si observa sus capacidades particulares, puede imaginarse cómo sería su perfección. Por ejemplo, yo juego al golf. Hay días en que puedo hacer algunos hoyos que se acercan a la manera en que idealmente me gustaría hacerlos. El balanceo se siente como que no puede ser mejor, la pelota vuela exactamente como quiero que vuele. Puedo empezar a imaginarme el impulso ideal en cada hoyo y luchar por eso. El yo ideal es el ideal imaginado de mí que golpea la pelota de la manera en que se supone que debe hacerse. Es una fantasía maravillosa y una meta maravillosa también.

O, si usted es abogado, puede tener días cuando la ley se abre ante usted de una manera que lo sorprende. Ve cada ángulo posible de su caso e interpreta claramente la ley. Al mismo tiempo, sueña con defender a su cliente en los tribunales en una forma en que la competencia no tenga oportunidad alguna. La claridad y lo hermético de su caso no puede ser desafiados y su presencia en la corte es una protección santa para su cliente. Comienza a ver talentos y potenciales que no sabía que tenía.

O, si es una maestra, construye un puente entre sus alumnos y el tema, el que les permite avanzar a un mayor entendimiento del que creía posible. Puede discernir de inmediato cuál es la necesidad del momento y puede ayudarlos a construir con sus bloques de conocimiento. Comienza a soñar en formas creativas que ayudarán en clases futuras a saltar sobre expectativas de aprendizaje convencionales.

O, si es un padre o una madre, puede imaginar cómo sería conocer cada necesidad de su hijo y poder responderles adecuadamente cada vez. Puede verse a sí mismo como el modelo que admira su hijo y convirtiéndose en él, y sueña con una relación maravillosa entre ambos.

Si está en los negocios, entonces puede ver el éxito de su compañía como idealmente quisiera que fuera. Puede verse a sí mismo acumulando la información y la experiencia que necesita, puede ver sucursales que se abren en todo el país.

Tener deseos ideales sobre aspectos de nuestra vida es una parte de ser humanos. Esos deseos son los potenciales perdidos de la imagen de Dios dentro de nosotros. Podemos imaginarnos cómo sería la mujer ideal, si somos una mujer (Pr 31) o cómo sería un hombre ideal, si somos hombres (Ef 4:14-15). En cada área de nuestra existencia podemos imaginarnos el ideal y ansiarlo.

Romanos 8 lo dice de este modo:

«Sabemos que toda la creación todavía gime a una, como si
tuviera dolores de parto. Y no sólo ella, sino también nosotros mismos, que tenemos las primicias del Espíritu, gemimos
interiormente, mientras aguardamos nuestra adopción como
hijos, es decir, la redención de nuestro cuerpo. Porque en esa
esperanza fuimos salvados. Pero la esperanza que se ve, ya no
es esperanza. ¿Quién espera lo que ya tiene? Pero si esperamos
lo que todavía no tenemos, en la espera mostramos nuestra
constancia» (vv. 22-25).

Estamos ansiosos por recuperar nuestro ideal perdido; esta ansiedad
está construida dentro de la verdadera naturaleza de quiénes somos.
Es quiénes éramos y quiénes seremos algún día.

El yo real

El yo real es lo que verdaderamente somos, no lo que deseamos ser.
El yo real no es perfecto, no importa cuánto deseemos que lo sea. La
verdad de nuestra situación es que nuestro yo real ha fallado, se ha
perdido lo ideal. Estamos acosados por la debilidad y el fracaso; estamos derrotados, y no es así como nos gustaría estar. Pablo lo expresó
de esta forma: «Mas yo soy carnal, vendido al pecado» (Ro 7:14).

Además de nuestros aspectos pecaminosos, somos débiles. A veces
representamos nuestra debilidad como si fuera mala. No pensamos
que está bien ser débiles. Nuestro yo ideal no debería ser débil.

También estamos quebrados. Hemos sido lastimados de muchas
maneras, y nuestro yo real aloja todas las evidencias de esas lastimaduras. El dolor, el quiebre y el subdesarrollo emocional que todos
poseemos es parte de quien realmente somos. El quiebre y la inmadurez son partes de nuestro yo real.

Naturalmente, valoramos más el yo ideal que el real. Él trabaja
mejor, luce mejor, funciona mejor y necesita menos mantenimiento.
En resumen, nuestro yo ideal es un modelo mejor que el real. El
problema es que *es una fantasía*. No es real. No puede ser abrazado
o referido. No existe.

Debemos observar la relación entre el yo ideal y el yo real. Si están
en conflicto, habrá una guerra perpetua dentro de nosotros por quién

tiene el papel protagónico. Cada vez que el yo real se evidencia, el yo ideal lo juzgará e intentará que se oculte. Y cuando nos estamos ocultando, no estamos en relación con Dios ni con los demás.

Si exigimos la perfección de nosotros mismos, no estamos viviendo en el mundo real. El yo real no es perfecto, esto es una realidad que todos debemos comprender. Muchas personas hablan mucho de esta realidad, pero sus actos hablan más fuerte. Sus actos traicionan la fuerte creencia de que deberían ser ideales y de que ninguna imperfección debería vivir dentro de ellos. Todos tenemos muchas imperfecciones, debilidad e inmadurez que no son nuestro ideal. Esa es la realidad.

La relación entre lo ideal y lo real

El problema inherente en la relación entre lo real y lo ideal es que lo ideal juzga a lo real como inaceptable y acarrea condena e ira sobre él. Esto entabla una relación de adversarios entre los dos, y como todos los adversarios, se alejan cada vez más.

Richard, un empresario de cuarenta y seis años, vino al hospital porque estaba preocupado por pensamientos atemorizadores e incontrolables. A veces, cuando estaba con su esposa, se imaginaba que la golpeaba. En otras ocasiones, fantaseaba ce estar muy enojado con sus hijos. Intentaba arduamente aleja esas fantasías de su cabeza, pero siempre volvían, con mayor fuerza que antes. Intentó orar y leer su Biblia, pero ni así podía controlar sus pensamientos.

Richard siempre hacía un prefacio a sus fantasías con expresiones tales como «Sé que no debería tener estos pensamientos, pero...» Siempre manifestaba lo ideal; es decir, siempre decía que el Richard ideal no tendría ese tipo de pensamientos. Pero la verdad es que realmente los tenía.

Richard tenía un desorden obsesivo-compulsivo. Él trataba de sacar los pensamientos de su cabeza usando varios comportamientos compulsivos, sin embargo, ellos permanecían. Había decidido que era malo sin esperanzas.

Durante su estancia en el hospital, Richard aprendió que estaba muy enojado con su esposa por muchas cosas que nunca le había contado. Pensaba que no *debía* estar enojado, entonces había negado y reprimido todo su enojo. Además, Richard aprendió que se sentía

enojado con su propia niñez, así que odiaba la debilidad y las inca-
pacidades de sus hijos.

El problema no era que estuviera enojado, o que fuera infantil.
Ambas cosas son parte de la vida. El problema era que no aceptaba
esas partes de sí mismo; su yo ideal había decidido que no debían
formar parte de él. Por lo tanto, estaban comenzando a controlarlo.
La «maldad» que estaba negando salía en forma de pensamientos
destructivos y obsesivos.

A medida que Richard comenzó a comprender las exigencias de
su yo ideal y comenzó a aceptar su yo real, pudo trabajar en su enojo
tanto hacia sí como hacia su esposa. Al hacerlo, las obsesiones se
fueron.

Esta división entre lo ideal y lo real es una de las mayores razones
de las luchas de los cristianos. La iglesia a menudo enfatiza tan altos
ideales que muchas personas sienten que no pueden ser humanos y a
pesar de eso ser cristianos: una creencia increíble cuando uno piensa por qué vinieron a Cristo en primer lugar. Vinieron porque eran
pecadores que necesitaban perdón y aceptación.

— TONO DE JUICIO VS. TONO DE ACEPTACIÓN —

Un importante aspecto de la relación entre lo ideal y lo real es su
tono emocional. Si adoptamos un tono de juicio, uno de condena e
ira hacia lo que es real, entonces tenemos una casa dividida. Nuestros
ideales juzgarán y condenarán a nuestro yo real a la no existencia.
Usaremos la vergüenza, la culpa, el ocultamiento, la negación, la
división y otras defensas para ocultar al yo real. Lo que no aceptemos
en gracia estará bajo juicio y condena, y nos ocultaremos detrás de
una hoja de higuera sicológica.

Si adoptamos un tono amoroso y de aceptación hacia nuestro
yo real, hay esperanza de transformación. Si somos capaces de
aceptar aquellas partes de nosotros mismos que sentimos que no
son ideales, esas partes serán amadas y sanadas. Pueden empezar
a crecer en maneras que nunca antes imaginamos. La aceptación
es la respuesta al dilema de lo ideal en contraposición a lo real.
Esa es la gracia.

Podemos ver esto en la lucha de Pablo en Romanos 7:

«No entiendo lo que me pasa, pues no hago lo que quiero, sino lo que aborrezco. Ahora bien, si hago lo que no quiero, estoy de acuerdo en que la ley es buena; pero en ese caso, ya no soy yo quien lo lleva a cabo sino el pecado que habita en mí. Yo sé que en mí, es decir, en mi naturaleza pecaminosa, nada bueno habita. Aunque deseo hacer lo bueno, no soy capaz de hacerlo. De hecho, no hago el bien que quiero, sino el mal que no quiero» (w.15-19).

Él desea una cosa y encuentra la penosa realidad de otra.

Nuestra tendencia natural es esforzarnos para alcanzar lo ideal, pero Pablo tiene la respuesta real: aceptación. «Por lo tanto, ya no hay ninguna condenación para los que están unidos a Cristo Jesús». Las demandas de lo ideal han sido cumplidas y Pablo ya no es más condenado por no ser perfecto. Dios envió a su Hijo «a fin de que las justas demandas de la ley se cumplieran en nosotros» (v. 4). Cuando podemos llegar a un punto de «no condena» con respecto al verdadero yo tal cual es, podemos confesar lo que está mal y estar en relación tal como somos, sin presión por ser ideales. Esta aceptación puede conducir a un crecimiento y poder espiritual increíbles.

Entonces, la naturaleza de la relación entre lo ideal y lo real debe ser de gracia, de amor incondicional y de aceptación. Si esto es cierto, nuestra casa no está dividida. Lo ideal y lo real ya no luchan entre sí, y puede comenzar una buena relación. La buena relación implica aferrarse a lo ideal y aceptar amorosamente lo real. Si el yo real es amado y aceptado, puede ser alentado a crecer hacia el ideal. El Maestro, en Eclesiastés lo dice de este modo:

«Todo esto he visto durante mi absurda vida: hombres justos a quienes su justicia los destruye, y hombres malvados a quienes su maldad les alarga la vida. No seas demasiado justo, ni tampoco demasiado sabio. ¿Para qué destruirte a ti mismo? No hay que pasarse de malo, ni portarse como un necio. ¿Para qué morir antes de tiempo? Conviene asirse bien de esto, sin soltar de la mano aquello. Quien teme a Dios saldrá bien en todo» (7:15-18).

En otras palabras, exigir perfección arruinará su vida. Todos conocemos a perfeccionistas que no gozan para nada la vida y que también hacen la vida desgraciada a los demás. Por otra parte, abandonar las normas y los ideales nos mataría. La persona que es temerosa de Dios evita tanto el legalismo como la licencia y lleva una vida equilibrada. En una vida en la que las normas son aceptadas y queridas como metas y en donde nuestro yo verdadero es aceptado y amado, habrá paz y crecimiento. Podemos ser personas reales.

Esta visión de nosotros mismos es coherente con la visión de Dios. Él dice que somos increíblemente maravillosos, extremadamente pecadores, sitiados con todo tipo de debilidades y que gozamos de muchos talentos. ¡Intente pensar en todo al mismo tiempo! Es un ejercicio real en la tarea de resolver el bien y el mal. Veamos algunos enunciados «conflictivos» de la Biblia:

«"¿Qué es el hombre, para que en él pienses? ¿Qué es el ser humano para que lo tomes en cuenta?" Pues lo hiciste poco menos que un dios, y lo coronaste de gloria y de honra; lo entronizaste sobre la obra de tus manos, ¡todo lo sometiste a su dominio!» (Sal 8:4-6).

«No hay un solo justo, ni siquiera uno» (Ro 3:10).

«Él conoce nuestra condición; sabe que somos como el barro» (Sal 103:14).

La Biblia enseña dos temas todo el tiempo: el primero es que fuimos creados a la imagen de Dios y que tenemos un valor increíble. El segundo es que somos pecadores y que estamos divididos. Está lo ideal y está lo real. Ambos son verdaderos, ambos necesitan reconciliarse en una relación de gracia con Dios y los demás.

Distorsiones de lo ideal

Lo que algunas personas piensan que es lo ideal nunca formó parte del ideal humano que Dios creó. Por ejemplo, Dios nos creó con necesidades de relacionarnos con otras personas. «No es bueno que el hombre esté solo» (Gn 2:18). Pero algunas personas piensan que idealmente no deberían necesitar a nadie. Otras personas han creado un yo ideal que niega los sentimientos sexuales. Y otros ven un yo ideal que no se enoja ni se entristece. Estos yo ideales son distorsiones de la imagen de Dios a la cual fuimos creados. Nunca fueron intencionados.

Algunas personas sienten que su yo ideal no necesitaría trabajar o completar tareas. Piensan que deberían ser felices solo siendo un felpudo o no utilizando sus talentos. Sin embargo, Dios nos creó para tener dominio sobre la tierra.

Las distorsiones que crea la gente en su yo ideal son parte de lo que perdieron (perfección) o bien parte de lo que nunca fueron (no humanos). Cualquiera que sea el motivo, no es real, y debemos enfrentar las exigencias de nuestro yo ideal y aceptar lo que es verdad.

Nuestras percepciones del yo ideal provienen en gran medida de nuestra crianza. Lo que era valorado en nuestra familia lo interiorizamos como lo ideal; lo que no es «advertido» se asigna a una ranura de algún lugar oscuro de nuestra alma.

Juzgamos esto último como malo, sea o no así. Algunas personas se sienten mal con respecto a cosas buenas que no fueron aceptadas en su familia. El yo ideal puede condenar estos aspectos del yo verdadero como alguien puede condenar el homicidio. Por ejemplo, en nuestra cultura muchos hombres reciben el mensaje de su familia de que es malo tener sentimientos débiles y de necesidad. Se les ha dicho que deben ser «machos» y que deben suprimir sus tristezas y debilidades.

¡El yo ideal no es necesariamente infalible! Es un sistema de valores interiorizados de nuestra crianza así como también de nuestros propios deseos para nosotros mismos. El punto importante es que cualquier cosa que sea verdad, pero no sea aceptable para el yo ideal, obtiene un juicio y es despedida de alguna u otra forma.

Cuando Patrick vino a la terapia, había visto alrededor de quince o veinte doctores para que trataran su «enfermedad». Había estado en varias salas de emergencia, pensando que sufría de un ataque al corazón, una apoplejía, cáncer o alguna otra cosa. Pero ninguno de los doctores pudo encontrar nada mal. Finalmente, su médico le sugirió que buscara ayuda psicológica.

Patrick era funcionario ejecutivo de una corporación muy importante. Su meta en la vida siempre había sido elevarse por encima de todo con su intelecto. Le había ido muy bien. Simplemente no pudo aceptarlo cuando sus médicos le dijeron que no había nada malo en él. Y él tenía razón. Había algo desesperadamente malo, pero no era físico. Era emocional. Patrick sufría porque había negado varios aspectos de sí mismo que no encajaban con su yo ideal.

El yo ideal de Patrick estaba compuesto de una imagen de su padre, un «hombre fuerte» que nunca demostraba sus emociones. Patrick creció pensando que ser un hombre significaba nunca demostrar los sentimientos, así como también ser lo más diferente posible de su madre. Describió a su madre como «una ruina emocional». Patrick había negado toda debilidad porque la juzgaba como «mala».

Con el tiempo esta postura ruda comenzó a afectarlo. Comenzó a tener diversas fobias y temores, en su mayoría con respecto a enfermedades físicas. Sus «debilidades» salieron afuera como una enfermedad física porque esto era aceptable para el yo ideal. Podía estar enfermo siempre que no fuera emocionalmente débil o triste.

En la terapia, reclamó la parte triste y sentimental de su yo real. Al reclamar sus sentimientos, se volvió mucho más humano y sus temores y fobias desaparecieron. Ya no tenía que correr de sala de emergencia a sala de emergencia temiendo morir.

Otro ejemplo común de distorsionar el contenido del yo ideal es considerar que la fijación de límites es algo malo. Muchas personas han tenido que reprimir su natural tendencia a fijar límites sobre los demás porque esto no era aceptable para sus familias.

Tratar con el conflicto del bien y el mal

Tratamos con el conflicto entre lo bueno y lo malo en nuestra vida en cuatro formas diferentes, tres de las cuales siempre fracasan.

— NEGACIÓN DE LO MALO —

La negación es la forma en que algunas personas manejan lo malo en sus vidas. Richard negó su enojo con su mujer, porque el enojo era juzgado y condenado. Sandy negó su impulso a fijar fronteras. La fijación de límites no era alentada por la familia en la que creció.

Otras personas niegan sentimientos que no son parte de su yo ideal. A veces las personas a las que se les ha enseñado que sus emociones no son aceptables, niegan la tristeza. La negación de las emociones conduce a la depresión porque la tristeza es la manera en que Dios trata con los dolientes y perdidos.

Algunos niegan sentimientos pecaminosos como la lascivia, la envidia o el resentimiento. Piensan que los cristianos no deberían tener esos sentimientos, de modo que niegan su existencia.

Recuerdo una paciente que, en medio de la ruptura de su matrimonio de veinte años, estaba planificando vacaciones y fiestas. Decía que no sentía dolor por la separación. Lo había negado por completo.

La Biblia a veces habla con mucha dureza sobre nuestra tendencia a negar la tristeza, porque esto es el pecado de orgullo. Escuche lo que Jesús dice a los fariseos:

> «¡Ay de ustedes, maestros de la ley y fariseos, hipócritas! Limpian el exterior del vaso y del plato, pero por dentro están llenos de robo y de desenfreno. ¡Fariseo ciego! Limpia primero por dentro el vaso y el plato, y así quedará limpio también por fuera. ¡Ay de ustedes, maestros de la ley y fariseos, hipócritas!, que son como sepulcros blanqueados. Por fuera lucen hermosos pero por dentro están llenos de huesos de muertos y de podredumbre» (Mt 23:25-27).

Las Escrituras exhortan fuertemente a las personas a que no nieguen la maldad que tienen dentro de sí. La Biblia también urge a las personas a no colocar a los demás en pedestales. A veces la gente niega lo malo de otros y los ve completamente buenos. Los idolatran. Ven a otros seres humanos como perfectos, en lugar de ser igualmente pecadores (Ro 3:23).

Ruth vino a la terapia por depresión. Continuamente se desvalorizaba por asuntos pequeños, como estar cansada o servir la cena unos minutos tarde. No pude llegar al fondo de lo que la estaba molestando. Parecía cargar con un peso muy grande, pero cuando le pregunté por su vida, dijo que las cosas estaban bien.

Cuando le pregunté cómo respondía su esposo a la depresión, dijo que la apoyaba mucho. Le enviaba flores y la ayudaba a cocinar. La llevaba a cenar afuera cuando ninguno de los dos tenían ganas de cocinar y era el que llamaba al plomero o al carpintero cuando algo necesitaba reparación. ¡Yo me sentí agradecido de que una persona tan deprimida tuviera un esposo que le brindara tanto apoyo!

Fue solo cuando trajo a su esposo con ella a una sesión de terapia que comprendí. A pesar de que su esposo era tranquilo y amistoso, pasó la sesión entera humillando a Ruth. Su cabello no estaba bien alineado y estaba desgarbada. Él contradecía casi todo lo que ella decía.

A pesar de que su esposo era crítico y exigente, durante años Ruth había negado esta maldad y había soportado lo más arduo de su pecado. No era de extrañar que ella estuviera deprimida y que no pudieran resolver sus problemas. Ella aguantaba todos los problemas. Ella era todo lo malo, y él, todo lo bueno.

—— NEGACIÓN DE LO BUENO ——

Algunas personas hacen justo lo opuesto. Niegan lo bueno. Las personas que se sienten tan debajo en el cúmulo de exigencias de lo ideal, dejan de lado las normas por completo. Como resultado de ello, viven en la maldad, sin darse cuenta de qué es lo malo. El «pecador endurecido» ha decidido que no hay norma ideal con la que vivir. Lo que es, es (Ro 1:18-23).

En la misma forma en que podemos dividir lo bueno de lo malo en nosotros mismos y alejarnos de lo bueno, podemos hacerlo con los demás.

John, de veintiséis años y recién casado, vino a verme para que lo ayudara «con su matrimonio». Describió cuan crítica y exigente era su nueva esposa y cómo «ella nunca hace nada en la casa». Desde que se habían casado, Lynn «se abandonó», dijo él, y ya no era tan atractiva debido a su peso. Le pedí que la trajera en la próxima sesión.

Cuando la esposa de John traspasó la puerta de mi consultorio la siguiente semana, me quedé impactado. Lynn era alta y delgada y se movía con un aire de confianza. Luego de hablar con ella durante unos minutos, me di cuenta de que John estaba colocando normas increíblemente perfeccionistas en Lynn, haciéndola sentirse mal. En respuesta a ello, Lynn había intentado complacerlo aun más, una estrategia que nunca funciona con un perfeccionista. Él no podía tolerar que ella fuera menos que ideal, y la juzgaba duramente. La verdad es que su desempeño era muy bueno, no perfecto, y él negaba lo bueno.

— ATAQUE Y JUICIO —

Atacar y enjuiciar son las formas más comunes de tratar con lo malo. La conciencia «normal» juzga y condena, diciendo cosas como: «Soy tan estúpido, o impotente, o malo». Este ataque de cólera contra el yo real es deplorable y dañino. La Biblia lo llama «tristeza del mundo». «La tristeza que proviene de Dios produce el arrepentimiento que lleva a la salvación, de la cual no hay que arrepentirse, mientras que la tristeza del mundo produce la muerte» (2 Co 7:10). La tristeza sobre la maldad que se torna en arrepentimiento es la tristeza que proviene de Dios. El ataque y la condena es la manera mundana de tratar la maldad. Judas y Pedro ilustran esta diferencia. Judas se condenó a sí mismo y se suicidó. Pedro se sintió culpable por haber negado a Jesús pero sus lágrimas lo llevaron al arrepentimiento. El juicio nunca cura nada. La ley juzga sin misericordia. Muchas personas pueden ver el bien y el mal, pero atacan la maldad en los demás.

Phil era un esposo muy amoroso con su esposa. Vio sus buenas cualidades y la apoyó fielmente. Oraba por ella cuando hacía las cosas bien, dejándole saber cuánto la apreciaba. Pero en cualquier momento que ella cometiera un error o hiciera las cosas de forma diferente a como él quería, se ponía furioso y le gritaba, diciéndole cosas muy crueles. La juzgaba y la criticaba, intentando hacerla sentir culpable y avergonzada por lo que hizo que a él no le gustó.

No negó ni lo bueno ni lo malo, pero atacó y juzgó duramente lo que vio como malo. Le dio verdad sin gracia.

— ACEPTACIÓN —

La aceptación de lo bueno y lo malo es la alternativa bíblica. Se le denomina gracia y verdad. En esta alternativa, no negamos lo ideal ni lo malo. Aceptamos y perdonamos lo malo, aferrándonos a lo ideal como una meta no concretada por la que luchamos en una atmósfera de plena aceptación. Estamos en gracia. Esta estrategia no divide lo bueno de lo malo, ni enoja o condena, pero abarca lo bueno y lo malo al mismo tiempo.

Al igual que aceptamos lo malo y lo bueno en nosotros mismos, debemos aceptar estas cosas en los demás. «Sean bondadosos y compasivos unos con otros, y perdónense mutuamente, así como Dios los perdonó a ustedes en Cristo» (Ef 4:32). «Como escogidos de Dios santos y amados, revístanse de afecto entrañable y de bondad, humildad, amabilidad y paciencia, de modo que se toleren unos a otros y se perdonen si alguno tiene queja contra otro» (Col 3:12-13).

«Acéptense mutuamente, así como Cristo los aceptó a ustedes para gloria de Dios» (Ro 15:7).

En todos estos pasajes aparece la combinación de gracia y verdad. Debemos enfrentarnos y tratar con la verdad, pero aceptándola, no rechazándola; debemos ser bondadosos, no furiosos. «El que perdona la ofensa cultiva el amor; el que insiste en la ofensa divide a los amigos» (Pr 17:9).

Una perspectiva del desarrollo

Si no resolver los asuntos del bien y del mal es tan destructivo, entonces ¿por qué simplemente no lo hacemos? ¿Qué es tan difícil acerca de reconocer la existencia de ambos? ¿Por qué simplemente no aceptamos lo malo y valoramos lo bueno?

Para comprender este proceso, debemos recordar la naturaleza de la caída. Nunca se intentó que manejáramos la coexistencia del bien y del mal. Dios trató de protegernos de eso. Pero pecamos de todos modos y nos encontramos en una situación difícil.

El motivo es este: *Habiendo nacido sin conocer la gracia, debemos interiorizarla a fin de aprender cómo aceptar lo malo sin rechazar la relación.*

La Biblia dice que nacemos sin relación y que debemos ser invitados a entablarla. Cuando esto sucede, comenzamos a interiorizar el amor y el perdón. El principio bíblico es que amamos y perdonamos porque hemos sido amados y perdonados.

Jesús estaba cenando en la casa de Simón el fariseo. Cuando estaba reclinado en la mesa, una mujer «que había vivido una vida pecaminosa» limpió los pies de Jesús con sus lágrimas, los secó con sus cabellos y vertió perfume sobre ellos. El fariseo pensó que si Jesús era un profeta se daría cuenta de qué tipo de mujer lo estaba tocando. Jesús contó una historia para ilustrar el principio bíblico:

«—Dos hombres le debían dinero a cierto prestamista. Uno le debía quinientas monedas de plata, y el otro cincuenta.
Como no tenían con qué pagarle, les perdonó la deuda a los dos. Ahora bien, ¿cuál de los dos lo amará más?
—Supongo que aquel a quien más le perdonó —contestó Simón.
—Has juzgado bien —le dijo Jesús. Luego se volvió hacia la mujer y le dijo a Simón: —¿Ves a esta mujer? Cuando entré en tu casa, no me diste agua para los pies, pero ella me ha bañado los pies en lágrimas y me los ha secado con sus cabellos. Tú no me besaste, pero ella, desde que entré, no ha dejado de besarme los pies. Tú no me ungiste la cabeza con aceite, pero ella me ungió los pies con perfume. Por esto te digo: si ella ha amado mucho, es que sus muchos pecados le han sido perdonados. Pero a quien poco se le perdona, poco ama» (Lucas 7:41-47).

No venimos al mundo para perdonar, puesto que nunca hemos sido perdonados. La Biblia enseña que desde el momento en que hemos sido perdonados, podemos perdonar. Debemos darnos cuenta de nuestra propia capacidad de perdón para poder perdonar y no dividir a las personas en «todas malas», perdiendo así nuestra conexión con ellas.

Así, cuando llega un niño a este mundo, es inconsciente de haber sido perdonado. Como resultado de ello, él mismo no perdona. La gracia y la verdad, o el amor y los límites, están divididos. Él ama si está contento, odia si está apesadumbrado. Estos dos estados conforman dos categorías muy distintas en su cabeza: los buenos y los malos, así como «el bueno yo» y «el malo yo». Bueno y malo están totalmente separados, porque el temor profundo es que el mal borrará al bien.

Esta forma de experimentar y de pensar es muy persuasiva para un niño. Si los niños son nutridos y satisfacen sus necesidades, el mundo es un buen lugar, mamá es una buena mamá y se sienten felices. Parecen estar diciendo «todo está bien». Los niños no muestran tonos de gris; las cosas van todas bien cuando obtienen lo que quieren.

Por otra parte, cuando los niños se ven frustrados, todos son malos. Mamá es una mala mamá. Papá es un mal papá, y el mundo es un mal lugar dónde vivir. Un niño no puede comprender que la misma mamá que se atrasó tres minutos en darle de comer es la misma que lo consoló y que hizo que la vida fuera maravillosa la noche anterior.

Cuando mamá finalmente viene y le da lo que quiere, ella vuelve a ser toda buena de nuevo. Nadie en el mundo podría convencerlo de que ella no es perfecta en ese momento. Está con la «mamá toda buena».

Con el paso del tiempo, cuando ella continúa ministrando sus necesidades, el niño interioriza este amor, y la madre perdona sus ataques, lentamente comienza a advertir que ella no es toda buena o toda mala. La bondad soportó la frustración. Aprende que la misma persona que lo ama, lo frustra. La misma madre que juega con él, a veces le hace esperar para jugar. Si hay suficiente bien, puede tolerar el mal.

Por un lado, si no hay suficiente bien y suficiente perdón, entonces lo bueno y lo malo nunca se juntan. Los niños que provienen de este tipo de hogares continúan dividiendo el mundo en personas buenas y personas malas. Aman a la gente que los gratifica y odian a los que no lo hacen, aman los empleos que los gratifican y abandonan los que no lo hacen, aman a las esposas que los gratifican y abandonan a las que no, porque los muchachos malos son todos malos.

Por otro lado, los niños que no se frustran nunca pueden perdonar. Si obtener lo bueno y lo malo juntos depende de una danza entre la frustración y la gratificación, y uno nunca se frustra, nunca aprende a perdonar a la fuente de la frustración. Todos hemos visto personas mimadas que hacen que el mundo sea todo malo tan pronto como tienen que esperar cinco minutos en una fila para ver una película. No pueden juntar lo bueno con lo malo.

En cualquiera de los casos, cuando lo bueno y lo malo no son tolerados en conjunto, uno ve a las personas como buenas si son gratificantes y como malas si no lo son. Esas personas tampoco pueden perdonar al «buen muchacho» que comete errores.

Más tarde en el desarrollo, cuando los niños comienzan a movilizarse, el yo ideal entra en juego. Comienzan a sentir que pueden hacerlo todo; se sienten grandiosos y superhumanos con su «poder» recién descubierto. Pueden hablar, explorar y correr. Todavía no han tenido suficientes experiencias de caídas. Lo ideal está en su plenitud y desean ser vistos como ideales. Este es el período de «mira, mamá». Todos atravesamos una etapa en la que queremos ser apreciados y que se haga bulla por lo que hacemos.

Sin embargo, gradualmente, el yo ideal grandioso debe dar lugar a la realidad. Los niños aprenden que caerse es una parte de la vida y que no son invencibles. Cuando nuestras fragilidades se ven comprendidas y amadas por los demás, aprendemos a aceptarlas en nuestra imagen de nosotros mismos y a valorar al yo *real*, que no es perfecto ni grandioso ni ideal. Aprendemos a tener lo que Pablo llama «juicio sobrio» al pensar sobre nosotros mismos (Ro 12:3). Aprendemos a no vernos tan grandiosamente, aprendemos a valorar al yo real con sus fragilidades, así como también a perdonar y aceptar el yo real de otros con sus limitaciones.

Luego, más adelante, cuando empezamos a desempeñarnos en la vida, no solo aprendemos que somos buenos y malos, sino también que tenemos éxito y fracasamos. Trabajamos en la relación entre nuestras expectativas y nuestro desempeño. A estas alturas es posible desarrollar una relación de ataque y juicio a lo real. Este tipo de relación se desarrolla cuando nuestros fracasos no son perdonados con amor, sino duramente juzgados. Los fracasos deben confesarse, discutirse y perdonarse.

Los padres deben aceptar el fracaso del mismo modo en que lo hace Dios. Él no niega los fracasos, ni nos golpea por ellos. Nos muestra la verdad, pero nos da amor tierno y también compasión porque «su bondad quiere llevarte al arrepentimiento» (Ro 2:4). La bondad y la compasión de Dios nos conduce tiernamente a tratar el fracaso y la maldad, no al juicio y la condena con mano dura. Si este fuera el estilo de los padres de todo el mundo, tendríamos muy pocas personas que sienten que sus fracasos fueron demasiado grandes para manejarlos o que fueron los únicos que nunca fracasaron.

Amor y aceptación

El amor es la solución y la resolución de todos los problemas del bien y del mal. Cuando estábamos en el huerto del Edén, perfectamente amados y aceptados, el bien y el mal no eran un problema. Cuando desobedecimos, el bien y el mal se tornaron en un problema muy grande.

Si tenemos suficiente amor con límites, o gracia con verdad, comenzamos a experimentar la manera en que Dios se relaciona con nosotros y aprendemos que estamos en posición de gracia (Ro 5:2), donde el juicio y la condena no forman parte del cuadro. Experimentamos la maldad y el fracaso como algo triste, puesto que nos hace fallar en amar a alguien. Si no estamos preocupados por la condena cuando pecamos, tenemos más energía para estar preocupados por aquel que herimos. Esta es una pena divina en lugar de una culpa paralizante.

En el primer capítulo de los vínculos, les conté que a veces les pregunto a los participantes del seminario: «Si les diera un bate de béisbol y les diera permiso para que me golpearan en la cara, ¿lo harían?» Las personas que dicen que no me golpearían con el bate porque «eso es algo malo» no están basando su expresión en la más elevada moralidad cristiana. Puesto que la condena no forma parte del cuadro para el cristiano, la verdadera razón está basada en el amor: «No, porque lo lastimaría». Jesús dice esto cuando menciona que toda la ley podría resumirse en la ley del amor. Cuando vemos nuestras fallas y el pecado como una falta de amor por otra persona, en lugar de por «maldad», nos hemos trasladado a una forma más madura de ver el tema del bien y el mal.

Esto también se aplica a nosotros. Si cuando pecamos podemos ver de qué manera nos lastima nuestro pecado, en lugar de llamarnos a nosotros mismos «personas malas», podemos empezar a salir de la esclavitud de la «ley del pecado y la muerte». Solo cuando obtenemos una imagen de la naturaleza autodestructiva de nuestro pecado comenzamos a cambiar. La manipulación por la culpa no funciona; solo nos hace pecar más. «En lo que atañe a la ley, ésta intervino para que aumentara la transgresión. Pero allí donde abundó el pecado, sobreabundó la gracia» (Ro 5:20).

Esta es la sencilla verdad del evangelio: solo la gracia nos libera.

«¿Quién me librará de este cuerpo mortal?», pregunta Pablo cuando está luchando con la repetición del pecado (Ro 7:24). Continúa diciendo: «Por lo tanto, ya no hay ninguna condenación para los que están unidos a Cristo Jesús» (Ro 8:1). Solo cuando ya no estamos condenados por el mal podemos dejarlo ir. Porque hemos sido liberados de esa ley, podemos andar tras el Espíritu.

Pero si aún vemos nuestra maldad como algo que implica condena y culpa, continúa el ciclo del pecado. Este ciclo es fácil de ver en las personas que luchan contra las adicciones o el comportamiento compulsivo. Actúan. Se sienten terribles y no dignos de ser queridos. Luego actúan otra vez para aliviarse de sentirse no amados. Lee es un buen ejemplo de esto.

Lee vino al hospital a causa de una depresión, la cual era secundaria a su enorme culpa por la adicción sexual. Su «ciclo de pecado» era de este modo. Cuando comenzaba a sentirse solo, quería ver a una prostituta. Se sentía mal por este deseo, pero iba de todos modos. Luego, se sentía tan culpable que le llevaba semanas sacarse esa sensación. Mientras tanto, debido a la culpa, se sentía cada vez menos digno de ser querido y se alejaba. El alejamiento de sus amigos y familia incrementaban su «necesidad», y la compulsión para aliviar la tensión, el dolor y la soledad regresaba. Luego visitaba a otra prostituta, y la culpa volvía, comenzando nuevamente el ciclo.

Cuando empezó a hablar acerca de su adicción en un pequeño grupo de apoyo, descubrió que no era condenado. Se dio cuenta de que la gente no se sorprendía por su «maldad» y que lo amaba a pesar de su actuación. Intentó una y otra vez resistir ese amor y esa aceptación, ocultándose de ella. Pero gradualmente aprendió que la «no condena» era un estado que no podía perder y que no sería condenado si pecaba de nuevo. Su postura no cambió con su desempeño.

En un estado de «no condena», Lee aprendió que su «maldad» y culpa no era el tema; esto se había resuelto en la cruz. El verdadero tema era la forma en que se escapaba del verdadero amor. Eso era lo que lo estaba matando. Pero no pudo llegar a la realidad de su pecado hasta que se salió del círculo de culpa. Solo a través de la «no condena» es que el pecado pierde su poder.

Acepte al pecador, odie al pecado

La maldad nunca es un problema para el cristiano, porque esta ha sido llevada fuera; somos aceptados «en su amado» (Ef 1:6). El problema real es el pecado, no el pecador. No estamos en un tiovivo del sentimiento como si fuéramos buenos cuando hacemos cosas buenas, como si fuéramos malos cuando pecamos. Estamos en una posición constante de ser amados.

Hebreos señala que el tema de la culpa frente a la no culpa, o de lo bueno frente a lo malo, ya ha sido tratado: «Porque con un solo sacrificio ha hecho perfectos para siempre a los que está santificando. También el Espíritu Santo nos da testimonio de ello ... Y nunca más me acordaré de sus pecados y maldades» (Heb 10:14-15, 17).

Muchos cristianos permanecen en el antiguo tiovivo, donde piensan que pasan de un estado de perdón a un estado de culpa, luego a un estado de perdón y así consecutivamente. Ellos nunca se sienten seguros de su apariencia. No se dan cuenta de que Jesús «puede salvar por completo a los que por medio de él se acercan a Dios, ya que vive siempre para interceder por ellos. A diferencia de los otros sumos sacerdotes, él no tiene que ofrecer sacrificios día tras día, primero por sus propios pecados y luego por los del pueblo; porque él ofreció el sacrificio una sola vez y para siempre cuando se ofreció a sí mismo» (Heb 7:25, 27). Jesús nos ha hecho aceptables «de una vez y para siempre». Esto no es algo que perdemos, deslizándonos a un estado de «maldad» con Dios. La pregunta no es: «¿Somos buenos o malos?», sino: «¿Qué estamos haciendo?»

Si estamos lastimando a alguien, a Dios o a nosotros mismos, este pecado nos apenará, si no nos concentramos en nuestra culpa. Esa pena, llamada dolor divino, hará que no nos castiguemos o que no castiguemos a otras personas sino que nos ocupemos del que está herido. Esta es la esencia de una moralidad basada en el amor, en lugar de una moralidad basada en el temor y el castigo prescritos por la ley.

Esta «no condena» es algo poderoso. Transforma las vidas. Cuando alguien puede llegar a una instancia en la que no se siente condenado, no importa lo que haga, está encaminado a ser más y más amoroso, porque*«al que mucho se le perdona, mucho ama». Esta es la naturaleza de la relación entre lo ideal y lo real, una de corrección hacia una meta de amor y no una de enojo y ataque hacia el yo real que fracasa.

CAPÍTULO DOCE

Cuando fracasamos en aceptar el bien y el mal

Nos guste o no, vivimos en un mundo imperfecto. Como todos sabemos, el mundo no es puramente «bueno». Sin embargo, afortunadamente, el mundo tampoco es puramente «malo». En cambio, el mundo es a veces una combinación confusa del bien y del mal. Las personas que no pueden soportar ese hecho desarrollan algunos de los siguientes problemas.

Problemas para sobrelleva

Perfeccionismo

El perfeccionismo es una lucha extrema o excesiva por la perfección del yo, de los demás y del mundo. Nada debe tener falla, o no es bueno. Podemos observar esto en el trabajo, las relaciones, los pasatiempos y los sentimientos. El perfeccionismo es la exigencia de una existencia antes de la caída y el rechazo de cualquier persona o cosa que no sea perfecta.

Idealismo

Esta versión romántica del perfeccionismo es una incapacidad de ver lo malo donde realmente está. Los idealistas observan al mundo a través de vidrios de color rosado. Todo se «hace perfecto» a los ojos de quien lo mira. Los idealistas pueden verse envueltos en algunas situaciones muy malas, puesto que lo malo que niegan desde el principio puede más tarde aparecer y acecharlos. Por ejemplo, una mujer puede idealizar a su amante hasta el punto en que se ciegue a algunos problemas serios de carácter.

Incapacidad para tolerar lo malo

Este es el rechazo de todo lo que «no sea santo». Esta personalidad farisaica es contraria a la maldad humana. En este síndrome de «más santo que tú», no se puede tolerar la maldad, y mucho menos aceptarla.

Incapacidad para tolerar la debilidad

Se rechaza la debilidad humana porque no es ideal. Basado en el deseo de ser como Dios, este síntoma es un tipo de división muy cruel. Conduce a toda clase de dificultades en la relación y odia la vulnerabilidad y la incapacidad de todo tipo. Esta es una postura arrogante, ya que todos somos débiles, y en esa debilidad, la fuerza de Dios se manifiesta.

Problemas afectivos

Los problemas afectivos son problemas que se relacionan con sentimientos o emociones. La depresión y el cambio excesivo de estados de ánimo pueden provenir de la incapacidad de manejar sentimientos negativos. Si las personas no pueden procesar la tristeza y el enojo, invariablemente experimentarán un problema de estado de ánimo de algún tipo.

Problemas con la imagen propia

La única forma en que la gente puede sentirse bien con respecto a sí misma y tener una buena imagen propia es que el yo real sea amado incondicionalmente. Las personas que no pueden tratar con el bien y el mal no pueden llevar las partes menos que ideales de sí mismas a la relación y hacer que se acepten. Si esto sucede, no pueden tener una imagen positiva de sí porque temen demasiado a lo malo.

Ansiedad y pánico

La ansiedad y el pánico pueden surgir del posible descubrimiento de cualquier cosa negativa. La gente se pone ansiosa cuando percibe que un sentimiento negativo entra en la conciencia, o siente pánico si piensa que alguien verá algún aspecto negativo en ellos. Algunas personas tienen ataques de pánico por una mancha en sus ropas.

Problemas con las comidas y las sustancias

Los desórdenes de comida y los problemas de abuso de sustancias pueden ser las formas de tratar emociones negativas no resueltas. Las personas comen o utilizan drogas o alcohol para adormecer emociones negativas dolorosas. Por ejemplo, en lugar de procesar la tristeza por alguna pérdida o fracaso, pueden evitar estos sentimientos negativos a través del alcohol.

Narcisismo

El narcisismo es, en términos sencillos, el amor a sí mismo o un interés excesivo en el aspecto, la comodidad, la importancia o las capacidades de uno mismo. Los narcisistas se preocupan por una imagen idealizada de sí mismos. Se concentran tanto en ellos y en la imagen que dan que pierden su yo real. La vida es una serie de hechos organizados para apoyar esta imagen idealizada. El amor está fuera del cuadro. La admiración es todo lo que cuenta.

Culpa

Si la gente no puede admitir sus fallas, no puede llevar su yo real a una relación confesional con Dios y los demás. No pueden resolver su conciencia crítica y nunca pueden alcanza: emocionalmente el estado de «no condena». Nunca han experimentado «aceptación total». En consecuencia, la culpa los llena Están preocupados con temas de su propia bondad y maldad en lugar de su relación de amor con Cristo y los demás.

Adicción sexual

Muchas personas que actúan sexualmente en forma compulsiva están escapándose de ideales perdidos y de dolores no procesados. Buscan el idealismo sexual, o intentan utilizar el sexo como una manera de manejar el dolor.

Relaciones rotas

Una serie de relaciones rotas con las personas, el trabajo, la carrera o el cónyuge indica un grave problema con los temas del bien y del mal. Al principio, algo parece bueno para estas personas, pero cuando aparecen los aspectos negativos, rompen la relación, o renuncian al trabajo, o cambian de carrera, o se divorcian. No pueden percibir el bien y el mal en una persona o una situación. Ven a las personas como todas buenas y todas malas.

Ira excesiva

Las personas que dividen el bien del mal tienen problemas de ira excesiva. Su umbral de frustración es bajo. Cuando sucede algo malo, no hay nada bueno para contrarrestarlo. La persona con la que están tratando de repente se ha convertido en su peor enemigo, y sus emociones son todas negativas. No hay amor que temple el enojo.

Yo «todo malo»

A veces la gente piensa que es «toda mala». No son capaces de ver sus fortalezas así como sus debilidades.

Yo «todo bueno»

Las personas con un yo «todo bueno» están a la defensiva con respecto a hacerse responsables de cualquier falla. Puede que globalmente estén de acuerdo con el hecho de que son «pecadores», pero no se apropian de defectos específicos.

Barreras para resolver el bien y el mal

Ciertas barreras nos bloquean para resolver temas del bien y del mal. Distorsionamos nuestra visión de nosotros mismos, de los demás y de Dios.

— NUESTRA VISIÓN DE NOSOTROS MISMOS —

«En realidad no merezco ser amado»

Las personas que no han sido capaces de arriesgarse y mostrar su yo real a los demás pueden seguir pensando que no son merecedoras de amor, una creencia que construyen en la niñez. No se dan cuenta de que el ser queridos reside en la capacidad del que tiene a su cargo el amor, no en nuestro mérito.

Un hombre en un grupo de apoyo dijo acerca de los otros miembros del grupo: «No merezco su amor». Le dije que tenía razón. Ninguno de nosotros merece el amor que se pone en nuestro camino; no nos ganamos el amor. Se nos da. La aprobación puede ganarse, pero el amor no.

«Mi maldad es peor que la de cualquier otro»

Muchas personas que no han experimentado abrirse a sus compañeros de lucha creen esto. No han encontrado la comunidad de luchadores que la Biblia describe. Sienten como si fueran los únicos con los sentimientos que Jesús menciona en Marcos 7:21-22: «Porque de adentro, del corazón humano, salen los malos pensamientos, la inmoralidad sexual, los robos, los homicidios, los adulterios, la avaricia, la maldad, el engaño, el libertinaje, la envidia, la calumnia, la arrogancia y la necedad». Sienten como que todos los demás son menos caídos que ellos.

«Tengo sentimientos inaceptables»

Algunas personas se condenan por sus sentimientos «menos que ideales», tales como la necesidad, la tristeza, el sexo y la debilidad. Estos sentimientos humanos no son pecaminosos en sí mismos, sino que han sido juzgados como malos por el yo ideal.

«Debería ser mejor de lo que soy»

Las personas que tienen esta creencia desvalorizan el efecto de la caída. Todavía no han visto cuan profundamente nos ha afectado la caída. De algún modo piensan que a ellos no les ha tocado.

«Soy ideal»

Las personas rara vez manifiestan este punto de vista tan abiertamente, pero muchos lo creen. Estas personas piensan que son realmente especiales y que la maldad normal no se aplica a ellos. Están de algún modo por encima de ella.

«Soy imperdonable»

Estas personas piensan que han cometido algún pecado imperdonable. Para ellos, su maldad excede la de la raza humana y los límites del perdón de Dios. No saben que la única forma en que pueden ser imperdonables es si no quieren el perdón.

«No puedo estar en un mundo imperfecto»

Esta visión distorsionada hace que muchas personas sean esclavas del perfeccionismo. Piensan que no pueden ser felices en un mundo menos que ideal. Se vuelven tan desilusionados que rechazan todo lo que sea menos que ideal y se pierden lo real.

«No tengo fortalezas ni talentos»

Algunas personas piensan que han nacido sin ningún tipo de bondad. La Biblia nos enseña que hemos caído, pero que todos tenemos fortalezas y talentos. Algunos temores y distorsiones convencen a ciertas personas de que no tienen ninguno, así que se dan por vencidos y no se miran.

— NUESTRA VISIÓN DE LOS DEMÁS —

«No les gustaré por mi maldad»

Las personas que luchan con el bien y el mal han aprendido que su maldad será odiada o no les gustará a los demás. Ven a los otros como padres que rechazan, rápidos para juzgar y lentos para amar. Puesto que este temor evita que se abran, no puede ser eliminado con nuevas experiencias. Por este motivo, es importante la confesión a los demás.

«Me atacarán por mi debilidad»

Algunos piensan que su vulnerabilidad acarreará la pesada mano de la ley. Es como si hubiera alguna presencia preparada para saltar sobre sus debilidades y juzgarlos al igual que lo hicieron sus padres.

«Ellos no tienen sentimientos como este»

Con frecuencia las personas idealizan a los demás, pensando que la persona con la que están hablando es perfecta. Temen ser menos que perfectos. Aprender que los demás también son pecadores facilita mucho la vida.

«Me abandonarán si descubren...»

Un temor al abandono es la raíz de muchos intentos de ser perfectos. Estas personas creen que su conexión con otra gente es tan débil que una equivocación o falla la hará desaparece En realidad, abrirnos acerca de nuestras debilidades sirve para cementar las relaciones y para los vínculos. Mantenerlas ocultas hace que la conexión sea débil. Esto sucede en muchos matrimonios.

«No les gustaré si no soy todo malo»

Algunas personas desarrollan la posición de «todo malo» como una defensa contra la envidia de los demás. Intentan ocultar sus fortalezas ante otras personas, temiendo que solo puedan ser aceptados sin partes buenas, sin talentos. Temen que la gente resienta sus logros, de modo que los ocultan.

«Respetarán mi camino cristiano solo si soy perfecto»

Esto es una gran herejía. Se supone que las personas respeten a Cristo, no a nosotros. Nada es menos atractivo que un fariseo. Debemos demostrarles a los demás que Jesús es el Salvador de personas imperfectas como nosotros, para que puedan llegar a la gracia en lugar de al narcisismo espiritual.

La Biblia enumera muchas fallas de líderes espirituales para mostrar la gracia y la fuerza de Dios, no de las personas. El deseo de «respeto espiritual» es el rechazo a caer sobre nuestro rostro y rogar por misericordia y perdón.

— NUESTRA VISIÓN DE DIOS —

«Dios espera que yo sea todo bueno»

Nada puede estar más lejos de la verdad, pero ninguna distorsión es más común que esta. Dios ha dicho repetidas veces que somos pecadores, y él espera que caigamos una y otra vez. Él conoce nuestra condición, dice el salmista (Sal 103:14). Debemos comprender la forma en la que Dios nos ve, humillados y alejados de nuestro perfeccionismo y asombrados por su gracia.

«Dios me acepta cuando soy bueno y me rechaza cuando soy malo. Luego me vuelve a aceptar cuando soy bueno».

Esta visión tipo montaña rusa de Dios no advierte el aspecto global y para siempre de la salvación que brinda Dios. Verdaderamente estamos en una posición segura con él; por lo tanto, podemos revelar nuestras debilidades.

«Dios a veces se asombra de mí»

Algunas personas a veces se rebajan por lo que piensan y hacen. La verdad es que Dios lo supo antes de que naciéramos. Él conoció ese pecado o esa debilidad, y aun así nos amó y nos salvó. Nada que pensemos o hagamos jamás lo asombrará.

«Dios me rechazará si yo hago...»

La Biblia enseña que el cristiano nunca puede ser rechazado. Algunas personas han sido amadas tan condicionalmente que no pueden imaginar que otra persona «no las rechace» (Jn 6:37). Viven temiendo perder su relación con Dios.

«Dios lleva el registro de mi maldad»

Si bien es cierto que Dios nos está observando y lleva un registro de nuestra vida, no lo hace para castigarnos. Ha colocado nuestros pecados tan lejos como el Oeste lo está del Este. «Cristo fue ofrecido en sacrificio una sola vez para quitar los pecados de muchos; y aparecerá por segunda vez, ya no para cargar con pecado alguno, sino para traer salvación a quienes lo esperan» (Heb 9:28).

«Dios piensa que la inmadurez es mala»

Las personas que piensan esto se olvidan de que Dios comprende el proceso de crecimiento, y que lleva tiempo. No excusa las cosas; las toma en cuenta. Nos observa como un padre a un hijo. Estamos creciendo, y él no espera la perfección. Jesús predijo la falla de Pedro y su recuperación. Él sabía que iba a suceder. La inmadurez no es una cuestión moral. La juventud no es mala, es juventud.

«Dios no puede comprender mi lucha»

A veces la gente piensa que porque Dios es Dios no puede comprender la maldad y la debilidad humana. Por eso Jesús se convirtió en hombre. Él es un Sumo Sacerdote que puede «compadecerse de nuestras debilidades» (Heb 4:15). Él ha sentido todo lo que nosotros podemos sentir, pero sin pecado.

Estas distorsiones forman la prisión que aloja al yo real. Satanás siempre ha intentado engañarnos con mentiras, y roba las vidas a través de esas mentiras y distorsiones. Debemos enfrentar las mentiras y ver de dónde provienen, rechazándolas en el poderoso nombre de Jesús.

Todas estas distorsiones fueron aprendidas en el contexto de la relación, y es en el contexto de la relación que deben dejar de aprenderse. Interiorizamos cómo somos tratados, y debemos colocarnos en situaciones en las que aprendamos las maneras de Dios de relacionarse con nosotros en lugar de nuestras antiguas maneras de relacionarnos. Nuevamente, como en las otras etapas, esto no se hace sin riesgo ni dolor. Sin embargo, puede encontrarse sanidad y poder espiritual si uno entabla una relación de confesión, segura, donde la oscuridad se pueda convertir en luz y las «partes oscuras» encuentren perdón y aceptación.

Aprendamos a aceptar tanto el bien como el mal

El lugar en el que todos debemos vivir en relación al tema del bien y del mal es en uno de «no condena». Pero, ¿cómo llegamos allí emocionalmente?

Un primer paso es observar la naturaleza emocional de nuestra relación entre lo ideal y lo real. Si esta relación es de aceptación y corrección hacia una meta amorosa, entonces veremos nuestras fallas como algo de qué aprender. Si la relación es de división entre el bien y el mal, enojo, condena y castigo, veremos nuestras fallas como algo que ocultar.

Por qué dividimos el bien del mal

Una mala relación entre lo real y lo ideal proviene de dos fuentes: naturaleza y crianza.

Todos nacemos con una naturaleza pecadora. Nacemos con el deseo de «ser como Dios» (Gn 3:6-7; Is 14:13-14). Queremos ser más de lo que somos. Esto es parte del motivo por el cual tenemos una visión tan elevada del yo ideal. También, nacemos bajo la ley; nacemos con una conciencia caída que nos castiga por fallar en alguna forma. «Porque el que cumple con toda la ley pero falla en un solo punto ya es culpable de haberla quebrantado toda» (Stg 2:10).

Además, somos criados por personas imperfectas que se relacionan con nosotros de manera imperfecta, y que con frecuencia actúan «con ira» hacia nosotros cuando fracasamos, reforzando nuestra conciencia condenatoria. Interiorizamos las naturalezas críticas de nuestros padres en un sistema de autoevaluación que denominamos nuestra conciencia, y que nos habla de forma muy parecida a la que lo hicieron nuestros padres. Si ellos fueron amorosos y nos aceptaron, nuestra conciencia también lo hará. Si fueron duros y críticos, nuestra conciencia es dura y crítica.

Cómo volver a unir lo bueno y lo malo

Podemos ser perdonados y sacados de este estado de no queridos. Podemos aprender el perdón en relación a la gracia. Esta es una de las tareas del cuerpo de Cristo. Debemos aceptarnos y amarnos unos a otros a pesar de nuestras fallas, y corregirnos cordialmente hacia una meta de amor.

Las relaciones de perdón dentro de la iglesia pueden curar el problema de dividir el bien del mal. Las dos medicinas más importantes para curar este problema son la confesión y el perdón. Una tercera es integrar las emociones negativas.

Confesarse

«Confiésense unos a otros sus pecados, y oren unos por otros, para que sean sanados. La oración del justo es poderosa y eficaz» (Stg 5:16). Los cristianos saben que deben confesar sus pecados a Dios. Pero esto es solo la mitad del tema. Deben confesar sus pecados *unos a otros*. Mucho dolor proviene de nuestra incapacidad tanto de confesar nuestros pecados a otras personas como de sentirnos amados y perdonados por ellas. Para sentir el perdón de Dios necesitamos la aceptación de estas personas. Si confesamos nuestras ofensas unos a otros y somos aceptados a pesar de ellas, nuestra relación con el ideal cambia. Comenzamos a interiorizar la aceptación que sentimos de los demás, y nuestra consciencia cambia: se vuelve más amorosa.

Al mismo tiempo, la maldad que estaba en la oscuridad (1 Jn 1:5) sale a la luz, y Jesús la transforma. La confesión es la única manera en que pueden transformarse nuestros problemas con el bien y el mal. Lo que estaba enterrado en la oscuridad sale a la luz y obtiene el amor de Dios y de los demás.

La caída nos separó de Dios, de nosotros mismos y de los demás. Como resultado de ello, hay aspectos de nosotros mismos ocultos «en la oscuridad». Los ocultamos de Dios, de nosotros mismos y de otras personas, y estos empeoran. Fuera de la relación, se vuelven cada vez más oscuros. Además, nuestras actitudes y conductas se separan de la gracia, la verdad y el tiempo, y por lo tanto no crecemos ni cambiamos.

Cuando nos confesamos a Dios, esta parte enterrada se pone en relación con él, y puede empezar a limpiarla y a sanarla. Cuando nos confesamos a los demás, ellos pueden aceptarnos y sanar nuestro aislamiento. Pasamos a una posición de ser amados.

Pero muchos de nosotros tenemos un problema con confesarnos a los demás. Pensamos en excusas como: «No compartas hasta que sea una victoria». Esto contradice directamente a la Palabra. La Biblia nos ordena confesarnos unos con otros. Cualquier cosa fuera de esto es orgullo. No queremos revelar nuestro yo real porque queremos parecer perfectos, o todos buenos. Utilizamos excusas tales como tratar de ser un «buen testigo», pero el verdadero tema es el orgullo. Un «buen testigo» es un pecador que «da testimonio» no de mostrar cuan victorioso es, sino cuánto perdón de Dios.

Esto no significa que debemos confesarnos ante todos. Esto es peligroso. Debemos confesarnos a quienes nos aman y pueden ofrecernos la gracia de Dios como sus embajadores encarnacionales. Esto podrá transforma nuestra división entre el bien y el mal, porque el que ha sido perdonado mucho, ama mucho.

Lo triste es que muchas personas confiesan cosas superficiales, tales como falta de momentos tranquilos, impaciencia, insultos, en lugar de los verdaderos cánceres espirituales que matan nuestra alma (Mr 7:21-22). Si confesáramos estos homicidas del alma a Dios y a los demás, y no nos sintiéramos condenados por ellos, nuestra personalidad estaría integrada. El hecho de ocultar estos aspectos de nosotros mismos los hace ingresar a la oscuridad y tener una vida propia. Así es como con frecuencia ocurre una experiencia cristiana de montaña rusa. Una hueste completa de odio y pena es cubierta (en las palabras de Jesús, «partes oscuras») y se manifiesta en todo tipo de problemas sicológicos y disfunciones.

Percibir nuestro perdón a través de confesar nuestro yo real a los demás en gracia y verdad es la clave para los cambios que sanan. Integramos lo que está en la oscuridad, así como también cambiamos la relación entre lo ideal y lo real. Como la condenación está fuera de esa relación, crece una paz cada vez mayor, y la persona se vuelve menos y menos dividida entre lo ideal y lo real. El yo ideal puede convertirse en una meta y no en una exigencia, y el yo verdadero puede ser amado. Alex es un buen ejemplo.

Alex vino al hospital por su ira explosiva. En intervalos inesperados, explotaba ante cualquiera que cometía un error. Su enojo asustaba a cualquiera, especialmente a sus hijos.

En la reunión de terapia confesó su odio intenso por su padre. Sentía que, como cristiano, no «debía» odiarlo. Había negado sus sentimientos y se había convertido en dos personas. Por un lado era el «buen» cristiano; por el otro, ocultaba su odio. Cuando aprendió que la Biblia no lo condenaba por su odio, pudo confesárselo a los demás y a Dios, y encontrar la razón real del mismo.

En un pequeño grupo de apoyo pudo obtener la comprensión de las lastimaduras que habían ocasionado la ira y el perdón por querer atacar a su padre. Cuando fue libre de confesarse en una atmósfera falta de condena, sus «partes oscuras» comenzaron a ser perdonadas y a sanar. Esto es muy diferente de la mera catarsis, o de eliminar un problema trayéndolo a la conciencia y expresándolo; es permitir que la Luz toque los lugares oscuros y heridos, y dejar de lado las leyes que obligan a ocultar los aspectos «inaceptables».

Mientras continuó este proceso, Alex comenzó a aceptar y a perdonar a los demás cuando fallaban. La forma en que su padre había pecado contra él se transformó a través de la confesión.

Perdonar

Un segundo ingrediente importante para curar la división bien-mal es perdonar a los demás. Jesús dijo que «si no perdonan a otros sus ofensas, tampoco su Padre les perdonará a ustedes las suyas» (Mt 6:15). Puesto que se nos perdona cuando aceptamos a Cristo, Jesús debe querer decir que si no perdonamos a los demás, no se nos permite que su gracia nos toque y que dé frutos.

Mateo 18:29 expresa esta interpretación. El sirviente que tenía una gran deuda le dice a su amo: «Tenga paciencia conmigo ... y se lo pagaré todo». El amo sintió lástima por él, canceló su deuda, y lo dejó ir. Luego el siervo salió y exigió el pago de otro compañero que le debía una pequeña cantidad. En efecto, el sirviente nunca experimentó la gracia. Aún estaba intentando pagarle a su amo, así que también exigió el pago de la otra persona. Por lo general, este es el motivo por el cual la gente no perdona: nunca han recibido verdadera gracia para sí mismos. Siguen intentando devolverle la deuda a Dios, y ganar su posición ideal. Están todavía bajo la ley.

Algunos que han recibido la gracia siguen reclamando el pago de los demás. Debemos perdonar las deudas de los otros para ser sanados. Si no lo hacemos, nos estamos colocando grilletes nosotros mismos con quien nos ha lastimado. El perdón es la herramienta que abre los grilletes. Liberar a alguien por lo que le ha hecho es liberarse a sí mismo de esa relación abusiva. El resentimiento y el rencor por siempre lo conectará con el que lo maltrata. Cuando podemos liberar ese lazo a través del perdón, y luego aceptar a quienes nos han lastimado como Dios nos ha aceptado a nosotros, entonces somos libres para integrar nuestras partes «malas» y no perdonadas. Ninguna parte de nosotros que esté atada a los demás por venganza amará y será amada. Debemos confesar y abandonar el odio.

Integrar las emociones negativas

Muchas personas ocultan sus sentimientos negativos de enojo, tristeza y temor. Estas personas no pueden soportar lo bueno y lo malo porque nunca han procesado estos sentimientos negativos, por lo que sufren de muchos problemas, tales como temor a las relaciones, depresión y ansiedad como resultado de ello. Los sentimientos negativos son válidos, y se les debe enfrentar para que no causen problemas.

— ENOJO —

El enojo, nuestra emoción negativa más básica, nos dice que algo está mal. Solemos proteger lo bueno que no queremos perder. El enojo es una señal de que estamos en peligro de perder algo que nos importa.

Cuando se le enseña a la gente a reprimir su enojo, se le enseña a estar sin contacto con lo que les importa. Efesios 4:26, citando el Salmo 4:4, dice: «Si se enojan, no pequen. No dejen que el sol se ponga estando aún enojados, ni den cabida al diablo». Es bueno sentirse enojado porque el enojo nos advierte sobre el peligro y nos demuestra qué debe protegerse. Pero no debemos pecar en nuestro intento por resolver el problema. Esto significaría resolverlo de alguna manera no amorosa y finalmente nos lastimaría, así como a la otra persona.

Las consecuencias principales por negar nuestros sentimientos de enojo van desde los desórdenes sicofisiológicos, tales como dolores de cabeza y úlceras, hasta los desórdenes de carácter, como la agresión-pasiva, la incapacidad de trabajar, la depresión grave y el pánico. De cualquier forma en que se mire, negar el enojo evita que resolvamos los problemas.

Otro problema con la negación del enojo es que se torna en resentimiento y conduce a un espíritu crítico y que no perdona: «Asegúrense de que nadie deje de alcanzar la gracia de Dios; de que ninguna raíz amarga brote y cause dificultades y corrompa a muchos» (He 12:15). El resentimiento deja la puerta abierta para que Satanás entre y tome el control.

En lugar de negar el enojo, debemos adueñarnos de él y encontrar su causa. Al examinar nuestro enojo podemos descubrir lo que estamos intentando proteger. El enojo puede estar protegiendo una vulnerabilidad lastimada o un deseo que fue controlado. Podemos estar condenados por alguien y necesitar salirnos del perfeccionismo. Cualquiera sea el origen, el enojo le dice que hay un problema, y este nunca se debe negar.

Podemos descubrir que nuestro enojo está protegiendo algo malo, como el orgullo, la omnipotencia, el control o el perfeccionismo. Tal vez nos sintamos enojados porque estamos perdiendo el control sobre otra persona. Cualquiera sea el caso, si negamos nuestro enojo no podremos llegar al origen. Entonces, el enojo es útil porque es una señal de que estamos protegiendo algo, ya sea bueno o malo.

— TRISTEZA —

La tristeza es signo de dolor y pérdida. Vivimos en un mundo donde nos lastiman y perdemos cosas y personas. La tristeza nos ayuda a dolernos y a dejarlo ir. Si reprimimos y negamos la tristeza, inevitablemente nos deprimiremos. La tristeza no resuelta conduce a la depresión, y con frecuencia, a una gran cantidad de otros síntomas.

El Maestro en Eclesiastés dice: «Vale más llorar que reír; pues entristece el rostro, pero le hace bien al corazón. El sabio tiene presente la muerte; el necio sólo piensa en la diversión» (7:3-4). El Salmos 30:5 dice: «Porque sólo un instante dura su enojo, pero toda una vida su bondad. Si por la noche hay llanto, por la mañana habrá gritos de alegría». La tristeza es siempre el sendero al gozo, porque la tristeza señala un dolor que debe ser procesado.

Cuando la gente niega sus sentimientos de tristeza, «endurece» su corazón y pierde contacto con los aspectos tiernos y dadores de gracia de la imagen de Dios. La Biblia describe a esta gente como «insensibles» (Ef 4:19); otras versiones de la Biblia la describe como que «perdieron toda sensibilidad» (RV) «o que han perdido toda vergüenza» (NVI). Les resulta imposible amar y ser tiernos, o sentir pena por su pecado. Este estado conduce a que se vuelvan personas muy insensibles.

Además, el hecho de suprimir la pena conduce a todo tipo de síntomas, incluyendo depresión, problemas fisiológicos, abuso de substancias y desórdenes alimenticios.

Susan tenía veintitantos años cuando comenzó a sufrir ataques de pánico. Se despertaba en la mitad de la noche y se sentía morir. Si veía algo en la televisión sobre la muerte o leía acerca de la muerte en el periódico, dejaba de funcionar. El pánico y el terror a la muerte la abrumaban. Finalmente, cuando los ataques de pánico le imposibilitaron trabajar, alguien me la remitió.

«Me siento avergonzada de tener tanto miedo a morir», dijo en nuestra primera cita. «Soy cristiana. No debería tener tanto miedo. Mis amigos me dicen todo el tiempo que memorice versículos acerca de la muerte, pero no me ayuda». Susan se sentía confundida y sin esperanzas porque las respuestas de sus amigos no habían funcionado. No sabía qué más hacer.

Susan había crecido muy aislada dentro de su familia. Sus padres eran personas que no se relacionaban socialmente. La única persona a la que sentía cerca era su hermana, Rebecca, que era unos años mayor que ella. Una mañana, cuando tenía quince años, intentó despertar a Rebecca sin éxito alguno. Su hermana había muerto durante la noche.

Su pena fue abrumadora. Pero su padre le dijo a la familia ese día: «No se hablará más de la muerte de Rebecca. Todos debemos ser fuertes. Olvidemos el pasado y sigamos adelante».

Comprensiblemente, Susan tenía muchos sentimientos de pena no resueltos acerca de su hermana. Muy triste porque Rebecca había partido e incapaz de procesar su pena, Susan tenía un deseo muy profundo de estar con Rebecca, su única fuente de amor. Este deseo se registró en su mente consciente como temor; en realidad, era lo que quería: estar con su hermana.

Cuando empezamos a hablar sobre su pérdida, Susan comenzó a lamentarse por su hermana. Pudo hablar de todos sus sentimientos que había estado negando durante años. Al cabo de unos meses, atravesó un ciclo normal de pena, dejando ir a su hermana. Esto debió haber sucedido cuando tenía quince años, pero fue demorado por la regla de su familia en contra de la tristeza y la debilidad.

Al procesar esta tristeza perdió su temor a la muerte, así como la vaga depresión que había experimentado algunas veces durante años.

Un aspecto importante de la tristeza es la sensibilidad. Uno de los principales aspectos de la imagen de Dios, nuestra tristeza, debe ser protegida a toda costa. Si no podemos sentirnos tristes, nos volvemos fríos de corazón.

— TEMOR —

El temor es otra emoción negativa que indica peligro. El peligro puede ser real o imaginario, pero debemos estar conscientes de nuestro temor para resolverlo. La Biblia nos dice con frecuencia, generalmente en el contexto de no colocar adecuadamente nuestra confianza en Dios y su provisión, que «no temamos» porque Dios nos protegerá. Es una opción muy importante para tomar. Sin embargo, si no somos conscientes de nuestro temor, no podemos optar por confiar en Dios, y así permanecemos alejados de él. Y a veces, la raíz del temor no es otra cosa que una falta de confianza.

Además, algunos que niegan su temor se convierten en personas frías e insensibles, que son orgullosas y combativas. Si no tenemos miedo y no confiamos en Dios, la única opción que queda es confiar en nuestra propia capacidad de ganar en cada situación.

Negar el temor nos aleja de nuestra posición de humildad en el universo y de Dios. Es nuestro temor y la falta de control sobre gran parte de nuestra vida lo que nos conduce a nuestro Padre celestial; debemos estar en contacto con nuestros temores para estar en una posición de necesidad.

Si las personas están desconectadas de sus temores de abandono, por ejemplo, estarán desconectadas de su necesidad de otras personas y las tratarán de manera muy insensible. Esto ocurre con frecuencia en el matrimonio, cuando uno de los cónyuges no está en contacto con el temor a ser abandonado. Este cónyuge «da por sentado» al otro. El temor se contacta con nuestra vulnerabilidad real, y con nuestra necesidad de otros y de Dios. Muchas veces la gente trata a los demás con mucha insensibilidad porque están defendiendo sus temores de ser vulnerables.

Otras habilidades necesarias para integrar el bien y el mal

El crecimiento no llega sin esfuerzo. Se deben aprender muchas habilidades y se deben practicar a fin de resolver temas del bien y del mal. Estas son algunas.

Ore

Además de confesar sus pecados, pídale a Dios que lo haga consciente de cosas que tal vez ignore. David oró: «Examíname, oh Dios, y sondea mi corazón; ponme a prueba y sondea mis pensamientos. Fíjate si voy por mal camino, y guíame por el camino eterno» (Sal 139:23-24).

Pídale a Dios que derrame su luz en su alma y que revele todo aquello de lo cual usted no es consciente. Luego pida perdón por ello.

Reelabore lo ideal

Gran parte del contenido de nuestro yo ideal es falso, no es lo que una persona ideal sería. Verifique qué necesidades deben ser eliminadas de su imagen acerca de su yo ideal. Tal vez necesite borrar algunos ideales que provienen de su familia o de la cultura, en lugar de provenir de Dios.

Reelabore las distorsiones

Desafíe sus visiones distorsionadas de Dios, de sí mismo y de los demás. Estas creencias firmemente arraigadas no ceden fácilmente, pero en relaciones nuevas, puede desaprenderlas. Estudie las Escrituras para ver qué dicen acerca de nuestro ideal, nuestra realidad y cómo son realmente Dios y la salvación.

Monitoree la relación entre lo ideal y lo real

Escuche la manera en que responde a lo que es menos que lo ideal. ¿Lo niega? ¿Niega lo bueno? ¿Ataca y juzga? ¿Acepta y perdona? Muchas personas se asombran al descubrir cuánto se atacan a sí mismas y a los demás.

Practique amar lo que es menos que lo ideal en los demás

Aprender a aceptar la maldad y la debilidad en los demás trae aparejada la sanidad en la división del bien y del mal. Manténgase conectado con los demás cuando ellos son menos que lo ideal, y comenzará a valorar la relación real y dejará de exigir el idealismo. De esta manera, el apego se incrementa, y crece su capacidad para amar. Lo que es menos que lo ideal comienza a importar más que lo ideal porque usted tiene una relación real.

No descarte a los demás cuando son menos que perfectos

Si tuvo problemas yendo de amigo en amigo, de cónyuge en cónyuge, de iglesia en iglesia, porque encuentra algún pequeño defecto y los convierte totalmente en malos, decida mantenerse en conexión y trabajar el problema. Vea activamente el bien así como también el mal, y ame a toda persona. Haga realidad a su amigo en lugar de convertirlo en su enemigo.

Procese y valore los sentimientos negativos

Cuando está comprometido con la realidad, tanto con lo bueno como con lo malo, comenzará a ver los sentimientos negativos como parte de la vida. Si les teme menos, entonces los podrá procesar según van surgiendo y evitar todos los problemas enumerados en el capítulo anterior. La mayor parte de los problemas con los sentimientos negativos provienen de un temor acerca de ellos. Realmente no son tan malos como usted teme que sean. Los sentimientos negativos no lo matarán, pero evitarlos probablemente lo haga.

Espere maldad y debilidad de todas las personas

No estoy sugiriendo que se convierta en un pesimista. Estoy diciendo: «sea realista». Todas las personas que conoce, incluyéndose usted mismo, tienen el bien y el mal, fortalezas y debilidades. Por lo tanto, espere verlas en acción. Cuando llegan los defectos, abrácelos y ámelos para poder superar su división del bien y el mal, así como también para sentirse más cerca de los demás.

Espere fallas de la creación

Puesto que el mundo es real, no ideal, todo puede finalmente fallar. En todo día de fiesta que usted planifique, potencialmente puede llover. Toda planta que cultive tendrá algunas hojas muertas. Espere que las cosas vayan mal, y no será sorprendido. Podrá valorar el automóvil y la casa que tiene, o la ciudad en la que vive, aunque sean menos que lo ideal. Podrán no ser lo ideal, pero probablemente sean suficientemente buenos.

Ted

¿Se acuerda de Ted? Se había puesto en una situación de fracaso persiguiendo éxito tras éxito para cubrir el dolor de su antigua vida familiar.

Los padres de Ted habían tenido muchos problemas, y también habían intentado cubrirlos con sus éxitos. Incómodos con la imperfección, criticaban todo aspecto de Ted o de los otros hijos que no encajaban con su imagen perfecta. Los hijos tenían que ser perfectos en la escuela, en los deportes, en sus maneras y en todo lo demás.

«Mi padre era muy dominante», me contó Ted. «Atacaba toda debilidad que tenía. Nunca pude demostrar cuándo me sentía mal, ¡y nunca pude llorar frente a él!»

Al poco tiempo Ted aprendió a no demostrar sus dolores y debilidades. Puesto que no podía compartir estas partes negativas con los demás, comenzó a ocultarlas de sí mismo.

Cuando sus padres se divorciaron, estaba devastado. «Aunque mi padre parece una persona fría, yo lo amaba», dijo. «Y también amaba a mi madre».

El divorcio dejó a Ted lleno de dolor y de enojos no resueltos ni expresados. Durante años enterró sus sentimientos. Utilizando el método de sus padres para tratar con las malas situaciones, persiguió un logro tras otro. Sin embargo, ninguno de ellos pudo borrar su dolor.

Cuando sus logros se vieron amenazados por fracasos en el negocio y problemas matrimoniales, no tuvo a dónde dirigirse. Nunca había sido aceptado por su yo real. Nunca había tenido a alguien que lo amara, incluso cuando había fracasado. No podía concebir el amor fuera del desempeño, o la amistad fuera de la admiración.

Afortunadamente, los demás podían concebirlo. Sus amigos estaban a su alrededor, demostrándole que lo amaban por lo que era, no por sus logros. Le contaron sus propios fracasos y él aprendió que el fracaso no era el fin del mundo, y que el éxito no estaba fundado en el amor. Comenzó a abrirse acerca de sus dolores y temores.

El amor trajo sanidad a través de sus amigos, Ted lentamente comenzó a dejar de buscar su «yo ideal». En cambio, comenzó a mostrar a la gente su yo real con todos los dolores, pecados, debilidades e inmadurez. Liberado de su yo ideal, más tarde inició grupos de apoyo para personas que estaban en la misma situación. Ted no cedió ante la persecución de la excelencia; la puso en perspectiva.

En lugar de trabajar para lograr admiración, elaboró un cimiento de amor. El fracaso no lo borraba y el éxito no definía su existencia. Amaba su trabajo, pero amaba aún más a las personas que estaban en su vida. Habiendo encontrado el amor, ya no necesitaba el ideal.

PARTE V

Convirtámonos *en* adultos

CAPÍTULO CATORCE

¿Qué es la adultez?

Sara estaba ansiosa por todo. «Nunca puedo relajarme», admitió en su primera sesión, «independientemente de cuán bien vayan las cosas o cuan exitosa sea. Siempre pienso que va a pasar algo malo, o que no he hecho lo suficiente».

Se preocupaba principalmente por lo que los demás pensaban de ella. Estaba constantemente a la defensiva, hacía todo lo que podía para asegurarse de que sus superiores aprobaban su trabajo.

Además, Sara siempre estaba rodeada de un grupo de mujeres mayores a las que admiraba, pero que de alguna manera nunca podía complacer. Desde sus veinte y tantos años hasta finales de sus treinta y pico se sentía atormentada por ellas, ya que siempre eran perfectas, dulces y ocupadas, pero tenían una mirada crítica. «Tu sala se vería más cálida si cambiaras el color de las cortinas», dirían. O, «si fueras más estricta en tu disciplina, tus hijos te obedecerían con mayor rapidez». Cualquiera fuera la opinión de ellas, Sara cumplía fielmente y esperaba su aprobación. Cuando no la aprobaban, se sentía insatisfecha.

Sara no solo luchaba por complacer a estas mujeres, sino que también trabajaba para complacer a su esposo. Ella buscaba su aprobación y se sentía muy mal si no la recibía. Sexualmente, estaba inquieta e insatisfecha, siempre preguntándose si se había desempeñado «lo suficientemente bien», y sin sentirse nunca complacida. Con el correr de los años, había perdido el interés en el sexo, pero no le gustaba que su marido la considerara fría.

Pobre Sara. Era una personita tratando de encajar en el mundo de personas grandes. ¿Qué hacía mal?

Sara se subestimaba en todas sus relaciones importantes. Su esposo y estas mujeres estaban por encima de ella, y era su tarea obtener su aceptación y aprobación a fin de sentirse bien. Cuando era niña, buscaba continuamente la aprobación de sus padres. Era «una persona pequeña en el mundo de una persona grande».

Sara no podía disfrutar de la relación con otros adultos. La libertad que tienen los adultos (tomar sus propias decisiones sin el permiso de los demás, evaluar y juzgar su propio desempeño, elegir sus propios valores y opiniones, estar en desacuerdo con los demás libremente y disfrutar las relaciones sexuales con un cónyuge equivalente) de alguna manera se le había escapado.

La naturaleza del problema

Todo el que ha vivido se ha encontrado con un problema en particular: haber nacido siendo un ser pequeño en un mundo de personas grandes, y haber recibido la tarea de convertirse en una persona adulta con el correr del tiempo. Todos nacemos niños bajo la autoridad de los adultos, y con el tiempo debemos convertirnos nosotros mismos en autoridades y estar a cargo de nuestra vida.

Esta sección analizará el problema de salir de una relación de inferioridad al mundo adulto y asumir el papel de uno como un adulto igual a los demás. *Convertirse en adulto es el proceso de salir de una relación «uno arriba/otro abajo» para pasar a una relación de par con otros adultos.* Convertirse en adulto es asumir la posición de autoridad frente a la vida, una parte importante de la imagen de Dios.

La autoridad tiene varias facetas: poder, experiencia, responsabilidades, influencia y sumisión. Los adultos tienen el *poder* o el derecho a dar órdenes, lograr obediencia, actuar o tomar decisiones finales. A menudo obtienen autoridad de su *experiencia* o conocimiento. También tienen autoridad producto de sus *responsabilidades* y del cargo o posición que ocupan. Los padres, por ejemplo, tienen autoridad sobre los hijos porque son padres. Además, los adultos tienen *influencia* en el área en la que funcionan. Lo que hacen afecta a los demás. Una parte final de ser una autoridad es poder ceder derechos y servir a los demás en *sumisión*.

En términos de funcionar a la imagen de Dios, debemos tener comando sobre nuestra vida y el dominio que Dios nos ha dado, oficiar un papel o cargo cuando se nos solicita que lo hagamos, y someternos a la autoridad de Dios y de los demás sin conflicto. No es de extrañar que crecer sea algo tan difícil de hacer. Muchas fuerzas y circunstancias interfieren con el proceso. No obstante, debemos cumplir con la tarea para funcionar exitosamente como verdaderos portadores de la imagen. Si no logramos esta posición de adultez, si nos quedamos como niños en nuestros años de adulto, sufriremos una angustia sicológica y emocional significativa.

Los adultos que aún no se han vuelto «gente grande» se sienten inferiores a sus contemporáneos, o defensivamente toman la posición de ser superiores a todos los demás. En cualquiera de los casos, la tarea de desarrollo de establecer la igualdad con los demás adultos es imperativa si se deben procesar la culpa, la ansiedad, la depresión, la disfunción sexual, el desarrollo de talentos y el vínculo espiritual como siervo. El proceso de desarrollo es el de comenzar la vida desde una posición inferior al mundo adulto, y gradualmente crecer en estatura y sabiduría (Lc 2:52) hasta el punto de convertirse en adulto en un mundo de adultos.

Convertirse en adulto es un proceso de tomar cada vez más poder y responsabilidad cuando nos volvemos lo suficientemente mayores como para manejarlos. Los adultos se identifican con el papel de adulto para poder hacer cosas de adultos sin conflicto, incluyendo el desarrollo de una carrera, tener una vida sexual, establecer amistades mutuas, tratar a los demás adultos como pares y tener opiniones. Los adultos establecen un sentido de competencia sobre su vida.

Este proceso de iniciarse como personas pequeñas y volverse iguales a las personas grandes comienza con los vínculos, con tener fronteras y separación, y con resolver el bien y el mal, pero finalmente tiene que ver con *salir de la relación asimétrica que un niño tiene con sus padres y otros adultos, y tener una posición igual como un adulto por sí mismo*. Este es el último paso del desarrollo para que uno pueda ejercer los dones y las responsabilidades que Dios le ha dado.

Es un gran salto hacia la adultez, pero se supone que seamos iguales a otros adultos. Luego podemos tener hermanos y hermanas bajo la paternidad de Dios.

Jesús nos convoca a tener una relación inferior con otras personas pero nos alienta a tener respeto por el papel de autoridad al mismo tiempo:

«Los maestros de la ley y los fariseos tienen la responsabilidad de interpretar a Moisés. Así que ustedes deben obedecerlos y hacer todo lo que les digan. Pero no hagan lo que hacen ellos, porque no practican lo que predican. Atan cargas pesadas y las ponen sobre la espalda de los demás, pero ellos mismos no están dispuestos a mover ni un dedo para levantarlas. Todo lo hacen para que la gente los vea: Usan filacterias grandes y adornan sus ropas con borlas vistosas; se mueren por el lugar de honor en los banquetes y los primeros asientos en las sinagogas, y porque la gente los salude en las plazas y los llame "Rabí". Pero no permitan que a ustedes se les llame "Rabí", porque tienen un solo Maestro y todos ustedes son hermanos. Y no llamen "padre" a nadie en la tierra, porque ustedes tienen un solo Padre, y él está en el cielo. Ni permitan que los llamen "maestro", porque tienen un solo Maestro, el Cristo» (Mt 23:2-5, 7-10).

Él dice que hagamos lo que ordenó Moisés, pero que no tengamos en cuenta a otras personas como si fueran superiores a nosotros. Que no las veamos como padres, puesto que Dios es el padre de los adultos cristianos, y los adultos son todos hermanos y hermanas. Que no veamos a los demás como líderes, puesto que Cristo es el líder. Él nos está convocando a la igualdad mutua de los creyentes, pero no está dejando de lado los cargos que otros ocupan. Debemos respetar los cargos de la iglesia. Debemos pensar sobre las otras personas como hermanos iguales que nosotros ante Dios, incluso si tienen un cargo. *Someterse a ellos es someterse a Dios, no a las personas.*

Las personas que creen que los demás están por encima de ellos siguen relacionándose desde una posición de niños al estar debajo de una persona, no debajo de Dios. Esta creencia hace la diferencia entre la capacidad de uno de seguir a Dios y de buscar la aprobación de Dios en lugar de lo que quieren otras personas.

Las personas que se atascan en esta etapa «de complacer a la gente» no se pueden hacer cargo de su vida como Dios manda. «Muchos de ellos, incluso de entre los jefes, creyeron en él, pero no lo confesaban porque temían que los fariseos los expulsaran de la sinagoga. *Preferían recibir honores de los hombres más que de parte de Dios*» (Jn 12:42-43, énfasis del autor). Estos creyentes no pudieron ejercer su fe porque necesitaban la aprobación de la autoridad humana. No habían crecido.

Compare esto con la afirmación sobre Jesús en Marcos 12:14. «Maestro, sabemos que eres un hombre íntegro. No te dejas influir por nadie porque no te fijas en las apariencias, sino que de verdad enseñas el camino de Dios». Jesús no temía a los hombres; tampoco necesitaba su aprobación como figuras paternas. Como resultado de ello, podía decirles la verdad y dejarlos preocuparse por si les gustaba o no.

Por cierto, Jesús implicaba que estamos haciendo algo malo si les gustamos a todos: «¡Ay de ustedes cuando todos los elogien! Dense cuenta de que los antepasados de esta gente trataron así a los falsos profetas» (Lc 6:26). ¡Tiene que haber algo de complacer a la gente cuando todos hablan bien de nosotros!

Debemos estar hablando desde ambos costados de nuestra boca. Las personas que complacen a los demás hasta pueden evitar que uno vea lo que es cierto acerca de Dios: «¿Cómo va a ser posible que ustedes crean, si unos a otros se rinden gloria pero no buscan la gloria que viene del Dios único?» (Jn 5:44).

Pablo también habló de salir de la trampa de la «aprobación de los hombres»: «Hablamos como hombres a quienes Dios aprobó y les confió el evangelio: no tratamos de agradar a la gente sino a Dios, que examina nuestro corazón» (1 Ts 2:4). Tanto Pablo como Jesús se dieron cuenta de que para hacer el trabajo de autoridad de la adultez, no se puede buscar la aprobación de otros adultos. Eso es lo que hacen los niños, y los niños no pueden hacer la tarea de los adultos. Por lo tanto, buscar la aprobación de Dios y no tratar de complacer a los demás es un importante aspecto de crecer hacia la adultez.

Los adultos toman decisiones, tienen opiniones, establecen valores no sujetos a la aprobación o desaprobación de los padres o parientes, e incurren en consecuencias legales por sus actos. Junto con la adultez viene una enorme libertad y responsabilidad, pero el tema principal es: los adultos no necesitan «permiso» de otra persona para pensar, sentir o actuar. Y los adultos son responsables de las consecuencias de las cosas que piensan, sienten y hacen.

Sara es un buen ejemplo de alguien que no se ha convertido en adulto. No tiene el «permiso» interno de sí misma, como la administradora de su vida, para hacer y pensar lo que le plazca; invariablemente necesita de la aprobación y el permiso de alguna figura parental en su vida. Estará cargada con una ansiedad enorme y sin fin hasta que pueda salir de la dominación farisaica de los demás.

Convertirse en adulto es un proceso de obtener autoridad sobre nuestra vida. Probablemente pueda pensar en personas que se han «hecho cargo» de su vida, que funcionan como adultos. Saben qué creen, piensan las cosas por sí mismos, toman decisiones, no dependen de la aprobación de los demás para sobrevivir y tienen un área o áreas de experiencia real. Cuando uno se rodea de esas personas tiene un sentido de que tienen autoridad. Se han convertido en adultos.

Probablemente también conozca gente que parece sin convicciones, que esperan que otras personas les digan qué pensar y qué creer, siguiendo a ciegas lo que sea que ha dicho la última «figura de autoridad». Son fácilmente tragados por los pensamientos y las opiniones de los demás. Los demás pueden hacerlos cambiar de rumbo con una palabra. Otros tienen una influencia demasiado grande sobre su identidad, dejándolos con fuertes sentimientos de culpa y ansiedad. No se han convertido en adultos.

Estos son todos temas relacionados con que uno se convierta en adulto para que pueda someterse a la autoridad de Dios por elección. Observemos la base bíblica de la autoridad.

La base bíblica de la autoridad

En el principio, Dios hizo una maravillosa creación y se la confió a los seres humanos para que la gobernaran y rigieran. Él colocó a Adán y Eva en una posición de autoridad sobre la creación:

«Hagamos al ser humano a nuestra imagen y semejanza. Que tenga *dominio* sobre los peces del mar, y sobre las aves del cielo; sobre los animales domésticos, sobre los animales salvajes, y sobre todos los reptiles que se arrastran por el suelo»

... Y los bendijo con estas palabras: «Sean fructíferos y multiplíquense; llenen la tierra y sométanla; dominen a los peces del mar y a las aves del cielo, y a todos los reptiles que se arrastran por el suelo» (Gn 1:26, 28, énfasis del autor).

Inherente a esta posición de autoridad estaba el poder para determinar todo el curso de la creación. Dios le dio a la humanidad libertad para ser una autoridad real sobre la creación, con responsabilidades y consecuencias reales. Este no era un ensayo general. «Entonces Dios el Señor formó de la tierra toda ave del cielo y todo animal del campo, *y se los llevó al hombre para ver qué nombre les pondría. El hombre les puso nombre a todos los seres vivos, y con ese nombre se les conoce*» (Gn 2:19, énfasis del autor). Escuche la increíble delegación de poder y autonomía en esta frase: «El hombre les puso nombre a todos los seres vivos, y con ese nombre se les conoce».

La condición de esta posición de autoridad era la sumisión a una autoridad más alta: Dios. Él le dijo a Adán y Eva que hicieran todo lo que les fuera delegado con libertad, pero debían permanecer dentro de los parámetros que Dios les había dado. No debían usurpar la autoridad de Dios al comer «del árbol del conocimiento del bien y del mal» (Gn 2:17). Dios les advirtió en contra de tratar de funcionar más allá de la autoridad que les fue otorgada. Si lo hacían, morirían.

Este es el modelo. Dios nos otorga una posición de poder y autoridad, de adultez y responsabilidad, de libertad para «estar a cargo» de nuestra vida. Junto con esto viene la responsabilidad de someterse a la autoridad de Dios y la obligación de rendir cuenta si fracasamos. Advierta dos aspectos de «estar a cargo»: autoridad y responsabilidad.

La enormidad de esta confianza se evidencia en la naturaleza de la caída. Cuando Adán y Eva desafiaron la autoridad de Dios, las consecuencias fueron graves. Todos sufrimos por el paso que la primera pareja dio fuera de la autoridad de Dios. También sentimos las consecuencias individuales cuando fallamos en tomar autoridad sobre nuestra propia vida. En pocas palabras, cuando actuamos como niños con nuestras responsabilidades de adultos, estamos en problemas. Esto es lo que hicieron Adán y Eva. Escucharon lo que decía la serpiente sin siquiera cuestionarlo y con resultados desastrosos.

Tal vez pueda sentir las consecuencias individuales de su fracaso para tomar la autoridad sobre el dominio que Dios le ha dado para administrar. Tal vez sus finanzas sean un desastre, o no sabe qué cree acerca de determinadas doctrinas, o sus hijos están fuera de control, o sus talentos no están bien desarrollados. Cualquiera que sea el área, cuando no nos hacemos cargo de lo que sea que Dios nos ha dado para hacer, caemos de la posición que él nos ha dado, con graves resultados. Esto no es un castigo de Dios; es una validación de la cantidad de confianza y responsabilidad que nos ha dado.

Esta es la posición autoritaria que Dios nos había otorgado primero. Pero luego de la caída de Adán y Eva, ya no estuvimos en una posición de libertad para tomar autoridad sobre la vida. En cambio, nos convertimos en esclavos, con el pecado teniendo autoridad sobre nosotros. Todo el libro de Romanos se dedica al tema de cómo perdimos nuestra libertad y nos convertimos en esclavos del pecado y cómo a través de la gracia volvimos a la libertad y ahora podemos ser siervos de la justicia (Ro 6:17-18).

La redención es una inversión de los efectos de la caída, un regreso a la libertad y autoridad que tuvimos al principio. Ahora estamos en una posición en la que podemos estar unidos al «nuevo Adán», que es Jesús, y es imposible que él se rebele en contra de Dios. Este último Adán se convirtió «en el Espíritu que da vida» (1 Co 15:45). Por lo tanto, estar unido a Jesús es estar restaurado a una posición real de autoridad que no puede fallar. ¡Tan grande es la salvación!

Nuestra tarea de volver a obtener nuestra autoridad sobre la vida, entonces, está directamente relacionada con cuánto caminamos «con él» (Col 3:3; 1 Jn 2:4-6; 1 Jn 1:5-7; Col 2:6). Él no puede fallar en su tarea como el segundo Adán, y cuanto más nos identifiquemos con él, más nos le pareceremos y menos fracasaremos en tomar autoridad sobre nuestra vida.

La autoridad ha existido desde el principio, siendo Dios la autoridad final sobre todo. Puesto que Dios es una autoridad, debemos ser portadores de su imagen con autoridad.

En el Antiguo Testamento Dios colocó a muchas personas en posiciones de autoridad sobre otros. «Escojan de cada una de sus tribus a hombres sabios, inteligentes y experimentados, para que sean sus jefes» (Dt 1:13). Sin embargo, siempre quiso que sus reyes y líderes anduvieran con él y que condujeran a su gente hacia él y sus caminos. Había líneas de autoridad en la ley y estructuras de autoridad en las familias individuales. Los dos principios presentes en el huerto del Edén permanecieron: autoridad y responsabilidad.

Por ejemplo, los padres fueron colocados en autoridad sobre los hijos, para enseñarles sobre Dios y para conducirlos en sus caminos. «Grábate en el corazón estas palabras que hoy te mando. Incúlcaselas continuamente a tus hijos. Háblales de ellas cuando estés en tu casa y cuando vayas por el camino, cuando te acuestes y cuando te levantes» (Dt 6:6-7). Los padres son los representantes de la autoridad de Dios en la vida del niño, para que el niño luego pueda volcarse a la paternidad directa de Dios y a su autoridad.

Al obtener esta directiva de sus padres, los niños interiorizan las cosas en un corazón obediente y están preparados para seguir a su Padre celestial en el mismo modo que a su padre terrenal. «Honra a tu padre y a tu madre, como el Señor tu Dios te lo ha ordenado, para que disfrutes de una larga vida y te vaya bien en la tierra que te da el Señor tu Dios» (Dt 5:16). Los niños, al ser educados y criados en las cosas del Señor, se identifican a través de la obediencia con los estatutos y los caminos de Dios. En el Antiguo Testamento esto garantizaba sabiduría y buenas relaciones tribales que les permitirían actuar bien por el resto de su vida. Si aprendían la manera correcta de vivir y podían llevarse bien con los parientes, podían tener un camino llano por delante.

El papel de autoridad en el Antiguo Testamento es un importante aspecto de la imagen de Dios. Comenzó con la delegación de la autoridad de Dios a Adán y Eva, luego a Moisés y los patriarcas, luego a los diversos jueces y reyes, hasta que los profetas comenzaron a contar sobre la llegada de Cristo. En ese momento llegaría el verdadero Rey, al que se le ha otorgado toda la autoridad. Él establecería su propio reino y tendría autoridad sobre él.

Luego, al establecer esta autoridad, todo estaría sujeto a él. Desde esta posición de autoridad, se sometería al Padre y *restablecería la autoridad final de Dios*. Pablo nos cuenta acerca de esto en 1 Co 15:22-28:

> «Pues así como en Adán todos mueren, también en Cristo todos volverán a vivir, pero cada uno en su debido orden: Cristo, las primicias; después, cuando él venga, los que le pertenecen. Entonces vendrá el fin, cuando él entregue el reino a Dios el Padre, luego de destruir todo dominio, autoridad y poder. Porque es necesario que Cristo reine hasta poner a todos sus enemigos debajo de sus pies. El último enemigo que será destruido es la muerte, pues Dios "ha sometido todo a su dominio". Al decir que "todo" ha quedado sometido a su dominio, es claro que no se incluye a Dios mismo, quien todo lo sometió a Cristo. Y cuando todo le sea sometido, entonces el Hijo mismo se someterá a aquel que le sometió todo, para que Dios sea todo en todos».

Este es el plan de la redención. Cristo obtendría de nuevo lo que Dios perdió al tomar autoridad; luego se lo devolvería a Dios, sometiéndose a su autoridad. Su capacidad de ser autoritario le permitiría volver a captar lo que se perdió y devolvérselo a Dios, que le dio la autoridad para hacerlo. ¡Qué plan increíble!

Lo mismo que hizo Dios con él, Jesús lo hace con nosotros. Nos da autoridad en él para volver a tener lo que se perdió, para reclamarlo, luego dárselo nuevamente y así él poder dárselo al Padre. En una manera real, Dios nos está permitiendo participar en la guerra para volver a obtener lo que se perdió. Para hacer lo que debemos hacer, las dos cosas que hizo Jesús.

En primer lugar, debemos someternos a la autoridad y aprender obediencia.

«En los días de su vida mortal, Jesús ofreció oraciones y súplicas con fuerte clamor y lágrimas al que podía salvarlo de la muerte, y fue escuchado por su reverente sumisión. Aunque era Hijo, mediante el sufrimiento aprendió a obedecer» (Heb 5:7-8). Debemos aprender a obedecer primero a los padres, luego al Señor. Esto nos permite ser perfeccionados a través de la disciplina. «Y consumada su perfección, llegó a ser autor de salvación eterna para todos los que le obedecen» (Heb 5:9). Debemos poder someternos a la autoridad de Dios en Cristo y a interiorizar su semejanza.

En segundo lugar, debemos tomar autoridad sobre lo que nos es delegado y redimir lo que se ha perdido, para poder dárselo de nuevo a él. Debemos tomar el papel de un gobernante autoritario en los dominios de nuestra vida y seguir su ejemplo para poder ser agentes de redención. Entonces, reinaremos para siempre con él como herederos conjuntos.

En el Nuevo Testamento, Jesús toma autoridad sobre situaciones y nos pide que hagamos lo mismo. Veamos algunos aspectos de la autoridad que Jesús ejerció para poder entender cuánta autoridad se nos ha ordenado tomar.

Poder

«Todos se quedaron tan asustados que se preguntaban unos a otros: "¿Qué es esto? ¡Una enseñanza nueva, pues lo hace con autoridad! Les da órdenes incluso a los espíritus malignos, y le obedecen» (Mr 1:27).

«Hombres de poca fe —les contestó—, ¿por qué tienen tanto miedo? Entonces se levantó y reprendió a los vientos y a las olas, y todo quedó completamente tranquilo. Los discípulos no salían de su asombro, y decían: "¿Qué clase de hombre es éste, que hasta los vientos y las olas le obedecen?"» (Mt 8:26-27).

Jesús demostró que tenía el poder de hacer cosas. Demostró su autoridad ejerciendo poder sobre determinadas situaciones.

Experiencia

«Cuando Jesús terminó de decir estas cosas, las multitudes se asombraban de su enseñanza, porque les enseñaba como quien tenía autoridad, y no como los maestros de la ley» (Mt 7:28-29).

Jesús tenía conocimiento de la Palabra de Dios y habilidad en interpretarla. Los que lo escuchaban sentían su autoridad.

Cargo

«Porque así como el Padre tiene vida en sí mismo, así también ha concedido al Hijo el tener vida en sí mismo, y le ha dado autoridad para juzgar, puesto que es el Hijo del hombre» (Jn 5:26-27).

La autoridad delegada es la autoridad que se le da a alguien. Jesús recibe su autoridad del Padre.

Influencia

Luego de que Jesús expulsó un espíritu malo de un hombre en las sinagogas, «su fama se extendió rápidamente por toda la región de Galilea» (Mr 1:28).

A través del ejercicio de sus dones, Jesús obtuvo influencia con la gente. Las personas que son respetadas por sus habilidades, conocimientos y talentos han aprendido qué es la influencia, y la pueden utilizar para siempre.

Sumisión

«Jesús los llamó y les dijo: —Como ustedes saben, los gobernantes de las naciones oprimen a los súbditos, y los altos oficiales abusan de su autoridad.

Pero entre ustedes no debe ser así. Al contrario, el que quiera hacerse grande entre ustedes deberá ser su servidor, y el que quiera ser el primero deberá ser esclavo de los demás; así como el Hijo del hombre no vino para que le sirvan, sino para servir y para dar su vida en rescate por muchos» (Mt 20:25-28).

Una parte importante de ser una autoridad como Jesús es poder ceder derechos y servir a los demás. Él se sometió a la raíz y a su Padre. Debemos seguir el modelo de la sumisión de Jesús; es un aspecto importante de la resolución de la autoridad.

«La actitud de ustedes debe ser como la de Cristo Jesús, quien, siendo por naturaleza Dios, no consideró el ser igual a Dios como algo a qué aferrarse. Por el contrario, se rebajó voluntariamente, tomando la naturaleza de siervo y haciéndose semejante a los seres humanos. Y al manifestarse como hombre, se humilló a sí mismo y se hizo obediente hasta la muerte, ¡y muerte de cruz!» (Fil 2:5-8).

Así como Jesús se convirtió en autoridad en estos diferentes aspectos, nosotros debemos crecer y volvernos una autoridad en ejercer el poder, mantener los cargos que nos ha dado, desarrollar experiencia, usar la influencia ganada y someternos a los demás. Jesús hizo el camino. Él era una persona como nosotros, ¡simplemente sin todos los errores! (He 4:15). Por lo tanto, él puede ser nuestro modelo, quien fue tentado con todos los problemas de crecer, pero lo hizo de todos modos. Él puede ayudarnos a volvernos una autoridad sobre nuestra vida.

Una perspectiva del desarrollo

Si convertirnos en adultos es una tarea que requiere poder y experiencia, es sencillo ver por qué es tan difícil. Cuando nacemos, tenemos muy poco de ambos. Todo el poder y la experiencia están en otras personas, y somos mucho más pequeños que ellas.

Sin embargo, cuando seguimos creciendo y aumentando en sabiduría y estatura, obtenemos mayor capacidad y experiencia para hacer las cosas a través del proceso de interiorización e identificación. Interiorizamos aspectos de nuestros padres y comenzamos a identificarnos con ellos como modelos de papel. A través de esta identificación con figuras de autoridad, aprendemos a tomar sus papeles y llegamos a ser como ellos. Este camino a la adultez dura aproximadamente dieciocho años.

Los primeros años

En las etapas de inicio, la principal interiorización es el amor. Aprender que la persona grande que se ocupa de nosotros nos ama construye un vínculo que nos permite interiorizar aspectos de ellos. Si esto funciona bien, los padres ponen límites sobre nosotros, y luego de algo de conflicto, finalmente aprendemos que los límites son buenos.

Gradualmente, desarrollamos cada vez más experiencia, y nuestros padres delegan cada vez más tareas en nosotros, relacionadas a nuestras capacidades de jóvenes. Si las hacemos bien, entonces se nos dan más y más grandes, y nos volvemos cada vez más capaces de manejar mayores responsabilidades. La experiencia, la delegación, el poder y la responsabilidad se incrementan. Primero, al niño se le permite conducir su bicicleta por la calle; luego, a los dieciséis años, puede que se le permita conducir su automóvil a una ciudad vecina. «El que es honrado en lo poco, también lo será en lo mucho» (Lc 16:10).

A medida que vamos creciendo, alrededor de la edad de cuatro o seis años, comienzan a tener lugar identificaciones más específicas, tales como el rol sexual típico y el desarrollo de la sexualidad. El niño pequeño se identifica con su papá como un hombre, y la niña pequeña se identifica con su mamá como una mujer. A su vez, ambos se identifican con la relación del padre o la madre con el sexo opuesto. El niño quiere a «una niña tal como la niña que se casó con el querido papá» y la niña quiere a «un niño que sea tal como el niño que se casó con la querida mamá». Han dado un paso más en el proceso de identificación que pavimenta el camino para el funcionamiento adulto posterior.

Alrededor del mismo tiempo, los niños comienzan a interiorizar algunas de las normas de sus padres, y el desempeño pasa a ocupar un lugar muy importante. La aprobación parental es la única manera para salirse de la culpa en este momento, entonces los niños cada vez más reprimen sus sentimientos de rebelión y de competencia hacia sus padres, aunque estos sentimientos sean crecientes. La culpa de querer usurpar el lugar del padre del mismo sexo es demasiado fuerte para luchar, el niño se identifica con la competencia y se vuelve como ellos.

Entre los siete y los doce años de edad, el dominio de las tareas y los roles de trabajo se vuelven muy importantes. Los niños en edad escolar son cada vez más laboriosos y tienen un buen desarrollo de habilidades; jugar es como un trabajo, aprender las maneras del mundo. Los compinches de la niñez son también muy importantes en este momento.

El papel de los padres

Mientras los niños crecen para convertirse en adultos, los padres pueden ayudar o dañar la identificación de sus hijos con la autoridad en cada uno de sus aspectos.

— PODER —

El poder que un niño necesita para expresar sus responsabilidades de adulto más adelante, proviene de una identificación temprana con la autoridad. Si la naturaleza del poder de un padre o madre es agradable, cálida y amorosa, así como también firme, el niño sentirá que el poder personal es algo bueno. Si un padre ejerce poder pasivamente o con dureza, el niño obtendrá una noción confusa del poder.

Por un lado, si el modelo de un niño es pasivo, no aprende un sentido de poder personal, y esto puede ser desastroso. Jesús nos ha convocado para que podamos estar de pie, pero si un niño no tiene ninguna imagen de un adulto que «está de pie», ¿cómo puede aprender? Se siente tan fuerte como el adulto, y esa es una visión débil del poder. (Este poder es el poder inherente en la personalidad del padre, no el poder atribuido al cargo de padre. En esta interpretación de poder, el niño siente según con la persona que esté: una persona pasiva, una persona dominante o una persona sana con un buen sentido de poder personal).

Por otro lado, si un padre utiliza su poder en forma dura y cruel, el niño desarrolla una relación de odio con el poder y no puede interiorizarlo sin conflicto. El Nuevo Testamento nos da dos pasajes claros sobre esta dinámica:

«Hijos, obedezcan en el Señor a sus padres, porque esto es justo. Honra a tu padre y a tu madre —que es el primer mandamiento con promesa— para que te vaya bien y disfrutes de larga vida en la tierra. Y ustedes, *padres, no hagan enojar a sus hijos*, sino críenlos según la disciplina e instrucción del Señor» (Ef 6:1-4, énfasis del autor).

«Hijos, obedezcan a sus padres en todo, porque esto agrada al Señor. Padres, no exasperen a sus hijos, no sea que se desanimen» (Col 3:20-21).

Estos dos pasajes nos dan una imagen clara de los dos papeles del niño y del padre. El niño debe obedecer, y el padre no debe inspirar ira o desalentar al niño. Un niño no puede identificarse con alguien que odia. El niño necesita desarrollar poder, experiencia e influencia para la adultez, pero si el niño odia a la fuente de todas estas cosas, tendrá un conflicto. Tendrá un momento difícil desarrollando su propia autoridad y luego sometiéndose a la de Dios.

Ralph tenía veintiocho años cuando vino a mi consultorio. Había sido despedido de casi todos los trabajos que había tenido.

—¿Por qué sucede esto? —le pregunté.

—Bueno, estos tipos siempre me están dando órdenes, como si yo no fuera nadie. No puedo soportar que se me hable así. De modo que decido: «Yo les demostraré», y luego lo hago.

—Pero siempre te cuesta el puesto. ¿Vale la pena? —pregunté.

—Todas las veces —dijo resuelto—. Nunca me rebajaré ante ellos de ese modo. Nadie volverá a hacerme lo mismo. —¿Hacer qué? —pregunté.

Ralph comenzó a agitarse de enojo. Mientras seguimos hablando, describió años y años de enojo y abuso por parte de su autoritario padre. Al odiar con pasión a todas las figuras autoritarias, nunca había podido aprender a someterlas o a actuar con autoridad en su propia vida. Seguía siendo un niño pequeño enojado en una lucha de poderes con su padre. Luego de un tiempo considerable de trabajo duro, Ralph pudo procesar su problema con la autoridad. Primero tuvo que abordar su abrumador enojo hacia su padre, luego encontrar algunos hombres mayores como mentores. Con la ayuda de Dios, se convirtió en adulto y se hizo cargo de su vida.

Mike tuvo la reacción opuesta a un padre exasperante, siempre había sucumbido pasivamente a su padre y había casi rechazado por completo su propio sentido del poder. Cada vez que una figura masculina le decía qué hacer, simplemente no se atrevía ni a opinar. Su vida transcurrió hasta que pasó los treinta años, y estuvo plagado de sentimientos de inseguridad y confusión. Había perdido la esperanza por completo. Se unió a un grupo de terapia, en el que se encontró con algunos hombres poderosos que, a la vez, le brindaban apoyo, durante aproximadamente un año, evitó el conflicto con los otros hombres, pero gradualmente comenzó a desafiarlos. Descubrió que era capaz de enfrentarlos, sin ser acallado como lo había sido durante niño.

Él aceptó sus desafíos en actividades deportivas y alcanzó lugar en donde la competencia volvió a ser divertida. No letenía miedo a ganar como lo había sentido en el pasado. Encontró hombres cuyos egos podían tolerarlo. Esta autoconfianza recién descubierta se trasladó al mundo laboral, y gradualmente probó nuevos riesgos y empleos. A través de la tarea de mentores y de desafiar a estas otras figuras de autoridad, venció su temor a la autoridad masculina.

La solución pasiva de Mike era tan desastrosa como la agresiva de Ralph. Ninguno había podido poner en orden sus papeles de autoridad como adultos, porque sus padres habían desobedecido el mandamiento de Dios. Uno había provocado enojo en su hijo y el otro lo había desalentado.

— EXPERIENCIA —

Al crecer, un niño debería tener una oportunidad amplia de obtener cada vez más experiencia, y los padres deberían apoyar este proceso. Además, los padres deben ser modelos de experiencia para que el niño obtenga una imagen del valor del trabajo y de lo laborioso. Los niños pueden identificarse con estos modelos de papeles positivos y aprender que «un deseo logrado es dulce para el alma». Deben admirar a sus padres para aprender a buscar la excelencia, para desarrollar la autoestima y para adorar a otra persona que no sea ellos mismos.

Un niño desarrolla experiencia cuando sus padres reconocen y construyen sus fortalezas y talentos individuales. Un joven que vino a verme describió cómo dedicaba horas y horas a practicar béisbol mientras su padre pasaba de largo y no decía nada. Cuando intentaba emprender un proyecto nuevo, su padre echaba agua helada sobre la idea. Al principio de la adultez, cuando necesitaba salir y enfrentar al mundo, sufrió de una depresión mayor con solo pensarlo. Estaba totalmente abrumado: no tenía ninguna imagen de una figura paterna que lo alentara y creyera en él. Ningún progenitor había construido su experiencia.

Cuando un niño desarrolla una capacidad, la oportunidad debe acompañarla. Un niño debe obtener un sentido de ser bueno al intentar y aprender. Los padres deben recompensar el esfuerzo dándoles a sus hijos los recursos necesarios para desarrollar el siguiente nivel. Por ejemplo, un niño que aprende a jugar al béisbol no necesita el mejor bate de la tienda, pero ayudaría tener algún tipo de bate disponible cuando el niño está listo. Si alguien tiene la oportunidad de aprender que ellos pueden aprender, el resto de la vida es cosa fácil. Desarrollan una creencia básica en su capacidad para emprender cualquier tarea. Esto es convertirse en adulto.

— CORRECCIÓN —

Como hemos visto antes, la relación de lo ideal con lo real necesita ser de amor y de aceptación, mientras se le estimula hacia delante. El hecho de ser buenos padres sigue este patrón, como lo hace Dios con nosotros. Un niño que es tratado duramente por sus fracasos se vuelve temeroso de intentar. El temor al fracaso con frecuencia proviene de una reprimenda dura de una figura de autoridad por un error cometido.

La actitud de Dios hacia nosotros a medida que aprendemos cosas es muy diferente. Hebreos 5:14 dice que aprendemos a través de la práctica o del «uso constante»; por lo tanto Dios obra con nosotros mientras aprendemos y obtenemos experiencia. Los padres deben tratar a sus hijos con comprensión y paciencia al practicar sus nuevas habilidades. Si los padres se comportan de ese modo, sus hijos amarán emprender cosas nuevas.

El libro de hebreos describe una autoridad que es muy amorosa con respecto al proceso de crecer:

«Porque no tenemos un sumo sacerdote incapaz de compadecerse de nuestras debilidades, sino uno que ha sido tentado en todo de la misma manera que nosotros, aunque sin pecado. Así que acerquémonos confiadamente al trono de la gracia para recibir misericordia y hallar la gracia que nos ayude en el momento que más la necesitemos. Todo sumo sacerdote es escogido de entre los hombres. Él mismo es nombrado para representar a su pueblo ante Dios, y ofrecer dones y sacrificios por los pecados. Puede tratar con paciencia a los ignorantes y extraviados, ya que él mismo está sujeto a las debilidades humanas» (Heb 4:15-5:2)

Nuestro Sumo Sacerdote (Jesús) corrige cordialmente, puesto que se identifica con nuestra debilidad. Si los padres siguen su indicación, aprender será una experiencia gozosa.

— EL PODER DEL CARGO —

Un cargo es una posición de autoridad o confianza. Puesto que tienen el *cargo* de padres, estos tienen autoridad para imponer las consecuencias. Son modelos para sus hijos mientras esos niños intentan identificarse con la autoridad.

En la historia de Adán y Eva, Dios poseía un cargo como autoridad. Además, les dio el cargo de administradores. Cuando la conducta de ellos cruzó la línea, él demostró el poder de su cargo imponiendo las consecuencias de tal comportamiento. Esto inyectó una visión básica de la autoridad de Dios en el universo para los períodos por venir. Los seres humanos y las huestes celestiales aprendieron que cuando Dios decía algo, era en serio.

Los niños que son criados en situaciones donde la autoridad no tiene poder, aprenden a no respetar la autoridad ni a identificarse con ella. De acuerdo a los investigadores, los modelos que presentan estas características son más fácil de emular: son cálidos y amorosos; poseen alguna similitud con la persona que los sigue; no son perfectos, pero pueden hacerle frente a la vida y perciben el poder.

Así, los niños que están en proceso de desarrollo necesitan figuras parentales que tengan autoridad y que posean el poder de su *cargo de padres*. El respeto obtenido permite al niño seguir a los padres por un «temor» sano, un temor basado en el amor. El poder del amor es el mejor poder con el cual identificarse, y parte de este poder tiene que venir no solo de la personalidad del padre sino de su cargo de padre o madre. El desarrollo de respeto por este cargo coloca una base para el respete posterior del niño hacia la ley, las autoridades que gobiernan) las autoridades de la iglesia (Ro 13:1).

Esto también les dará la capacidad de ejecutar con autoridad cualquier papel que jueguen más tarde, ya sea como constructor de un hogar, líder de la iglesia, obrero de una fábrica o presidente de una empresa. Tienen un modelo en su cabeza de lo que significa tomar un papel o cargo y ejercerlo con autoridad.

Adolescencia

Si todos estos procesos van bien, se dispone el escenario pará que un niño sano de doce años se vuelva loco. La adolescencia es el inicio de deshacer el yugo de la esclavitud llamada niñez. Es el inicio de colocarse en un papel igual al del mundo adulto, y como cualquier otro destronamiento de gobierno, generalmente no se produce sin una rebelión.

La Biblia compara la niñez con la esclavitud, porque un niño todavía no posee legalmente su vida.

«En otras palabras, mientras el heredero es menor de edad, en nada se diferencia de un esclavo, a pesar de ser dueño de todo. Al contrario, está bajo el cuidado de tutores y administradores hasta la fecha fijada por su padre. Así también nosotros, cuando éramos menores, estábamos esclavizados por los principios de este mundo. Pero cuando se cumplió el plazo, Dios envió a su Hijo, nacido de una mujer, nacido bajo la ley, para rescatar a los que estaban bajo la ley, a fin de que fuéramos adoptados como hijos» (Gá 4:1-5).

A partir de esta esclavitud, el niño se rebela hasta que reconoce su libertad como adulto y puede volver a identificarse con su papel. Y eso, amigo mío, puede ser un proceso tormentoso. Durante la adolescencia una personita se está convirtiendo en una persona adulta para tomar el poder sobre su vida, pero no ha llegado aún allí. El niño, o casi adulto, tiene un pie en cada bote, y está en el proceso de derribar la autoridad y convertirse en su propia persona.

La adolescencia es el momento de cuestionar las autoridades y de elegir las cosas, por uno mismo. En un sentido real, el *control* parental se ha desvanecido a favor de la *influencia* parental. Si los padres han construido una buena relación con su hijo con el correr de los años, pueden intentar ejercer su influencia sobre el niño durante este período. Pero tendrán poco control. Para esta época, el niño es lo suficientemente grande y móvil como para hacer lo que quiere hacer. Pueden aplicar límites y consecuencias, pero es muy difícil controlar a otro adulto. Solo pueden controlarse a sí mismos y a cómo responden.

En esta maravillosa etapa de la vida, todo tipo de cosas nos preparan para ser adultos. El adolescente experimenta un poder diferente del que tenía antes. Tiene una movilidad real y con frecuencia puede obtener un trabajo que pague más que cuidar a los bebés. Tiene poder de compra, así como un poder intelectual para comenzar a descubrir el mundo y tratar con él. El grito más frecuentemente escuchado es: «Déjame hacerlo. ¡Siempre me tratas como a un niño!». El adolescente está probando su propio poder para manejar la vida.

Además, se produce un cambio en el cargo. Los padres pierden bastante respeto en esta etapa, y el adolescente escucha a otras figuras de autoridad fuera del hogar. Aprende que mamá y papá no son los únicos que lo saben todo. Los líderes de jóvenes, los maestros y los entrenadores pasan a ser fuentes valiosas de influencia; ¡su influencia es mucho mayor si difiere de la de los padres! Seguir el consejo de los demás le da al niño un sentimiento de independencia de los padres, que es la tarea primordial de la adolescencia.

Además, el grupo de pares se convierte en el apego principal. A medida que los adolescentes crecen hacia la adultez, necesitan el apoyo de la comunidad y de los amigos, además del de los padres. Esta movida es sana. Al establecer fuertes relaciones con sus pares, tendrán la capacidad de crear redes de apoyo para el resto de su vida. Muchas personas de treinta años nunca se fueron emocionalmente de su hogar. Cuando intentan separarse de sus padres, no tienen las habilidades para construir redes de apoyo reales, y su pasaje a la adultez no funciona. Están atascados como los niños porque no pueden depender de los amigos en lugar de los padres.

Los adolescentes comienzan a reconocer sus verdaderas capacidades y talentos para poder tomar autoridad en esta área. Realizan muchas actividades y tienen idea de si les gustan o no los deportes, los estudios, los temas sociales o las artes. No están preparados para elegir una carrera, pero están descubriendo sus intereses y talentos básicos. Con frecuencia se meten en problemas con los padres, pues sus intereses tal vez no sean los que los padres quieren de ellos. Los padres deben perder esta batalla, o la perderán peor al final. Los niños comienzan a hacer lecciones, y sus opciones deben ser respetadas.

Cuando advierten las cosas que Dios les ha dado, buscan consejos fuera del hogar para nutrir esos talentos. Los equipos deportivos, los clubes escolares, las organizaciones de servicio, los grupos de iglesia y los grupos de exploradores, son invalorables para que los adolescentes aprendan más acerca del mundo. El trabajo debe convertirse en algo más importante, y los adolescentes deben ganar dinero de alguna manera sustancial. También deben tener la libertad de decidir cómo lo van a gastar. Cuando los padres recuerdan que la adolescencia es un campo de entrenamiento para la adultez, comienzan a hacer la siguiente pregunta: «¿Qué podría ayudarlos a prepararse para cuando ya no estén viviendo aquí y no me tengan al lado?». Esto conlleva gran parte de la lucha de poderes de las relaciones padre-adolescente.

Los años de la adolescencia son una época maravillosa para aprender sobre el sexo opuesto y cómo relacionarse más íntimamente. Descubren sus cuerpos y sienten cosas que nunca antes han sentido. Aprenden a relacionarse de una manera más profunda, exponiéndose al apego romántico de una manera que es mucho más profunda que el amor pueril. Arrojan la represión de la última década de su vida, y se convierten en una fábrica de impulsos que tienen dificultad en controlar. También tienen dificultad para comprender por qué deben controlarlos.

Necesitan una fuerte guía de los padres y de otras figuras de autoridad que sostengan el valor del sexo y que den pautas adecuadas y límites sin reprimir. A la mayor parte de los padres les resulta difícil porque temen a la sexualidad de sus adolescentes. Por un lado, no quieren destruir su visión del sexo; por otro lado, quieren fijar límites adecuados. Aquí cobran gran importancia los líderes de jóvenes.

Los adolescentes también luchan con los valores. Por primera vez, están en una posición para cuestionar lo que sus padres les han enseñado que es cierto. Necesitan cuestionar las cosas en que creen papá y mamá y llegar a sus propios razonamientos sobre la fe y otros valores. Si su fe no pasa a ser propia, la perderán más tarde, o se convertirán en fariseos. La exposición a buenos grupos de jóvenes y líderes es muy importante, porque da la oportunidad de llevar las dudas y las preguntas a otras personas que no sean los padres. Sus amigos también les brindarán respuestas, así que es bueno relacionarse con líderes juveniles sólidos y pares con quienes atravesar «el valle de sombra de muerte de la fe de la niñez». La Biblia brinda muchos ejemplos de personas que han pasado por este período de cuestionamiento, incluyendo al hijo pródigo y a los dos hijos en el viñedo.

Los adolescentes derriban las normas de los padres y eligen sus propias normas y valores para la vida. No me malentiendan; los padres son importantes en este proceso, pero los adolescentes necesitan libertad para pensar y elegir, para cuestionar y dudar, especialmente más tarde en la adolescencia o a principios de la adultez. En estos períodos, otros adultos son muy importantes en su vida.

Si este proceso anda bien, a las personas que resultan del mismo se les puede llamar adultos. Son su propia persona, responsables por sí mismos, abandonan el hogar y establecen una vida propia con sus propios talentos, rumbo, propósito, poder, cargo, influencia y experiencia. Este es el proceso de convertirse en adulto, y uno puede ver por qué no es fácil.

Sin embargo, a estas alturas necesitan tener un buen comienzo en el poder personal, la experiencia, la influencia, el cargo y la sana sumisión. El proceso no está completo todavía, acaban de iniciarse en el camino correcto. Si se plantan buenas semillas, así como también buenas experiencias, están preparados para sumergirse en la adultez con todas sus pruebas y victorias. A estas alturas han comenzado a pensar por sí mismos, a pararse en sus propios pies, a no estar de acuerdo con figuras de autoridad y a sostener sus propias opiniones. Tienen las herramientas para ser liberados de los padres a la autoridad de Dios y a la hermandad de la humanidad.

El tema principal aquí es que se sienten lo suficientemente adecuados en esas áreas como para salir de la posición asimétrica con los adultos que han tenido toda su vida. Sienten más una igualdad con los otros adultos, *ya no buscan que los demás adultos desempeñen funciones parentales por ellos*. Si han llegado a la adultez, no buscan a otros adultos para que tengan funciones parentales, tales como pensar por ellos, decirles cómo tienen que vivir, y en qué creer. Otros adultos son observados como expertos a los que pueden recurrir para obtener consejo e información, pero cada persona es responsable de su propia vida. Esto es la adultez.

Las implicancias espirituales del pasaje a la adolescencia

Es esencial realizar la conexión entre esta etapa de madurez y sus implicancias espirituales. El pasaje a la adolescencia es cuando derribamos las estructuras legalistas que interfieren con nuestra relación con Dios. Debemos dejar de lado la autoridad de nuestros padres como figuras divinas para que Dios pueda ser nuestro Padre. En pocas palabras, debemos colocar a nuestros padres a un costado, para que podamos ser adoptados por Dios. Si nunca hemos atravesado ese proceso, sufriremos de niñez espiritual y no podremos salirnos de debajo de la ley y de la esclavitud de las reglas.

Pablo equiparaba ese vínculo estructural con la ley, así lo vemos nosotros. Miremos nuevamente Gálatas 4:1-7, nos ayudará a comprender muchos problemas espirituales que padece el pueblo de Dios.

Pablo compara a nivel de igualdad la niñez con la esclavitud (Gá 4:1), y habla acerca de que los niños están «esclavizados *bajo los principios de este mundo*». Estos principios básicos, a los que se hace referencia como reglas de la religión en otra parte, son inútiles para crear la madurez real:

«Si con Cristo ustedes ya han muerto a los principios de este mundo, ¿por qué, como si todavía pertenecieran al mundo, se someten a preceptos tales como: "No tomes en tus manos, no pruebes, no toques"? Estos preceptos, basados en reglas y enseñanzas humanas, se refieren a cosas que van a desaparecer con el uso. Tienen sin duda apariencia de sabiduría, con su afectada piedad, falsa humildad y severo trato del cuerpo, pero de nada sirven frente a los apetitos de la naturaleza pecaminosa» (Col 2:20-23).

Básicamente Pablo dice que debemos ser liberados de las reglas y adoptados como hijos e hijas de Dios. Esta libertad de las estructuras parentales nos conduce a una relación de amor con Dios y a una obediencia a sus principios de amor. Nos mueve de una forma de pensar basada en las reglas a una manera de pensar basada en el amor y nos permite trabajar de acuerdo con los *principios* y no con las reglas.

Sin embargo, si nunca hemos cuestionado la autoridad de nuestros padres terrenales, los dadores de la primera ley, no podemos cuestionar la autoridad de la ley en sí y rechazar su capacidad de salvarnos. Por eso es que las personas atadas a la autoridad al igual que los fariseos son siempre tan legalistas. Siempre están intentado ser «lo suficientemente buenos» para ser aceptados en sus conciencias legalistas. Escuche las palabras de Pablo:

«Antes de venir esta fe, la ley nos tenía presos, encerrados hasta que la fe se revelara. Así que la ley vino a ser nuestro guía encargado de conducirnos a Cristo, para que fuéramos justificados por la fe. Pero ahora que ha llegado la fe, *ya no estamos sujetos al guía*» (Gá 3:23-25, énfasis del autor).

Tenemos que salir de debajo de la ley, puesto que su supervisión se ha terminado. Debemos ser adoptados por nuestro nuevo padre, ¡Dios mismo! Al igual que Pablo, debemos rechazar la idea de que, al obedecer las estructuras parentales podemos salvarnos: «Nadie será justificado en presencia de Dios por hacer las obras que exige la ley» (Ro 3:20). Esto nos pone en una relación directa con Dios como Padre, y fuera de la esclavitud de la mentalidad legal: «Así que ya no eres esclavo sino hijo; y como eres hijo, Dios te ha hecho también heredero» (Gá 4:7). Este es un llamado a la libertad de la servidumbre con Dios, en oposición al sistema de reglas de la niñez. Hemos pasado ya el sistema de reglas y del gobierno parental de comportamiento para alcanzar un lugar de libertad y obediencia al Espíritu.

Pablo habla de la naturaleza de esta libertad: «Ama a tu prójimo como a ti mismo» (Gá 5:14). Él se hace eco de las palabras de Jesús a los fariseos, las personas de esa época ligadas a la autoridad. Jesús les dijo que salieran de debajo de sus reglas basadas en los padres y en las maneras elementales de ver y moverse hacia el amor. Aparentemente nunca habían pasado por el cuestionamiento adolescente de sus ancianos y padres y no habían llegado a tener sus propias creencias:

«Los fariseos y algunos de los maestros de la ley que habían llegado de Jerusalén se reunieron alrededor de Jesús, y vieron a algunos de sus discípulos que comían con manos impuras, es decir, sin habérselas lavado. (En efecto, los fariseos y los demás judíos no comen nada sin primero cumplir con el rito de lavarse las manos, ya que están aferrados a la *tradición de los ancianos*. A regresar del mercado, no comen nada antes de lavarse. Y siguen otras muchas tradiciones, tales como el rito de lavar copas, jarras y bandejas de cobre.) Así que los fariseos y los maestros de la ley le preguntaron a Jesús:

—¿Por qué no siguen tus discípulos la tradición de los ancianos, en vez de comer con manos impuras?

Él les contestó:

—Tenía razón Isaías cuando profetizó acerca de ustedes, hipócritas, según está escrito: "Éste pueblo me honra con los labios, pero su corazón está lejos de mí. En vano me adoran; sus enseñanzas no son más que reglas humanas. Ustedes han desechado los mandamientos divinos y se aterran a las tradiciones humanas"» (Mr 7:1-8, énfasis del autor).

El cuestionamiento de los fariseos hacia Jesús y el juicio de sus discípulos provenía de su fusión con sus figuras y estructuras parentales, «las tradiciones de los ancianos». No eran lo suficientemente libres como para ver la verdad.

Jesús también acusó a los fariseos de pensar que era más importante complacer a las figuras parentales que complacer a Dios. Nuevamente, otra fusión con las maneras de sus padres:

¡Ay de vosotros, que edificáis los sepulcros de los profetas a quienes mataron vuestros padres! De modo que sois testigos y consentidores de los hechos de vuestros padres; porque a la verdad ellos los mataron, y vosotros edificáis sus sepulcros.» (Lc 11:47-48).

Aquí Jesús dice que aprobar los hechos malditos de nuestros padres y figuras paternales es volverse como ellos. Nos llama a cuestionar nuestra fusión con la autoridad, a dejar esa lealtad y a dar nuestra lealtad a Jesús (Mt 10:34-37). La lealtad hacia Él debe ser más fuerte que nuestra relación padre-hijo terrenal, puesto que nuestra relación parental debe ser con Dios.

La manera en que Jesús trató con sus padres cuando comenzó a afirmar esta independencia y propósito también es muy instructiva. Hasta cierta edad, Jesús estaba debajo de la autoridad de sus padres, como se ordenaba en la ley. Pero, en la adultez, las cosas comenzaron a cambiar. Cuando Jesús tenía doce años, sus padres advirtieron que se había separado de ellos para ir al templo. Cuando le dijeron que se habían preocupado por él, Jesús contestó: «¿Por qué me buscaban? ¿No sabían que tengo que estar en la casa de mi Padre?» (Lc 2:49).

En otra oportunidad él aclaró que debía obedecer a Dios, no a su madre: «Mujer, ¿eso qué tiene que ver conmigo? —respondió Jesús—. Todavía no ha llegado mi hora» (Juan 2:4). Jesús estaba creciendo y transfiriendo su lealtad parental a Dios, tal como debemos hacerlo nosotros.

En todos estos ejemplos, Jesús tiene dos propósitos. El primero, debemos salir de debajo de la autoridad de nuestros padres y entregar nuestra lealtad a Dios. El segundo, cuando esto sucede, nuestro pensamiento debe cambiar de las reglas a los principios.

¿Recuerda cuando los fariseos criticaron a los discípulos de Jesús por levantar granos el día de reposo? «Él les contestó:

—¿No han leído lo que hizo David en aquella ocasión en que él y sus compañeros tuvieron hambre? Entró en la casa de Dios, y él y sus compañeros comieron los panes consagrados a Dios, lo que no se les permitía a ellos sino sólo a los sacerdotes. ¿O no han leído en la ley que los sacerdotes en el templo profanan el sábado sin incurrir en culpa? Pues yo les digo que aquí está uno más grande que el templo. Si ustedes supieran lo que significa: "Lo que pido de ustedes es misericordia y no sacrificios", no condenarían a los que no son culpables. *Sepan que el Hijo del hombre es Señor del sábado»* (Mt 12:3-8, énfasis del autor).

Cuando Jesús dice que el Hijo del hombre es el Señor del día de reposo, se ubica a sí mismo por encima de las reglas. Las reglas fueron hechas para servir su orden, y ese orden es el amor. El pensamiento ha pasado de estar basado en las reglas, un pensamiento en blanco y negro, a un pensamiento basado en los principios, que debe ser interpretado a la luz del amor. Nuestra obediencia a Jesús debe valer más que nuestra obediencia a las tradiciones de nuestras figuras parentales.

Las personas rígidas, farisaicas, no pueden tolerar esta enseñanza. Si no tienen una regla estricta para manejar cada situación, están perdidos, e inventarán una, como hicieron los fariseos. La Biblia nos dice que amemos, y si debemos molestar una «tradición de los ancianos» para amar, que así sea. La teología de los fariseos no era lo suficientemente grande como para tener en cuenta las necesidades de las personas, ya sean el hambre o la sanidad (Mt 12:10-12). Muchas veces algunas teologías no nos permiten ayudar a alguien que sufre, su teología no es lo suficientemente grande como para albergar el amor de Dios. Ellos «condenarían al inocente» (v. 7).

Un líder espiritual me dijo una vez que si la única forma en que se podía ayudar a un niño autista era a través de la intervención de la terapia, ¡debía ser la voluntad de Dios que ese niño sufriera! Dijo que no podía ver a la terapia disculpada en las Escrituras, y que si esto era lo que el niño necesitaba, ¡debía ser la voluntad de Dios que el niño estuviera separado del amor y la relación! Su teología no era lo suficientemente grande como para que cupiera el amor. No era libre de «sanar en el día de reposo» y estaba condenando a los inocentes.

Cuando la gente se separa de estos «principios del mundo» legalistas, hay cambios que tienen lugar en su razonamiento y en su capacidad de amar. Su pensamiento cambia de ser rígido y concreto, a basarse en los principios y simbolismos. Comienzan a comprender los misterios de Dios y se relacionan con él con amor, aplicando su verdad en sabiduría y amor, en lugar de ocultarse detrás de fórmulas estrictas y legalistas. El evangelio pasa a ser más una relación entre Dios y las personas que un sistema de reglas diseñado para mantener controlada a la gente.

Las formas en que la gente piensa acerca de las situaciones cambia, y razonan a la luz del amor. Pablo, en el gran capítulo del amor, dice lo siguiente:

> «Cuando yo era niño, hablaba como niño, pensaba como niño, razonaba como niño; cuando llegué a ser adulto, dejé atrás las cosas de niño. Ahora vemos de manera indirecta y velada, como en un espejo; pero entonces veremos cara a cara. Ahora conozco de manera imperfecta, pero entonces conoceré tal y como soy conocido. Ahora, pues, permanecen estas tres virtudes: la fe, la esperanza y el amor. Pero la más excelente de ellas es el amor» (1 Co 13:11-13, énfasis del autor).

Cuando las personas comienzan a razonar como adultos, y no con el pensamiento en blanco y negro de los niños, el misterio y la ambigüedad se vuelven más aceptables, y el amor más importante. Las personas que no han vivido el pasaje de la adolescencia de salir de las reglas parentales no piensan que están viendo «un reflejo pobre» o «parcial». Piensan que tienen la respuesta «absoluta» para todas las cosas.

Cuando nos volvemos adolescentes espirituales, nos encontramos aferrándonos mucho más estrechamente a Dios, nuestro Padre, puesto que necesitamos de su guía a través de la neblina. No estamos tan seguros de todo y nuestra teología no tiene una respuesta para cada situación. Necesitamos una relación con él, no solo un sistema de reglas. Atravesamos nuestro propio Getsemaní, intentando someternos a la voluntad de Dios en medio del dolor (Lc 22:42). No hay una respuesta teológica sencilla al dolor; la respuesta es una relación con Dios en medio del dolor. Los que necesitan cosas en prolijos paquetes blancos y negros no pueden tolerar dicha fe.

Las personas que hacen esta transición dejan de lado las reglas y se disponen a una relación real, adoptada, con Dios el Padre. Su razonamiento cambia a un pensamiento de principios en lugar de un pensamiento en reglas en blanco y negro. Su teología pasa de estar basada en la ley, a basarse en el amor, y su fe cambia de un sistema ético a una relación con Dios.

Rechazar las «tradiciones» de la gente y mirar dentro de uno para encontrar el yo real, impulsivo, que a veces parece un caos total, es la única manera para una relación real de necesitar a un Padre.

Cuando dejamos las reglas que «nos mantienen en línea» de lado, nos encontramos a nosotros mismos «pobres de espíritu» (Mt 5:3) y necesitando a un Padre. De esto se trata el ser adoptado. Esta es la redención y la adolescencia espiritual. Debemos darnos cuenta de la rebelión que subyace al cumplimiento externo, confesarla y ser bienvenidos de nuevo a casa por el benévolo Padre. Esa es la fe que sana.

Salir de debajo de la atadura parental permitió que grandes personajes, tales como Juan el Bautista, lograran su obra. Juan el Bautista se defendió de las figuras parentales de su época, llamándolos «carnada de víboras» (Mt 3:7). Martín Lutero estuvo en contra de las autoridades religiosas de su época, que decían que no era posible tener una verdadera relación con Dios sin una interpretación intermediaria.

Se necesita a alguien que se sienta igual a otros adultos para poder hacer las cosas que Dios nos pide que hagamos. Debemos adueñarnos de nuestra vida y no necesitamos la aprobación parental para poder caminar «sin intentar agradar a la gente sino solamente a Dios, que examina nuestro corazón» (1 Ts 2:4). El siguiente capítulo muestra qué sucede si no lo hacemos.

CAPÍTULO QUINCE

Cuando fracasamos en crecer

Mi amiga tenía en su rostro una de esas miradas que la gente a veces refleja cuando descubre lo verdaderamente profundo. Esta no era una excepción. Dijo algo que nunca olvidaré:

—¿Sabes algo? La vida está patas para arriba. —¿Qué quieres decir?— pregunté.

—Primero deberíamos ser adultos y luego niños. Es demasiado difícil de la otra manera.

Síntomas de una incapacidad para convertirse en adulto

Cualquiera que haya vivido (salvo Adán y Eva) se ha enfrentado al problema de haber nacido como una persona pequeña en un mundo de personas grandes y habérsele entregado la tarea de convertirse en una persona grande con el correr del tiempo. Todos hemos nacido niños bajo la autoridad de los adultos, y con el tiempo se esperó que nos convirtiéramos nosotros mismos en adultos y que nos hiciéramos cargo de nuestra vida. Esta tarea, como observó mi amiga, no es fácil. Algunos de nosotros no la logra nunca. Intentamos vivir la adultez desde una posición asimétrica de niño. A continuación señalo algunos signos de esta incapacidad para lograr la adultez.

Necesidades desordenadas de aprobación

Las personas que luchan para hacerse cargo de su vida con frecuencia no pueden funcionar independientemente de la aprobación de los demás. Luchan constantemente por obtener la aprobación de «algún otro significativo», ya se trate de sus jefes, sus cónyuges, sus amigos, su pastor o sus compañeros de trabajo.

Este tipo de aprobación es diferente de la afirmación normal que todos necesitamos para nuestro trabajo. Todos necesitamos elogios por un trabajo bien hecho. La aprobación se convierte en problemática cuando la gente no se siente bien con respecto a sí misma o a su trabajo hasta que alguien les dice que el trabajo está bien hecho. Esperan que una figura de «autoridad» pronuncie su aprobación antes de saber que algo está bien (y que ellos son buenos). Si la figura de autoridad dice que está bien, cambia toda su imagen propia. La opinión del otro tiene mucho peso y ha ocupado el papel del juez y del jurado, o del padre, para la persona.

Temor a la desaprobación

El temor a la desaprobación va junto con la necesidad de aprobación. Con frecuencia la gente es excesivamente ansiosa cuando una figura de autoridad está cerca. Su ansiedad interfiere con su capacidad de hacer bien el trabajo. Cada vez que se va a evaluar su trabajo, su temor es activado o tienen un temor constante de ser evaluados.

Un joven alumno de la universidad comenzó a tener ataques de pánico cerca del final de cada semestre. Todo iba bien hasta tres semanas antes del final del semestre. En ese momento, tenía un estado de tensión que llegaba al pánico. Perdía la visión de las tareas que tenía a mano y comenzaba a centrarse en si a sus profesores les gustarían o no sus trabajos.

Su historia reveló un padre perfeccionista que criticaba duramente su trabajo. Temiendo a su padre, había permanecido como un niñito sumiso cuando tenía más de veinte años. Puesto que nunca había dejado de estar bajo el mando de su padre, las figuras de autoridad seguían teniendo el papel de juez en su vida. Tenían el poder de aprobarlo o desaprobarlo, y el momento del examen era una plataforma para esta dinámica.

Gradualmente, al comenzar a desafiar a sus profesores, aprendió que después de todo no eran tan poderosos, y finalmente llegó a sentir como si fueran sus iguales. Llegó a ingresar a una sala de exámenes sin ansiedad excesiva. Había pasado por la «ceremonia de tránsito» de llegar a ser igual a la figura de su padre. Él era un par y ya no temió más ser juzgado.

Culpa

La culpa siempre tiene como un componente la pérdida de aprobación parental. Por lo tanto, siempre que uno luche con la culpa, se siente «bajo» la voz parental. El padre interior no ha sido destronado para que no pueda castigar.

La culpa mantiene el foco fuera de las consecuencias. Una conciencia de adulto vive la vida de acuerdo con las consecuencias reales, no con la culpa. Si los adultos reciben una multa de tráfico, por ejemplo, se sienten mal por el dinero que les costará y tal vez se sientan tristes por haber violado una regla. Las personas que están en la posición de niño sienten más la culpa que las consecuencias.

Las personas que no han crecido también se sienten presionadas por los balances de las tarjetas de crédito, las facturas, las fechas límites, los trabajos y las tareas. La exigencia en sí se percibe como un padre. Sienten presión para cumplir, de lo contrario son «malos». Esta dinámica de cumplimiento-resistencia con frecuencia termina en una batalla de culpa-dilatación que les hace gastar más.

Luchas sexuales

Las personas que se sienten inferiores a la autoridad, muy frecuentemente tienen dificultades sexuales. El motivo es simple: no han realizado el tránsito de la adolescencia de no estar de acuerdo con sus padres y por lo tanto vencer la culpa y la represión. La sexualidad sigue siendo un «no» para ellos porque sicológicamente son niños «que no deberían pensar en esas cosas». Puesto que los niños no tienen relaciones sexuales, su pensamiento interfiere con su funcionamiento sexual. Pueden sufrir inhibición (que habitualmente es el temor a la crítica paterna o materna), falta de orgasmo, culpa, pérdida del deseo, o ansiedad por el desempeño.

Cuando las personas se sienten como adultos con otros adultos, son dueños de sus cuerpos para entregarlos a sus cónyuges y disfrutar como les plazca. Solo entonces puede haber una entrega y recepción mutuas.

Cuando Sally se casó, sufrió una pérdida total del deseo sexual. El sexo la había intrigado antes del matrimonio, pero luego de la boda, el deseo desapareció. Luego de meses de intentar volver a obtener el deseo, vino a terapia.

Cuando comenzó a revelar el problema, resultó claro que todavía era «la niñita de papá». Su padre se había involucrado demasiado en su matrimonio y aún sentía un deseo fuerte de complacerlo lo mejor que podía. En un sentido real, no había dejado su hogar.

Puesto que no había podido salirse de su autoridad, todavía era una niña en su interior, y los niños no tienen relaciones sexuales. Ya que su principal apego era con su padre, y no con su esposo, todo deseo sexual era demasiado incestuoso como para manejarlo. En consecuencia, reprimió toda su sexualidad.

Trabajó arduamente para liberarse de la relación con su padre y de su deseo de complacerlo. Incluso le escribió una carta, renunciando a la tarea de hacerlo feliz. A medida que pasaba por este proceso, pasó de ser una niña pequeña a ser una mujer sexual. Puesto que se alejó de su padre, su función adolescente de la sexualidad pudo surgir. Comenzó a disfrutar mucho del sexo, y fue cada vez más desinhibida.

Temor al fracaso

Las personas que siguen estando bajo el dominio de sus padres le temen al fracaso porque temen la desaprobación de su conciencia aferrada a las reglas (Gá 4:3; Col 2:20). Internamente sienten que sus actos serán juzgados y no aprobados. En términos bíblicos, no han sido liberados de «la supervisión de la ley» (Gá 3:25).

Cuando se dan cuenta de que están en gracia «en Cristo», cambia la dinámica de estar «bajo» un juez y esperando un sello de aprobación (Gá 5:1). Se sienten libres para intentar sin temor al fracaso y para aprender sin culpa ni ansiedad.

Necesidad de permiso

Muchos luchan de manera desordenada por un permiso. Invariablemente piensan que deben obtener el permiso de alguien antes de proseguir. Con frecuencia preguntan: «¿Puedo decir algo?»

en medio de una conversación, donde no es necesario pedir permiso para hablar. Están hablando desde un estado interno de esclavitud con la autoridad parental.

Dudan en probar los límites de cualquier sistema u organización para descubrir qué está bien y qué no. Sus jefes a veces se molestan por cuánta supervisión y directivas necesitan para tomar decisiones, por su temor a «meterse en problemas». Es como si vivieran en el pequeño sótano de una gran mansión. Temen aventurarse a salir y descubrir cuán grande es su espacio para vivir.

Síndrome de «tú no puedes hacer eso»

Las personas atadas a la autoridad suelen sofocar la creatividad. Alguien puede surgir con una nueva manera de hacer algo, y la persona atada a la autoridad dirá: «No puedes hacer eso» o «Nunca funcionará». Parecería que ponen barras de prisión alrededor de cualquier cosa creativa o nueva. Son pesimistas acerca de intentar cosas nuevas, prefiriendo lo «probado y verdadero».

Se identifican demasiado con su progenitor limitador y punitivo, siempre poniendo restricciones y reglas. No han dejado de lado las restricciones de sus padres y no han encontrado las suyas propias. Son como robots que hacen lo que dicen sus padres, incluso a los cuarenta años de edad.

Los inventores y los empresarios odian a las personas con problemas de autoridad y los llaman «con visión estrecha» o «miopes». Todo el que ha comenzado un negocio nuevo ha oído mensajes desalentadores de observadores asustados.

Sentimientos de inferioridad

La palabra *inferior* proviene de una palabra que significa «bajo» o «por debajo». Por lo tanto, es fácil ver cómo la gente que ha sido subestimada por figuras de autoridad se siente inferior. Con frecuencia sus padres no los han tratado con respeto como personas con su propio derecho, por lo que invariablemente admiran a los demás y se sienten inferiores a ellos. Suelen pensar que otra persona es siempre mejor en algún aspecto, o siempre es un modelo para ellos. Nunca se sienten iguales.

La vida de Martín fue marcada por sentimientos de inferioridad. Se consideraba inferior a la mayoría de las personas con las que tenía contacto. Empresario exitoso, le había ido bien cuando estaba en la posición de servidor en transacciones comerciales como subcontratista del «gran contratista». Trabajó arduamente para complacer a la persona para la que trabajaba, y como resultado de ello, fue recompensado.

Sin embargo, al mismo tiempo sufría de ataques de pánico cuando tenía que trabajar directamente con los contratistas. Vacilaba entre temer la desaprobación a sus ideas y estar aterrorizado porque pudieran pensar que era demasiado inteligente y se resintieran con él. Estaba en una encrucijada que hacía que su vida laboral fuera un desastre.

Competitividad

Ya que llegar a una misma posición que los demás significa competir con nuestros padres por el papel de «jefe», las personas que nunca han establecido un nivel de igualdad con sus padres no pudieron resolver los temas competitivos, con frecuencia con personas del mismo sexo.

Nuestra forma más temprana de competencia proviene de los padres del mismo sexo. Si no resolvemos la competencia identificándonos con nuestro padre o madre del mismo sexo que nosotros, las luchas competitivas pueden seguirnos durante un tiempo prolongado.

Las personas competitivas siempre están intentando usurpar el lugar de la persona «superior». No pueden soportar que nadie les «gane», porque los pone en una posición de inferioridad. En lugar de decir: «Perdí el partido», dicen: «Soy una persona inferior». Por lo tanto, *deben* ganar para no ser inferiores a nadie. Con frecuencia siguen intentando sentirse iguales a mamá o papá, de modo que toman toda situación desde un punto de vista competitivo.

Pérdida de poder

Aquellos que no se han convertido en adultos ceden poder repetidas veces en las relaciones, o bien sienten que están perdiendo poder. Por un lado, estas personas no ven una buena relación como una en la que dos personas se someten mutuamente a las preferencias del otro por amor; en cambio, le dan todo el poder a la otra persona y le obedecen como a un padre o una madre. Estar «a cargo» es como una patata caliente que debe ser pasada de mano en mano lo más rápido posible.

Por otra parte, estas personas pierden poder para controlar y dominar a la gente. Piensan lo que piensa su pastor. Compran la versión de la Biblia que tiene su líder espiritual. Van a donde su amigo le dice que vaya. Hasta un extremo ridículo, entregan las funciones de la vida del adulto en cuanto al control de las personas. La mitad del problema reside en que hay muchas personas que desean jugar a ser Dios en la vida de otros. Muchos líderes espirituales piensan que su tarea es ser padre de dichos «niños» y vigilarlos, en lugar de conducirlos a la madurez bajo el señorío de Cristo.

En el mundo cristiano muchas personas no piensan por sí mismas. No cuestionan las enseñanzas ni las doctrinas; es «correcto» porque «tal y tal» lo dice. Si esa persona es un líder de gran nombre, entonces debe ser correcto.

Martín Lutero se rebeló contra esta actitud, peleando por el sacerdocio de todos los creyentes. Lutero pensaba que todos podían tener su propia relación con Dios y podían escuchar a los maestros y decidir en qué creían, en lugar de que les dijeran en qué creer. «En cuanto a ustedes, la unción que de él recibieron permanece en ustedes, y no necesitan que nadie les enseñe. Esa unción es auténtica —no es falsa— y les enseña todas las cosas. Permanezcan en él, tal y como él les enseñó» (1 Juan 2:27). Los creyentes pueden descansar en el Espíritu Santo y en la Palabra para interpretar a los intérpretes y así decidir por sí mismos en qué creen. Juan no se está refiriendo a maestros humanos, sino a que todos los creyentes tienen la capacidad de apreciar y apropiarse de la verdad de Dios.

Diferencias no iguales

Las personas que viven en un mundo de inferiores y superiores rara vez consideran aceptables las diferencias. Si alguien cree o piensa algo diferente, ese alguien está «equivocado». No existe tal cosa como una diferencia de opinión o «acordar estar en desacuerdo».

Estas personas también suelen tratar las diferencias de gusto como correctas o incorrectas. Si sus amigos compran un automóvil definido o cambian a sus hijos a una determinada escuela, comienzan a cuestionarse: «¿Tengo el automóvil adecuado?». O, «¿debería yo también cambiar a mis hijos?». Las personas que no han crecido experimentan la diferencia como una amenaza; si dos personas están haciendo dos cosas diferentes, alguno debe estar haciendo algo incorrecto.

Esta actitud puede afectar muchas cosas pequeñas tales como: a qué liquidación ir, qué ropa comprar, o cuál raqueta de tenis es «mejor». Estas personas siempre preguntan: «¿Cuál es el mejor de los dos?», en lugar de decir: «A ti te gusta ese, y a mí, este otro». La última frase es la manera en que dos adultos iguales experimentan sus diferencias.

Estas mentes fariseas tienen una lista tan estrecha de lo que es la «doctrina correcta», que pierden la doctrina real de «ama a tu prójimo como a ti mismo». Están tan preocupados por determinar en qué están «equivocados» los demás, que no pueden amarlos. Los fariseos hicieron esto una y otra vez. Veían a los demás como «menos que» ellos, y por lo tanto, como malos.

Pensamiento en blanco y negro

Las personas que solo pueden ver el mundo como blanco y negro, correcto o incorrecto, están atascados en una manera de pensar pre-adulta. Están pensando como un niño de once años. No pueden pensar en términos de grises. No hay grandes dilemas morales. Todo es sencillo: «Si la regla lo dice, hazlo».

Jesús repetidas veces se encontró con este tipo de pensamiento en los fariseos, e intentó conducirlos más allá de esta rigidez a una posición adulta de amor. Quisiera tener un dólar por cada vez que Jesús oyó a los fariseos preguntar: «¿Es legal...?» Estaban tan preocupados con las reglas, con lo correcto y lo incorrecto, que no podían obtener sabiduría, verdad y amor.

Las personas que se atascan aquí se adhieren a reglas que tienen una «apariencia de sabiduría» (Col 2:23), pero es inútil tratar de llevarlos a la madurez. Obedecer específicamente las reglas establecidas por el hombre en lugar de demostrar el amor hecho por Dios siempre acarreará problemas. Por eso el tránsito del adolescente en cuanto a «romper las reglas» es tan importante.

Crítica

Las personas que critican se funden con la posición parental, legal, y subestiman a todos los demás. No solo se resisten a identificarse con el adolescente interior que está actuando, sino que lo juzgan. «Pero los fariseos y los maestros de la ley que eran de la misma secta les reclamaban a los discípulos de Jesús:

—¿Por qué comen y beben ustedes con recaudadores de impuestos y pecadores? —No son los sanos los que necesitan médico sino los enfermos —les contestó Jesús—. No he venido a llamar a justos sino a pecadores para que se arrepientan» (Lc 5:30-32).

Las personas críticas no se identifican a sí mismas como pecadoras. Por ende, no son perdonadas y no pueden tornarse amorosas. En cambio, niegan el «pecador interior» y actúan como si fueran perfectos y estuvieran «por encima» del pecado (Mt 23:27-29).

Cada vez que subestimamos a alguien, nos hemos sentado «en la cátedra de Moisés» (Mt 23:2, RV) por encima de todos los demás y por lo tanto no nos hemos identificado con la posición del pecador interior. La esencia del tránsito a la adolescencia (la confesión del pecador interior) nos coloca en una posición humilde ante Dios, en lugar de en una posición de orgullo con la gente.

Ataques de ansiedad

Tanto la ansiedad generalizada como la específica pueden relacionarse con los problemas de autoridad, porque las personas ansiosas le temen a la desaprobación externa así como a la interna. La ansiedad generalizada indica algo peligroso que está por surgir en la conciencia de uno. Las personas que sufren ataques de ansiedad con frecuencia le temen a la desaprobación de la conciencia parental.

Sam vino a la terapia por ataques de ansiedad. Sufría estos ataques cada vez que trataba con una figura parental. Cuando estaba en medio de una negociación con una «figura de padre» en la firma de abogados, por ejemplo, lo abrumaba la ansiedad.

Sam pensó que su problema se debía al temor a la autoridad, pero en realidad temía a sus propias fortalezas. Sus sentimientos de igualdad surgían y amenazaban la exigencia interior de su conciencia de permanecer inferior a las figuras paternales.

Cuando se dio permiso para crecer y desafiar estas figuras de padre, su conciencia le permitió ser igual y agresivo. Su ansiedad desapareció, y su capacidad para cerrar los casos aumentó. Puesto que había conquistado sus temores de desafiar a las figuras de autoridad, en unos pocos años sus ingresos se cuadruplicaron. Él tenía miedo de ser igual, no era incapaz de serlo.

Impulsividad e inhibición

Tanto la licencia como la inhibición pueden provenir de problemas de autoridad. Por un lado, algunas personas pueden enojarse tanto con la autoridad, que niegan por completo cualquier regla o norma y viven ilegalmente.

Estas personas con frecuencia son impulsivas y hacen lo que les da la gana. Estos adultos adolescentes fuera de control han dejado de lado la autoridad, incluso la de Dios.

Por otro lado, los legalistas están tan atados a la culpa que no son siquiera conscientes de sus propios impulsos. Estas personas son muy tímidas e inhibidas, y con frecuencia luchan contra sentimientos de vergüenza. Sus amigos les suelen decir: «Deja tu cabello suelto algunas veces» o en las palabras de Salomón: «No seas demasiado justo, ni tampoco demasiado sabio. ¿Para qué destruirte a ti mismo?» (Ec 7.16). No se sienten lo suficientemente libres como para disfrutar de la vida o de sus sentimientos.

Superioridad

La superioridad es lo opuesto a la inferioridad. Algunas personas siempre encuentran un camino para verse mejores que todos los demás. Esto puede parecerse al narcisismo, o al idealismo, pero realmente se trata de sentirse más que los demás.

Comportarse como padres de los demás

Algunas personas que nunca han crecido piensan que saben lo que otros «deberían» hacer. Son incapaces de darse cuenta de su propio conocimiento limitado acerca de la situación de una persona, así como también de la responsabilidad o capacidad de la misma para tratar sus propios problemas.

Los consejeros y los maestros que directamente les dicen a otros qué deben hacer entran dentro de esta categoría. No alientan la madurez de sus clientes, sino que los hacen depender de ellos. Estos consejeros intentan justificar su omnipotencia alineándose con la «autoridad de las Escrituras». Pero con frecuencia usan la ley como los fariseos, ubicándose en «la cátedra de Moisés». Prestan poca atención a los asuntos «más importantes de la ley, tales como la justicia, la misericordia y la fidelidad» (Mt 23:23). Les gusta dominar a los que están «por debajo» de ellos.

Se puede detectar a este tipo de gente por el excesivo uso que hacen del término «debería». Mucho de lo que dicen a los demás tiene un sonido parental; los demás hablan de sentirse «mal» o «culpables» o «condenados» luego de haber estado con ellos. Pero esta convicción es del tipo que hace que la gente se sienta como prisionera en lugar de ser la verdadera convicción de Dios, que es tierna y sensible.

Sentir odio por las figuras de autoridad

Algunas personas nunca se identifican con la autoridad. En cambio, la resisten ya sea activa o pasivamente. Estos adultos son adolescentes perpetuos, que nunca se identifican con la posición del adulto y que siempre toman héroes adolescentes como líderes.

Los que se resisten pasivamente critican constantemente a las personas que tienen autoridad, transmitiendo un sentimiento sutil de que son superiores a sus superiores. Socavan las decisiones y la sabiduría de la autoridad y hablan de ellos detrás de sus espaldas; encuentran lo malo en cada líder o pastor.

Los que se resisten activamente son los rebeldes «que odian la autoridad» de la que habla la Biblia. Estas personas resisten abiertamente a cualquier figura autoritaria y por lo general se rebelan contra la autoridad de todo tipo, incluyendo la de Dios.

La parábola de los dos hijos (Mt 21:28-32) ilustra estas dos posiciones. Solo el hijo que fue consciente de su rebelión pudo arrepentirse y apropiarse de esta.

Depresión

Esta depresión se origina en una actitud de «soy malo», de autocrítica. Las personas que son criticadas por su padre interno se sienten mal y culpables, lo que las lleva a la depresión. No se han liberado de las estructuras parentales. Cuando estas personas se contactan con su enojo contra su padre crítico y usan este enojo en forma constructiva para separarse del padre y convertirse en adulto, su depresión por inferioridad se desvanece, y con frecuencia encuentran que todo tipo de creatividad ocupa su lugar.

Dependencia

Algunas personas evitan activamente hacerse responsables de sí mismas y encuentran a alguien que actúe como padre. Le dan el poder ejecutivo de su vida a otra persona. Las personas que siempre necesitan a alguien que tome las decisiones por ellas y que hagan las cosas por ellas carecen de respeto por sí mismas y habitualmente están enojadas y resentidas con las figuras «de padre» que evitan que crezcan.

No es inusual que la gente se case por dependencia y luego se resienta con sus cónyuges por tratarlos como niños. Estas personas generalmente se rebelan pasiva o activamente para tener una posición de igualdad con su pareja. A veces la persona se divorcia para obtener la autonomía del «cónyuge padre», activando su rebelión adolescente hacia su cónyuge y arrastrando un hogar con ellos.

Idealización de la autoridad

La percepción de que alguien en autoridad es perfecto, presupone una posición de inferioridad, ya que la gente que se ha identificado con la autoridad advierte que esas figuras autoritarias son iguales a ellas, con defectos y todo. No se espera que las imágenes de autoridad idealizadas tengan debilidades y defectos, así como tienen fortalezas, aunque las Escrituras nos dicen que las tendrán. «Todo sumo sacerdote es escogido de entre los hombres. Él mismo es nombrado para representar a su pueblo ante Dios, y ofrecer dones y sacrificios por los pecados. Puede tratar con paciencia a los ignorantes y extraviados, ya que él mismo está sujeto a las debilidades humanas» (Heb 5:1-2).

A las personas que idealizan la autoridad se les debe recordar los pecados de David, Pablo, Moisés y Pedro, y se les debe mostrar que ser un adulto no es tan de temer como piensan. No hay que ser perfecto para ser un adulto. Es realmente pasar a una diferente clase de niñez, a ser niños de Dios (Gá 4:4-5).

Idealización de la niñez

Debido a sus conflictos para convertirse en adulto, algunas personas idealizan la niñez y la ven como la única vida que vale la pena ser vivida. Piensan que la adultez está llena de trabajos fatigosos y responsabilidades; es aburrida. Evitan convertirse en adultos y lo desvalorizan.

Barreras para convertirse en adulto

De la misma manera que las otras etapas pueden estancarse por las convicciones acerca de nosotros mismos, de los demás y de Dios, también puede suceder lo mismo con la etapa de convertirse en adultos. Hay que desafiar estas distorsiones y arriesgarse en nuevas relaciones, diferentes de las que se han desarrollado, al igual que en las otras etapas. Aquí hay algunas de ellas:

Pensamiento distorsionado

— NUESTRA VISIÓN DE NOSOTROS MISMOS —

Soy malo. Si ellos no me aprueban, eso lo demuestra.
Soy menos que los demás.
Debo complacer a los demás para ser aceptado.
Soy malo si no estoy de acuerdo.
Mis opiniones no son tan buenas.
No tengo derecho sobre mis opiniones.
Debo obtener el permiso de los demás para...
Soy malo si fracaso.
No debería ser tan sexual.
Los sentimientos sexuales son malos.
Mis planes nunca tendrán éxito.
Debería ceder a sus creencias, aunque no esté de acuerdo.
Necesito que alguien maneje mi vida. Yo no soy lo suficientemente capaz.

Si soy diferente, estoy equivocado.

Creo que ellos deberían...

No debo dejar sentir que yo...

Soy mejor que ellos.

Mi grupo es el correcto.

Realmente tenemos la mejor teología.

Nuestro ministerio es el único verdadero.

Sé qué es lo mejor para ellos.

Sé que soy mejor que ellos.

Nunca podría enseñarle nada.

La adultez está fuera de mi alcance.

—— NUESTRA VISIÓN DE LOS DEMÁS ——

Todos me desaprueban y son críticos.

Son mejores que yo.

Les gustaré más si los complazco.

Piensan que estoy equivocado, o que soy malo si no estoy de acuerdo con ellos.

Sus opiniones son siempre las correctas.

Pensarán que soy malo por fracasar.

Ellos no tienen debilidades.

Ellos nunca fracasan como lo hago yo.

    ...es fácil para ellos.

Sus creencias son mejores que las mías.

Ellos saben qué es lo mejor para mí.

Ellos nunca sienten...

Ellos lo saben todo.

Ellos nunca tienen miedo, o están enojados, o tristes o...

Me odiarán por hacerles frente.

—— NUESTRA VISIÓN DE DIOS ——

Dios quiere que yo sea agradable con todo el mundo. Dios quiere que siempre ceda ante mis autoridades y que nunca las cuestione.

Dios no quiere que maneje mi propia vida. Quiere que lo hagan mis «líderes».

Dios me desaprueba cuando fracaso, al igual que lo hicieron mis padres.

A Dios no le gusta que sea agresivo.

A Dios no le gusta que no esté de acuerdo con el pastor.

Dios no me da la libertad de elegir algunos de mis propios valores. Están todos prescritos en la Biblia. No hay zonas grises.

Dios piensa que los demás son más (o menos) importantes que yo.

Dios quiere que me adhiera a un grupo de reglas. A Dios le gusta la disciplina y el sacrificio más que la compasión, el amor y la relación.

— NUESTRA VISIÓN DEL MUNDO —

La competencia es mala; alguien sale siempre lastimado.

No estar de acuerdo es malo; alguien sale siempre lastimado.

El conflicto es malo; alguien siempre pierde.

No existe tal cosa como una relación en donde ganen los dos.

Las personas que complacen a los demás gustan más que las personas que dicen todo lo que piensan.

Todo tiene una «respuesta correcta». Especialmente desde que tenemos la Biblia.

Hay una forma correcta y una incorrecta de ver todo. La perspectiva no hace ninguna diferencia.

La flexibilidad es permiso e ilegalidad. La sexualidad es mala.

Hay una manera correcta y una incorrecta de hacer todo.

Nunca funcionará.

Estas convicciones de corazón acerca de Dios, de uno mismo y de los demás, que muchos de nosotros hemos aprendido a través de la experiencia, son barreras para convertirse en adulto. Algunas de ellas probablemente las hayamos aprendido en la familia en la que crecimos; otras son solo una parte de la mentalidad pre adulta. En cualquiera de los casos, solo pueden vencerse con trabajo, riesgo, oración, relación y práctica. El siguiente capítulo analizará las habilidades necesarias para convertirse en adulto.

CAPÍTULO DIECISEIS

Aprendamos o convertimos en adultos maduros

Aprender a convertirse en adulto no es tarea fácil. Tal vez convertirse en adulto mientras está viviendo ya en un cuerpo adulto sea todavía más difícil. Pero es una etapa necesaria para salir de la autoridad de los demás.

Thomas Merton escribió: «No puedo hacer buenas elecciones a no ser que desarrolle una conciencia madura y prudente que me dé una cuenta precisa de mis motivos, mis intenciones y mis actos morales. La palabra que se debe enfatizar aquí es *madura*. Un lactante, que no tiene conciencia, es guiado en sus "decisiones" por la actitud de otra persona. La conciencia inmadura basa sus juicios en forma parcial, o incluso total, en la forma en que otras personas parecen estar dispuestas hacia sus decisiones ... Incluso cuando la conciencia inmadura no está del todo dominada por las personas fuera de sí, de todos modos actúa solo como un representante de la conciencia de alguna otra persona. La conciencia inmadura no es su propio amo».[1]

Aquí hay algo de la habilidad que usted necesita para convertirse en su propio maestro bajo Dios y transformarse en un adulto maduro.

Habilidades para convertirse en adulto

Volver a evaluar las creencias

Debemos reevaluar aquello en lo que creemos. Ya ha pasado el momento de «creencias heredadas», ha llegado el momento de una fe adulta. Debemos ver qué pensamos y por qué pensamos lo que pensamos. ¿Es porque realmente lo creemos o porque alguien nos dijo que lo creyéramos? Debemos reconocer qué es una creencia de «tradición» en contraposición a qué es una convicción real de corazón de Dios, su Palabra y nuestra propia experiencia. Este período de cuestionamiento debe durar un tiempo. Pero, cuando terminamos, habremos desarrollado una mente propia.

No estar de acuerdo con las figuras de autoridad

Sea sincero acerca de sus desacuerdos con los demás. La mayoría de las personas tienen desacuerdos con las figuras de autoridad, pero temen admitir cuan fuertemente están en desacuerdo. Y temen expresarlo. Si usted está en un grupo donde no es libre de tener una opinión diferente sobre temas grises, tenga cuidado. Tal vez su grupo sea como un culto.

Permítase a sí mismo libertad de pensamiento, y no se considere «malo» por sus opiniones. Nadie está en lo correcto acerca de todo, y todos pasamos por períodos de reformulación sobre lo que pensamos con respecto a cualquier tema. Exprese sus opiniones y escuche las críticas. Expresarlas puede ayudarlo a dar forma a sus visiones, o tal vez pueda ayudar a dar forma a las de los demás. Critique también los pensamientos de otras personas. El desacuerdo es sano, y «el hierro forja al hierro».

Vea en forma realista a sus padres y a las figuras de autoridad

Baje a sus padres y a las figuras de autoridad del pedestal en que los ha puesto. Vea sus debilidades tanto como sus fortalezas. Mire las maneras en que usted no está de acuerdo con lo que creen y piensan. Puesto que no hay dos personas que estén de acuerdo en todo, busque para su vida a cualquiera con quien acuerde en todo o que crea que tiene las cosas claras. Quizás no esté consciente de con quién no está de acuerdo o tal vez sea un adulador.

Confiese los pecados de sus padres y luego perdónelos. Si idealiza a sus padres, se está fundiendo con sus errores, y puede llegar a ser como ellos. No esté de acuerdo con los malos patrones, llámelos pecados, y sea diferente de las generaciones anteriores a usted.

Piense también en los «héroes» espirituales de la Biblia y en sus fragilidades, como señala Hebreos. Fueron seres humanos como nosotros.

Tome sus propias decisiones

Si las personas en su vida le dicen qué pensar, creer, hacer o comprar, comience a tomar decisiones inteligentes por sí mismo. Usted es un adulto. Aprenda a pensar y actuar por sí mismo. ¿Qué importa si alguien no está de acuerdo con la compra que hizo? Es su dinero, y cómo gastarlo es algo entre usted y Dios.

Cualquiera que le diga «deberías» comprar esto y no comprar lo otro, o leer esto y no leer lo otro, o asistir aquí y no allí, está actuando como una figura parental. Dar consejos, información y confrontar a los demás es algo bueno, pero actuar como padre de otros adultos es algo malo. Evite a las personas que le quitan su libertad como hijos e hijas redimidos y adoptados de Dios y que quieren convertirse en sus padres. Recuerde las palabras de Pablo: «Antes, cuando ustedes no conocían a Dios, *eran esclavos de los que en realidad no son dioses*. Pero ahora que conocen a Dios —o más bien que Dios los conoce a ustedes—, ¿cómo es que quieren regresar a esos principios ineficaces y sin valor? ¿Quieren volver a ser esclavos de ellos?» (Gá 4:8-9, énfasis del autor).

Estos legalistas, o figuras parentales, o impulsores de las reglas, «no son dioses». Por lo tanto, tome sus opiniones como lo haría otro adulto: escuche, pero no se sienta obligado a hacer lo que le piden. Usted tiene solo un Dios. Escúchelo a él.

Practique el desacuerdo

Si lucha contra estos temas, probablemente le sobren tipos parentales en su vida. Tiene grandes oportunidades de practicar lo que no podía hacer cuando estaba creciendo: no estar de acuerdo y no hacer lo que los dioses que se designan a sí mismos le dicen que haga.

Percátese de las veces en que alguien está actuando como una figura parental y diga lo que piensa. No tiene por qué ser cruel, o incluso enfrentar a la otra persona. Simplemente diga: «Bueno, veo tu forma de pensar, pero yo lo miro desde otra perspectiva. Yo pienso que...»

Esta es una conversación normal, aunque parezca irrespetuosa o cruel si no la ha intentado antes. Aprenda a ser un igual con los que se han designado a sí mismos como dioses en su vida, o con quien usted le ha dado esta posición exaltada.

Maneje su sexualidad

Si es mojigato o le avergüenza el sexo, tal vez sus padres todavía estén desvalorizando su sexualidad, o por lo menos esa es la manera en que lo está percibiendo usted. Trabaje en reeducarse acerca de la belleza del sexo. Desensibilícese respecto de la actitud negativa que tiene sobre el tema. Si se siente avergonzado, tal vez esté en una etapa preadolescente en lo que tiene que ver con el sexo.

Familiarícese con su cuerpo y quiéralo. Tal vez necesite hablar con alguien en quien confíe para vencer los sentimientos de silencio acerca del sexo que provienen de la niñez. «Los niños no hablan de sexo», pero los adultos pueden hacerlo. ¡Deje de susurrar!

Además, sea cada vez más consciente de sus sentimientos sexuales. Esta cosa adulta normal sucede alrededor de los trece años. Si está reprimiendo sus sentimientos, tal vez tampoco esté permitiendo que se desarrollen otros tipos de funciones del adulto. Todas estas actividades se afectan entre sí, y a medida que crece su represión sobre sus opiniones, lo mismo sucederá con la represión de la sexualidad y la creatividad.

Una paciente volvió a obtener sus sentimientos sexuales dedicando unas pocas semanas a ser consciente de sus propias opiniones acerca de su jefa. Su represión de los pensamientos acerca de esta figura femenina de autoridad sirvió para reprimir también otras funciones adultas. No puede reprimir un aspecto solo de sí mismo, por lo general afecta a muchas áreas.

Dése permiso para ser un igual ante sus padres

Muchos problemas de autoridad tienen su raíz en la incapacidad de asumir el papel desarrollado por el progenitor del mismo sexo. O bien no le gusta la forma en que este progenitor desempeñó su papel, o teme adoptar la misma representación. En cualquiera de los casos, este es el rol para el cual nació, el papel adulto de su género. Mire la forma en que su padre o madre cumplieron con este rol. Aprecie dónde ellos tuvieron éxito y elija otros modelos para los lugares donde fallaron. Esto ayudará a su transición de niño a adulto.

Además, mire las maneras en que teme usurpar su posición. Muchas personas le temen a transitar a la adolescencia, porque no quieren destronar al progenitor del mismo sexo.

Reconozca y persiga talentos

Convertirse en adulto requiere que reconozca y se apropie de los talentos y dones que Dios le ha dado. Tal vez sea consciente de algún área en la que ha sido dotado y Dios le ha estado diciendo que desarrolle de alguna forma, pero usted ha estado enterrando ese talento.

Para desarrollar su experiencia debe tomar los talentos que Dios le ha dado y hacer algo. Esto puede significar tomar un curso, conseguirse un mentor, hacer algún tipo de estudio, o lo que fuera. Pero lo importante es que usted desarrolle los talentos. Si no sabe cuáles son sus talentos, pregúntele a Dios, Él le dirá. Además, obtenga el discernimiento de otras personas. Con frecuencia no podemos ver nuestros puntos fuertes.

Practique

Esto es importante para desarrollar cualquier habilidad y experiencia que esté considerando. No puede aprender a ser una autoridad y tener experiencia en un área si no tiene la libertad de practicar y aprender. Dése permiso para fallar.

Nadie jamás se ha convertido en experto en algún área sin prueba y error. Ya se trate de la construcción de casas, encestar pelotas, una empresa, las finanzas personales, enseñar la exégesis de la Biblia o criar niños, se necesita práctica para desarrollar una habilidad. Practicar es un aspecto importante para obtener independencia y adultez.

Salga y fracase, y luego ríase de ello y hágalo otra vez. Aprenda a valorar los procesos más que el resultado. Interiorice la sustancia de la tarea así como el producto. Las personas que solo están orientadas a los resultados no disfrutan con frecuencia de sus talentos. Aprenda a disfrutarlos; los ejercitará durante mucho tiempo.

Reconozca los privilegios de la adultez

Cuando la gente se da cuenta de cuánta libertad le está costando su posición de niño (libertad para desarrollarse según la intención de Dios sin la aprobación de otros adultos), la posición de inferioridad se comienza a asemejar a una prisión. Permanecer en la posición de niño es algo seguro porque los demás piensan por usted; todo lo que tiene para perder es el respeto propio.

Los adultos tienen la libertad de elegir sus propios talentos, valores, creencias, relaciones con Dios, gustos, amigos e iglesia. También pueden expresar aspectos de sí mismos otorgados por Dios, tales como los sentimientos y la sexualidad, sin inhibición ni temor ni necesidad de aprobación de nadie más. Pueden ser ellos mismos. Como dice Pablo en Gálatas 4:1, el niño es dueño de todo, pero no es libre de usarlo. Los adultos sí.

Disciplínese

Los adultos se disciplinan a sí mismos. Proverbios dice: «¡Anda, perezoso, fíjate en la hormiga. ¡Fíjate en lo que hace, y adquiere sabiduría. *No tiene quien la mande, ni quien la vigile ni gobierne*; con todo, en el verano almacena provisiones y durante la cosecha recoge alimentos» (6:6, énfasis del autor). La frase clave aquí es «No tiene quien la mande, ni quien la vigile ni gobierne». En otras palabras, la hormiga no está debajo de la autoridad de otra hormiga, y sin embargo se hace responsable de sus tareas.

Si le faltó disciplina al crecer tal vez deba aprender disciplina ahora. Haga que un buen amigo lo ayude a tomar responsabilidad en esta área; llegue a un acuerdo sobre algo que va a hacer en forma disciplinada e incorpore consecuencias si no lo hace. Una vez acordé pagarle a un amigo una suma de dinero si no seguía un programa de ejercicios. Necesitaba de las consecuencias para poder actuar.

Obtenga autoridad sobre la maldad

La Biblia nos ordena: «Resistan al diablo, y él huirá de ustedes» (Stg 4:7). Jesús también dijo que nos había dado autoridad para mandar a los espíritus malignos. La Palabra y el poder del nombre de Jesús son suficientes para que enfrente a las fuerzas del mal cuando se presenten, y si no sabe cómo hacerlo, probablemente sea importante en algún momento aprender acerca de la guerra espiritual. Debemos dominar al maligno.

Someterse a otros por libertad

Un aspecto importante de convertirse en adulto es aprender a someterse a los demás en amor, sin un conflicto de autoridad. Esto incluye al gobierno, a los cónyuges, a los amigos, a la gente mala, a los jefes y a Dios. Cuando nos sometemos con amor, estamos desplegando nuestra libertad. Si nos sometemos por cumplimiento, no es una sumisión verdadera. Es esclavitud. (Ro 13:1; Ef 5:21; Mt 5:39; 1 P 2:18-19; Heb 13:17; Stg 4:7). Someterse a los demás como Dios lo ha ordenado afirma la identidad.

Haga buenas obras

«Porque somos hechura de Dios, creados en Cristo Jesús para buenas obras, las cuales Dios dispuso de antemano a fin de que las pongamos en práctica» (Ef 2:10). Usted es obra de Dios. Es una posesión preciada que él ha creado para una función. En la misma forma que Adán fue creado para tener dominio y ejercer buenas obras en el huerto, usted ha sido creado con un propósito.

Mientras trabaja con Dios para descubrir sus talentos y desarrollarlos, búsquelo para las buenas obras que va a emprender. No tienen que ser grandiosas. Su buena obra podría ser un enlace entre Dios y algunos de sus vecinos, utilizar sus habilidades de hacedor, o desarrollar sus dones académicos para desarrollar una relación con alguno de su clase. Podría ser donar algo de su tiempo a un orfanato o a una familia necesitada. La cuestión es esta: usted tiene alguna experiencia, y utilizarla para buenas obras le ayudará a alcanzar su adultez.

Si está en un momento de edificación, como Pablo, donde Dios lo ha apartado para sanarlo y desarrollarlo, déle tiempo para hacerlo. ¡No crea que tiene que ir a salvar al mundo de inmediato!

Conviértase en «cazador de fariseos»

Todos tenemos restos de pensamiento legalista que permanecen debajo de la tutoría de la aprobación parental. Intente buscar maneras

en que aún siga operando bajo el antiguo sistema de obtener aprobación a fin de estar bien. Busque el legalismo que se ha metido en
su fe y las formas en que está «hecho para el día de descanso». Deje
de lado las formas en que está intentando ganar aprobación, solo
pueden carcomerle el alma.

Valore el misterio y lo desconocido

Uno de los puntos principales de la gente con problemas de autoridad es su incapacidad para tolerar el misterio y lo desconocido.
Necesitan una respuesta para todo, y todo debe estar envuelto en
pequeños y prolijos paquetes. Jesús intentó muchas veces quitarles
la rigidez a los fariseos.

En muchas maneras Jesús es «indescifrable» (Ro 11:33-34). Es tan
increíble que cuanto más lo conocemos, más nos damos cuenta de
que no lo conocemos. Aquí es donde comienza la adoración. Es su
propia trascendencia la que adoramos. Comience a valorar las cosas
que no puede discernir acerca de él, y déjalas ser. Por eso lo llamamos
«Dios». Si logra conocer todo acerca de él, ya no hay más Dios, usted
lo es. Este es el problema de autoridad más serio de todos.

Adore su misterio. Salga de la mentalidad blanca y negra de «tenemos todas las respuestas» que mantiene a Dios en una caja. Él es
mucho más grande que eso.

Ame y aprecie a las personas que son diferentes

Las personas con frecuencia ven a otras como si no fueran buenas
porque siguen intentando ser el mejor niño. Cuando uno puede apreciar a otras personas que son diferentes de uno, ha abandonado la
rivalidad de hermanos (la batalla de la niñez de intentar ser el mejor
niño para ganarse la aprobación parental) y ha comenzado a asumir
una posición de igualdad con sus hermanos y hermanas adultos.

Sara

Cuando Sara vino a verme, estaba llena de ansiedad. Dominada por
pares mayores que ella, temerosa de la desaprobación, e insatisfecha
sexualmente, había dedicado toda su vida a intentar complacer a los

demás inútilmente. En lugar de disfrutar una relación de iguales con su esposo y sus pares, siempre estaba en la posición de subordinada.

Las causas del problema de Sara resultaron claras cuando habló sobre su temprana vida familiar. «Mis padres eran muy estrictos», dijo. «Siempre querían que yo fuera la mejor. Mi madre tenía una personalidad muy fuerte. Me decía qué hacer y cómo hacerlo. Pero luego, cuando hacía las cosas de la manera en que ella me había dicho, siempre encontraba algo para criticar. Nunca hacía lo correcto para ella».

La madre de Sara nunca le había permitido descubrir qué tipos de cosas le gustaban, y practicarlas a su propio ritmo. Tampoco había visto las fallas como el camino normal para lograr la experiencia. Cuando Sara fue adolescente e intentó ampliar sus intereses, su madre se puso peor, incluso intentando ordenarle sobre los clubes y las actividades en las que participaba.

Mientras tanto, el padre de Sara mantenía su distancia. No contradecía a su madre ni daba gran aprobación de su parte. Por cierto, él también criticaba a Sara cuando ella sentía que no vivía de acuerdo a su potencial.

Sara se hizo cristiana en la universidad. Allí se unió a un grupo rígido de cristianos que vivían de acuerdo a las reglas y normas. Habiendo aprendido de sus padres cómo cumplir, hacía casi todo lo que le pedían los líderes espirituales. Nunca expresó sus propios pensamientos ni deseos, especialmente cuando sentía que podía ser desaprobada.

Cuando Sara se casó, continuó cumpliendo. Hacía todo lo posible por complacer a su esposo perfeccionista. Como resultado de ello, dejó cada vez más de contactarse con sus propios sentimientos y deseos.

Puesto que a Sara no se le había permitido ir tras sus propios talentos y opiniones, y porque nunca estuvo abiertamente en desacuerdo con su madre, desde el punto de vista del desarrollo aún era una niña. No podía tener relación de pares con otros adultos porque nunca había asumido la adultez.

Cuando Sara comenzó a entender sus antecedentes, comenzó a trabajar en sí misma. Se encontraba periódicamente con amigos que tenían problemas similares. En lugar de actuar como padres unos de otros, se daban consejos y apoyo.

Luego se puso a trabajar en su relación con sus padres. Ya que vivían en las cercanías, tuvo muchas oportunidades de cambiar su enfoque. En lugar de complacer a su madre, decía cosas como: «Entiendo que harías las cosas de ese modo, pero yo creo que lo haré de este otro». Durante meses, su madre no pudo manejar a esta «desobediente» de cuarenta años, pero con el tiempo se dio cuenta de que Sara no iba a vivir más para complacerla.

Sara comenzó a expresar sus opiniones y pensamientos también en otros escenarios. En un estudio de la Biblia para parejas, a veces no estaba de acuerdo con el líder. También empezó a elegir ropa que era diferente del gusto de sus «líderes espirituales». Cuando las mujeres perfeccionistas que la rodeaban intentaban decirle qué hacer, las ignoraba y continuaba con lo que pensaba que era mejor para ella. Y gradualmente, el poder que tenían sobre ella comenzó a menguar. Los veía como seres humanos imperfectos, iguales a ella. Aunque le daban órdenes con firmeza, ella no debía ordenar su vida de acuerdo a como ellos lo deseaban.

Luchó contra voces interiores y exteriores. Aprendió a responderle a su «progenitor» interior, que la conducía a la perfección. Y aprendió a sobrevivir a la ansiedad de ser «desobediente». Con el correr del tiempo se acallaron las voces parentales de su cabeza, y dejó de ser tan ansiosa.

También fue tras de sus talentos y se arriesgó a desarrollarlos. Cuando le temía al fracaso, se acordaba que sus padres tampoco eran perfectos, y que ya no tenían poder sobre su vida. Cuando dejó de culparse a sí misma por las críticas, vio el orgullo disfrazado detrás de sus comentarios. Como resultado, dejó de hacerle reverencias a la autoridad y su enojo se disipó.

Finalmente, su posición de igualdad con los demás adultos afectó su relación sexual con su esposo. Fue más directa con él con respecto a qué le gustaba y qué no. Se permitió ser menos inhibida, preocupándose menos por la aprobación de su esposo. Con su nuevo poder lo obligó a ser menos exigente y ella misma se volvió mucho más activa sexualmente.

Crecer llevó bastante tiempo, oración y trabajo, pero al final Sara ganó. De una niña de cuarenta años, Dios hizo crecer una adulta.

Conclusión

Cada sección de este libro comienza con la historia de un cristiano que lucha con los vínculos, con fijar límites, con clasificar temas del bien y del mal o con convertirse en adulto. Espero que estos temas hayan sido claros para usted, al igual que otras cosas.

En primer lugar, todos luchamos contra estas cuatro cuestiones. No hay líneas bien trazadas entre ellas. Debido a la caída, podremos verlas a todas en nuestra vida. Nuestra santificación tiene mucho que ver con resolver estos temas a la manera de Dios.

En segundo lugar, no existe tal cosa como un problema emocional o un problema espiritual. Todos tenemos relaciones rotas con Dios, los demás y nosotros mismos. Debido a esta rotura, desarrollamos síntomas que se sienten a nivel emocional y se viven en nuestra vida espiritual. Por este motivo necesitamos una solución espiritual que implique a nuestras emociones, y cualquier solución emocional debe ser de amor. La reconciliación de la relación está en la base de toda sanidad.

Por lo tanto, en el análisis final, este es un libro sobre la relación y las barreras que deben ser derribadas para que tengamos una relación verdadera con Dios, los demás y nosotros mismos. Toda solución que no contenga una relación es una solución que no contiene al amor.

En tercer lugar, nuestros síntomas no son el problema. Durante años los cristianos se han concentrado en los síntomas y no en los temas. Como resultado de ello, la sanidad ha sido superficial. Debemos aprender a utilizar nuestros síntomas como indicios que nos conduzcan a los temas. Estos pueden resolverse; los síntomas no. Si resolvemos los temas, los síntomas ya no tendrán razón de ser.

En cuarto lugar, el significado, el propósito, la satisfacción y la plenitud son frutos de estos asuntos. El significado proviene del amor, que fluye de los vínculos. El propósito proviene de la dirección y la verdad, que forman los límites. La satisfacción proviene de tener «lo suficiente», menos que perfecto, a la luz del ideal de Dios, y la plenitud se logra de la capacidad del adulto de ejercer talentos.

Y por último, «la más excelente de ellas es el amor» (1 Co 13:13). Lo que he escrito es un modelo que nos puede ayudar a volvernos seres humanos que funcionan. Pero si esa es la meta final, nos hemos quedado cortos. Fuimos hechos para amar, y una persona que funciona con plenitud es la que toma su yo vinculado, separado, que perdona, adulto a un mundo y niega ese yo por el bien de los demás. Hemos visto que esto no significa no tener una persona dentro. Significa tener una persona tan completa que puede ser impartida a los demás.

Trabaje en su capacidad de encariñarse con los demás para poder llenar su corazón vacío. Trabaje en fijar fronteras para poder adueñarse de su propia vida. Trabaje en confesar y recibir perdón para desarrollar su verdadera personalidad. Trabaje en asumir la adultez para poder ser una autoridad. Luego, salga y entrégueselos a los demás. Recuerde: «Nadie tiene amor más grande que el dar la vida por sus amigos» (Jn 15:13). Que Dios lo bendiga.

Guía de estudio

Habiendo crecido en el negocio minorista, recuerdo especialmente el momento o el año en que hacíamos el inventario. Antes de la época de las computadoras, teníamos que hacer un arduo recuento de lo que teníamos en realidad, a fin de observar tres cosas:

1. ¿Con qué empezamos?
2. ¿Qué tenemos ahora?
3. ¿Qué necesitamos para el futuro?

Hacer el inventario de su vida es importante mientras estudia las cuatro tareas esenciales que lo ayudarán a hacer los cambios que sanan. Tenga a mano un lápiz y un anotador para registrar fácilmente sus respuestas a las siguientes preguntas acerca de su pasado, su presente y su futuro.

Vincularse con los demás

El pasado

Cuando hacemos un inventario personal, debemos preguntarnos: «¿Con qué empecé?» Luego observamos cómo nos hemos vinculado en el pasado y cómo han sido esas relaciones, no para culpar a nadie, sino para comprender la relación.

Cuando no comprendemos una conducta, solemos repetirla. Probablemente haya escuchado la historia de la madre que, antes de cocinar una carne al horno, le cortaba el extremo. Un día la hija, al verla hacer esto, le preguntó por qué lo hacía.

—Realmente no sé por qué. Es como se supone que se hace una carne asada. Es la forma en que lo hacía mi madre —le contestó ella.

Más tarde, la madre empezó a preguntarse por qué. Llamó a su madre y le preguntó:

—¿Por qué siempre cortas el extremo de la carne antes de cocinarla?

—Bueno —contestó su madre—, esa es la forma en que se supone que debes hacerlo.

—Ya sé, pero ¿por qué? —preguntó. La abuela respondió:

—Realmente no lo sé. Es la forma en que lo hacía mi madre cuando yo era pequeña.

Resuelta ahora a develar el misterio, la primera madre llamó a su abuela, la bisabuela del clan, y preguntó:

—Abuela, ¿por qué cortas el extremo de la carne antes de cocinarla?

—Ya no lo hago más. Pero cuando tu madre era niña, teníamos un horno pequeño y no había suficiente lugar para todas las asaderas. Tenía que usar una pequeña que no podía contener toda la carne. Entonces le cortaba el extremo — respondió.

Esta historia tonta pero cierta conlleva una verdad más profunda: cuando nos aferramos a la «tradición de los ancianos», invalidamos la verdad de Dios. Los pecados de los padres son transmitidos a lo largo de las generaciones si no son confesados.

Para liberarse de modelos generacionales que no son sanos, para hacer cambios que sanan, debemos descubrir nuestras propias reglas de apego y dónde las aprendimos, analizando no solo nuestra relación familiar, sino también nuestras relaciones en la iglesia y en la escuela. Esto nos ayudará inmensamente en un par de maneras.

En primer lugar, nos permitirá comprender y rechazar las voces negativas del pasado que hemos interiorizado. La mayoría de los problemas de vínculos surgen cuando una persona proyecta una relación del pasado en una relación del presente. Por ejemplo, una esposa puede describir a su esposo como desinteresado y emocionalmente no disponible, cuando el esposo no es nada de eso y ella en realidad está describiendo a su padre. Al proyectar la actitud de su padre en su esposo, esta mujer ha bloqueado su intimidad con él.

Un buen consejero matrimonial develaría este modelo. La esposa de este ejemplo, al ver su error, podría decir: «Ahora puedo ver que mi esposo no es tan malo como yo lo consideraba. Era mi relación irresuelta con papá la que interfería en el camino». Al comprender su relación del pasado con su padre y al corregir su visión de su esposo, ella puede lograr un vínculo matrimonial.

Comprender el pasado nos permite ver a la gente en el presente con mayor nivel de realismo. También nos permite elegir patrones nuevos de relación, patrones basados en la manera de Dios y no en relaciones del pasado.

En segundo lugar, el análisis de nuestro pasado nos demuestra a quiénes debemos perdonar. No puede producirse ninguna sanidad sin perdón, puesto que el perdón nos une a la persona que inicialmente nos hirió. Para romper el lazo doloroso, debemos perdonar a quien nos lastimó.

La falta de perdón también nos impide abrirnos a nuevos objetos de amor. Ya vimos anteriormente cómo Pablo les pidió a los corintios que se liberaran de ataduras antiguas, o «afectos», y que se abrieran a nuevas relaciones. La falta de perdón nos mantiene atados al pasado de manera que no podemos llegar al futuro. Pero cuando perdonamos, nos abrimos a nuevos y buenos apegos que reemplazan los viejos.

A continuación hay algunas preguntas que pueden ayudarlo a hacer un inventario de su pasado. Le ayudarán a recordar qué fue bueno para poder recrear esos patrones y a reconocer qué fue malo, para poder evitar estos.

1. ¿Con quién tuve una buena relación de vínculo en el pasado? ¿Cuáles fueron los ingredientes de esa relación que me permitieron hacer una conexión?
2. ¿Quién hirió mi capacidad para vincularme y confiar? ¿Cómo? ¿Qué rasgos de su personalidad fueron hirientes para mí?
3. ¿Qué convicciones del corazón desarrollé con respecto a mí mismo y a los demás a partir de estos apegos? ¿Qué conexiones básicas desarrollé con mis relaciones en general?
4. ¿Pude perdonaba las personas que me hirieron? ¿Qué me bloquea para poder perdonar? ¿Estoy esperando que ellos se disculpen, que cambien, que quieran venganza? ¿Estoy disfrutando

interiormente de su castigo, no admitiendo cuan crueles fueron en realidad, sintiéndome culpable por decir la verdad acerca de cuan malos fueron o sintiéndome enojado porque nadie me ha escuchado o me ha creído jamás?

5. ¿He podido darme cuenta de la aceptación de Dios de las partes de mí que otros lastimaron y que etiquetaron como «malas»? ¿Qué lo está bloqueando? (Algunas barreras posibles incluyen la distorsión, la falta de vulnerabilidad y la falta de compartir esto con alguien más para sentir aceptación).

6. ¿Qué partes de mi yo de vinculación enterré como resultado de aquellos vínculos malos del pasado? ¿Por qué siguen «enterradas»?

El presente

En cualquier buen inventario también se incluye el presente. El pasado nos permite obtener discernimiento, perdonarnos y perdonar a los demás, aprender de dónde provienen nuestras distorsiones y expresar nuestro dolor. Pero la arqueología nunca construyó un edificio nuevo y el foco de la santificación es construir algo nuevo.

Como cualquier constructor, si estamos edificando algo, debemos hacer un inventario de nuestros materiales para ver si tenemos lo que necesitamos. Hemos identificado los ingredientes de la gracia, la verdad y el tiempo. A continuación hay unas preguntas que podrían ayudar.

1. ¿Con quiénes tengo una buena relación de vínculos? ¿Cuáles son los elementos que ayudan a crearla? ¿Cómo puedo incrementar esos elementos (es decir, ser más vulnerable, tomar más riesgos, demostrar mayor necesidad, dirigirme hacia más)?

2. ¿Con quiénes tengo ahora una relación negativa? ¿Por qué mantengo esta relación y no la cambio? ¿Qué elementos de la conexión me están hiriendo y me dejan aislado?

3. ¿De qué manera este vínculo negativo refuerza mis distorsiones acerca de mí mismo y del resto del mundo? ¿De qué manera esta relación refuerza mis defensas y mis heridas?

4. ¿Qué distorsiones y barreras estoy permitiendo que dominen mi imagen actual de las relaciones?

5. ¿Estoy mostrando mi yo real a alguien que puede darme gracia?

6. Si creo que el tiempo es un elemento del crecimiento, ¿cuánto tiempo debo invertir en crear estos apegos cada semana? Si dedico muy poco tiempo, ¿por qué lo hago?

7. ¿Quién está disponible y con quién no me conecto?

El futuro

Si no hacemos planes para cambiar lo que fue, continuará en el futuro, y ese futuro «malo» algún día será un pasado «malo». Esto es lo que mencionamos antes cuando observamos el «tiempo malo». El tiempo que no se utiliza es tiempo malgastado, y no estamos creciendo.

Sí va a ir tras los apegos, necesitará hacer algo diferente de lo que ha hecho previamente. Los aspectos de vinculación del yo tienen que salir de su escondite y pasar a una relación con los demás. Esto lleva alguna estrategia real y compromiso consigo mismo y con Dios, que nos ordena «cuida tu corazón, porque de él mana la vida» (Pr 4:23). ¡Tiene que planificar para el futuro, que comienza en un segundo a partir de ahora!

A continuación siguen algunas preguntas que pueden ayudar a hacer diferente el futuro:

1. Cuando miro «allá afuera», ¿quién está disponible y cómo voy a incrementar mi relación con esas personas? ¿Qué pasos concretos voy a tomar?

2. ¿De qué situaciones ya estructuradas puedo tomar ventaja? ¿Cuáles son los grupos de apoyo, de oración y de compartir, grupos de terapia, o consejeros disponibles que podría investigar?

3. ¿De qué maneras específicas voy a desafiar mis distorsiones y barreras?

4. ¿Qué dificultades creo que voy a encontrar al comenzar a desafiar mi aislamiento? ¿Cómo las voy a manejar cuando surjan, como seguramente lo harán?

5. ¿De qué manera puedo permitir que Dios sea parte del fin de mi aislamiento?

6. ¿Con quién compartiré mi plan y de quién obtendré revisión y consejo? ¿A quién puedo pedirle que ore por mí?

7. ¿Qué apegos negativos de verdad sin gracia, o viceversa, necesito cambiar o evitar a fin de crecer?

8. ¿Cómo voy a apartar el tiempo que necesito para incrementar mi vínculo con los demás?

9. ¿Qué voy a hacer cuando surjan mis defensas?

Fijar límites

Al observar los límites, también debemos observar las heridas del pasado, los modelos dolorosos del presente y las formas de cambiar en el futuro.

El pasado

Cuando observamos la manera en que manejamos los límites en el pasado, primero debemos examinar si pudimos haber cruzado las fronteras de los demás y arrepentimos si lo hemos hecho. Luego debemos analizar si los demás han cruzado nuestros propios límites y nos han herido. De ser así, deberemos perdonar a los que han pecado en contra nuestra, para que no nos atasquemos en ese patrón de relación. El perdón nos dará una visión más clara de la relación y romperá la atadura que esa persona tiene con nosotros. Luego veremos qué ha faltado en nuestras relaciones pasadas y cómo encarar nuestras relaciones futuras. A continuación siguen algunas preguntas para pensar.

1. ¿Con quién en el pasado pude descubrir y mantener mis límites? ¿Qué cualidades de esa relación apoyaron los mismos?

2. ¿Quién cruzó mis límites en el pasado? ¿Cómo lo hicieron? ¿Cuáles fueron las características dolorosas de esa relación?

3. ¿Qué convicciones y distorsiones desarrollé en esas relaciones que deben ser desafiadas y reemplazadas por los preceptos de Dios? ¿Cómo describiría mi filosofía de los límites aprendida en esas relaciones significativas?

4. ¿He podido perdonar a los que hirieron mi sentido de los límites? ¿He considerado que lo que me hicieron es pecado y los hice responsables de ello? ¿Me estoy haciendo responsable por lo que no es mío ante Dios y sintiendo culpa por lo que no me

pertenece? ¿De qué manera el perdón es una cadena que me ata a la gente que ha cruzado mis fronteras? ¿Cómo puedo liberarme?

5. ¿Fracasé en mantener mis propias fronteras cuando debí hacerlo? ¿Cuando permití que los demás cruzaran mis límites era lo suficientemente adulto como para saber qué hacer? ¿Cuándo intenté dejar que los demás fueran responsables de cosas de las que yo debí hacerme responsable? ¿Tengo el patrón de permitir a los demás cruzar mis fronteras y mis límites? ¿Cuál es?

6. ¿He invadido las fronteras de alguna persona y las he cruzado? ¿Hay un patrón que debo confesar y evitar? ¿A quién debo restituirlo?

7. ¿De qué manera puedo cambiar? ¿Cómo puede ayudarme Dios?

8. ¿Qué parte de mis límites y fronteras he sacado del marco temporal, cuándo ocurrió?

El presente

Para trabajar sobre nuestros límites, también tenemos que examinar el presente para asegurarnos de no repetir el pasado. Responda estas preguntas acerca de su conducta y relaciones presentes.

1. ¿Con quién tengo una buena relación en el presente, una relación en la que no se cruzan los límites? ¿Qué componentes de esta relación permiten una responsabilidad mutua de todos los demás aspectos de la posesión? ¿Cómo puedo incrementar estos elementos? ¿Cómo puedo respetar más los límites de los demás?

2. ¿Con quién experimento ahora un cruce de límites y una falta de fronteras y de límites? ¿Por qué? ¿Cuáles son los elementos que hacen que esto suceda? ¿Qué se requiere para que las cosas cambien?

3. ¿De qué manera los problemas de límites en estas relaciones actuales refuerzan mis creencias originales acerca de las fronteras? ¿En qué forma estas relaciones actuales están lastimando mi sentido de los límites?

4. ¿Qué distorsiones de fronteras y límites están actualmente dominándome?

5. ¿Cuándo soy mejor fijando y concretando límites? ¿Por qué?

6. ¿Qué ejercicios estoy haciendo para hacer que mis fronteras vuelvan atrás en el tiempo y para practicar de modo que puedan desarrollarse?

7. ¿Con quién tengo dificultad para decir que no? ¿Por qué?

8. ¿Qué «no» irrespeto y trato de traspasar?

9. ¿Las fronteras de quién estoy traspasando en otros aspectos? ¿Por qué?

10. ¿Qué acciones debo confesar ante Dios y los demás y recibir perdón por ellas? ¿A quién debo enfrentar para resolver algún tema actual?

El futuro

Continuar el pasado en el presente nos garantizará un futuro similar. Hacer planes para el cambio nos volverá a llevar a un «buen tiempo» y nos hará más productivos.

1. Al evaluar el futuro en términos de problemas que veo con los límites, ¿qué voy a cambiar? ¿Cómo?

2. Sabiendo que se necesita relación y verdad para cambiar, ¿la ayuda de quién solicitaré para llevar a cabo mi plan?

3. ¿De qué maneras específicas voy a desafiar mis distorsiones y barreras?

4. ¿Qué actividades prácticas específicas puedo hacer para reforzar mi sentido de los límites?

5. ¿Qué dificultades veo cuando comienzo a crear fronteras? ¿Cómo negociaré esas dificultades?

6. ¿A quién acudiré para que escuche, ore y apoye mi plan?

7. ¿Qué límites cruzados con los demás voy a enfrentar?

8. ¿Qué espero que hagan los demás cuando los enfrente? ¿Cómo lo manejaré?

Clasificar el bien y el mal

Hacer un inventario también nos ayuda a aprender a tratar con el bien y el mal. Debemos ver el mal no resuelto en el pasado, el presente y el futuro, y comenzar a dar pasos para resolver esas tendencias que todos tenemos a no tratar temas del bien y del mal. Esta puede ser la esencia del poder del perdón en nuestra vida.

El pasado

Al observar el pasado, es importante mirar patrones específicos de cómo tratar con el bien y el mal en nuestra vida. Si las personas nos enseñaron que somos todo bueno o todo malo, debemos reevaluar esto y abandonar esas percepciones. Con frecuencia necesitamos perdonar a los que nos han herido. Debemos ver los patrones que utilizamos para tratar con el bien y el mal así como también la manera en que los demás trataron con nosotros. A continuación siguen algunas preguntas que lo ayudarán en este proceso:

1. ¿Con quién me sentí seguro para confesar mi maldad o mi debilidad? ¿Qué cosas me hicieron sentir seguro de ser menos que ideal?

2. ¿Quién negó mi maldad en el pasado y destructivamente me vio como sin falla ni debilidad? ¿Por qué lo permití?

3. ¿Quién negó mis partes buenas y me vio como todo malo? ¿Cómo respondí a esto?

4. ¿La bondad de quién negué en el pasado? ¿Lo veo ahora? ¿He enfrentado cuan malos realmente fueron, o me hago responsable de sus maldades o debilidades?

5. ¿Los he perdonado?

6. ¿La bondad de quién negué y a quién consideré todo malo? ¿Continúo haciéndolo? ¿Lo he perdonado?

7. ¿Cuándo intenté ser todo bueno e ideal? ¿Cómo afectó esto a mis relaciones? ¿En qué actuaría diferente ahora?

8. ¿Cuándo oculté la debilidad para aceptar a las personas? ¿Por qué?

9. ¿Cuándo no tomé en cuenta lo bueno de mí? ¿Cuáles fueron los resultados?

10. ¿Hay alguien en algún lugar que yo no haya perdonado? ¿De qué manera me lastima esto?

11. ¿Hay algo por lo que necesite perdón? ¿Qué evita que admita esto ante Dios y ante las personas que me aman, y lo lleve a la luz?

El presente

Haga un inventario lleno de oraciones del presente y vea si está evitando los temas del bien y del mal.

1. ¿Con quiénes tengo un proceso de confesión seguro ahora? ¿Les muestro mi maldad y mi debilidad? ¿Toda? ¿Qué me ayuda a hacer eso en esta relación?

2. ¿Quién niega mi maldad actualmente y me ve todo bueno? ¿De qué manera esto es destructivo? ¿Por qué lo permito?

3. ¿Quién niega mis partes buenas actualmente y me ve todo malo? ¿Por qué lo permito?

4. ¿A quién veo todo bueno? ¿Por qué?

5. ¿A quién veo todo malo? ¿Por qué?

6. ¿A quién no estoy perdonando? ¿Por qué?

7. ¿Cómo y cuándo estoy ocultando las debilidades y maldades? ¿Por qué? ¿De qué manera esto me lastima?

8. ¿De qué modo estoy gastando energía en parecerle ideal a los demás? ¿Por qué?

El futuro

Si algunas cosas no cambian en el futuro, repetiremos nuestro pasado. Vea qué tipos de planes puede hacer para volverse más su yo verdadero con los demás, y vea también más del yo verdadero de ellos.

1. ¿La maldad de quiénes debo enfrentar? ¿Cuándo y cómo?

2. ¿La bondad de quiénes debo valorar? ¿Cómo se los haré saber?

3. ¿Con quiénes puedo empezar a compartir mi yo real? ¿Cómo les haré saber acerca de mi maldad y debilidad? ¿Son una buena opción para introducirlos en esas partes de mí?

4. ¿Cómo sacaré del ocultamiento mis partes buenas?

5. ¿Qué aspectos de mi yo ideal comenzaré a poner en línea con un ideal verdadero tal como lo ve Dios?

6. ¿Cómo elaboraré mi relación entre lo ideal y lo real? ¿Cómo haré que sea más fácil de perdonar?

7. ¿Qué imperfecciones y situaciones de los demás puedo trabajar para aceptar y amar?

Convertirse en adulto

Tal vez deba redimir su pasado, evaluar su presente y ser diferente en el futuro inmediato, antes de poder convertirse en adulto.

El pasado

En términos del pasado, sus actitudes sobre la autoridad provinieron de algún lado. Es importante ver de dónde las obtuvo para poder estar en desacuerdo activamente con sus aspectos negativos y perdonar el daño. Este proceso lo ayudará a salir del conflicto con el papel del adulto para poder asumirlo. No podemos asumir un rol que odiamos.

1. ¿Quiénes fueron buenas figuras de autoridad para mí en el pasado? ¿Qué valoré acerca de ellas? ¿Qué tipo de modelo quiero emular?
2. ¿Con qué aspectos negativos de las figuras de autoridad estoy en desacuerdo y quisiera ser diferente? ¿Por qué no me gustaron esos atributos, y qué tipo de sentimiento crearon en mí?
3. ¿Cuáles son las fortalezas y las debilidades de mis padres? ¿Y de mis otras figuras de autoridad tempranas?
4. ¿De qué manera me lastimaron y los he perdonado? ¿Por qué no? ¿Cuál es el obstáculo?
5. ¿Con qué figuras de autoridad cumplí falsamente después de ser lo suficientemente adulto como para no hacerlo? ¿Por qué?
6. ¿Cómo fue la adolescencia? ¿Ya entré en la adolescencia? ¿Por qué me resistí a convertirme en adulto y quién me ayudó a resistirme haciendo de dios en mi vida?
7. ¿Ante qué legalistas he sucumbido y a qué «comportamiento atado a las leyes»? ¿Por qué?
8. ¿En qué lugares y situaciones dañinas he terminado al dejar que alguna figura parental manejara mi vida?
9. ¿Qué talentos* he dejado de desarrollar? ¿Por qué?
10. ¿Dónde me he fundido con las ideas de alguien sin pensar por mí mismo?
11. ¿Con quién he tenido temor de no estar de acuerdo en mi vida?
12. ¿He llegado a mi propia identidad sexual desde la adolescencia, o todavía silencio el sexo? ¿Sigo reprimido?

El presente

Haga un inventario lleno de oración del presente y pídale; Dios que le muestre qué situaciones actualmente lo están lastimando y evitando que crezca.

1. ¿Con quiénes me siento inferior actualmente? ¿En qué áreas? ¿Por qué? ¿Es una relación inferior buena, como con un mentor, o es una relación inferior mala como con las personas?

2. ¿Con quién intenta ser superior? ¿Por qué? ¿Se da cuenta de que está jugando a ser un dios en sus vidas?

3. ¿A quién intenta complacer y de quién trata de obtener aprobación? ¿Por qué? ¿Vale la pena? ¿Alguna vez le ayudó este patrón?

4. ¿Qué talentos y experiencias no estoy desarrollando en el presente por algún tipo de temor? ¿Qué estoy haciendo con respecto a este temor? ¿Estoy obteniendo ayuda? ¿Cómo puedo salir con fe para desarrollar esa experiencia y permitir que Dios me convierta en adulto?

5. ¿Con qué papel o cargo me estoy resistiendo a identificarme debido al conflicto? ¿Por qué?

6. ¿A qué papeles de autoridad en mi vida no me estoy sometiendo con amor? (Por ejemplo: mi jefe, la policía, mi junta de ancianos, Dios, la oficina de recaudación fiscal.) ¿De qué manera esto puede ser destructivo?

7. ¿Con quiénes me estoy fundiendo actualmente en términos de pensamientos y opiniones y no estoy expresando los míos? ¿Con quiénes tengo miedo de no estar de acuerdo?

8. ¿En qué situaciones me oculto de mis sentimientos o pensamientos sexuales? ¿Por qué? ¿Cuál es la figura parental allí?

9. ¿Con qué grupo «espiritual» actúo «agradable»? ¿Qué grupo de amigos son más adolescentes? ¿Por qué estoy intentando complacer a este grupo «espiritual» y luego me rebelo pasivamente? ¿De qué modo esta práctica me mantiene en la niñez? ¿Ante quién tengo más miedo de ser juzgado? ¿Por qué?

10. ¿Qué dudas y preguntas tengo acerca de Dios o de la teología que temo enfrentar e investigar por mi propia cuenta? ¿Qué evita que descubra lo que creo?

11. ¿Con qué líderes espirituales estoy en desacuerdo actualmente? ¿Tengo miedo de decir lo que pienso?

12. ¿Cómo funcionan mi cónyuge y mis amigos más cercanos como figuras parentales en el sentido negativo del término?

El futuro

1. ¿Ante qué figura de autoridad debo ir y estar en desacuerdo? ¿Cuándo?

2. ¿De qué persona dejaré de ocultarme? ¿Cuándo?

3. ¿Qué ideas dejaré de temer expresar y pensar? ¿Cuándo?

4. ¿A quién comenzaré a mostrarle mis verdaderos pensamientos? ¿Cuándo?

5. ¿Cómo me contactaré con mi papel sexual de adulto? ¿Cuándo?

6. ¿Qué planes haré para encontrar y desarrollar mi experiencia y ser un buen administrador de mis dones? ¿Cuándo?

7. ¿Qué papel haré mejor al asumir la autoridad sobre él? ¿Cuándo?

8. ¿Con qué persona asumiré mejor mi autoridad? ¿Cuándo?

9. ¿A quién dejaré de «obedecer» porque no tengo por qué hacerlo? ¿Cómo?

10. ¿A qué hermanos (hermanos reales o hermanos en el Señor) dejaré de tratar como si fueran mis padres?

11. ¿Qué haré la próxima vez que oiga «deberías»?

12. ¿Qué voy a hacer con respecto a mi falta de disciplina?

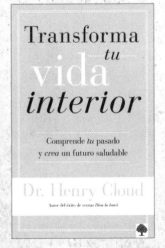

Te invitamos a que visites nuestra página web, donde podrás apreciar la pasión por la publicación de libros y Biblias:

www.casacreacion.com

Para vivir la Palabra